陕西省营商环境建设白皮书

（2024年）

陕西省发展和改革委员会　编

陕西新华出版
陕西人民出版社

习近平总书记
关于优化营商环境重要论述

持续建设市场化、法治化、国际化一流营商环境，打造“投资中国”品牌。

——2023 年 12 月，习近平总书记在中央经济工作会议上强调

着力营造市场化、法治化、国际化一流营商环境，提高招商引资的质量和水平。

——2023 年 5 月 17 日，习近平总书记在听取陕西省委和省政府工作汇报时强调

法治是最好的营商环境。

——2019 年 2 月，习近平总书记在主持召开中央全面依法治国委员会第二次会议上强调

投资环境就像空气，空气清新才能吸引更多外资。

——2018 年 4 月，习近平总书记在博鳌亚洲论坛年会开幕式上强调

要营造稳定公平透明、可预期的营商环境，加快建设开放型经济新体制。

——2017 年 7 月，习近平总书记在主持召开中央财经领导小组第十六次会议时强调

序

优化营商环境是以习近平同志为核心的党中央在新时代作出的重大决策部署。习近平总书记多次强调，持续建设市场化、法治化、国际化一流营商环境，打造“投资中国”品牌。特别是2023年5月17日，习近平总书记在听取陕西省委和省政府工作汇报时强调，要着力营造市场化、法治化、国际化一流营商环境，提高招商引资的质量和水平。

陕西坚决贯彻落实习近平总书记有关优化营商环境重要论述，一德书记多次就优化营商环境工作谋划部署、提出明确要求，指出全省上下要“更加注重以‘政府有为’推动‘市场有效’，以群众满意为第一标准、市场评价为第一评价、企业感受为第一感受，加快打造市场化法治化国际化一流营商环境”、“深化营商环境突破年活动，重在打造政府最诚信、企业最舒心、办事最高效的‘三张名片’”。赵刚省长在全省民营经济大会上进行安排部署，要求“主动融入全国统一大市场，加强跨部门综合监管，常态化通报破坏营商环境典型案例”。省人大常委会修订《陕西省优化营商环境条例》，省政协加强营商环境民主监督，省纪委监委开展营商环境领域问题专项整治，省优化提升营商环境工作领导小组多次召开专题会议协调解决具体问题。各地各部门聚焦重点、改革突破，以政府有为推动市场有效，以重点突破带动整体提升，全省优化营商环境工作走在良性发展的上升通道。

从去年起，陕西连续两年开展营商环境突破年活动，先后以省委、省政府名义印发《推进营商环境突破年实施意见》和《深化营商环境突破年行动方案》，树立服务企业、服务群众的鲜明导向。各地各部门紧紧围绕营商环境突破年中心工作，锐意进取、推进改革，出台了一揽子政策文件，推进了一系列重要改革，形成了一批批见效快、可推广的典型做法。今年，国务院办公厅开展营商环境专项督查，陕西 2 项典型做法被通报表扬。水美则鱼肥，土沃则稻香。良好的营商环境激发了市场主体活力。截至 2024 年上半年，全省市场主体总量达到 585 万户，是 2018 年的近一倍。经营主体满意度达到 94.5% 以上，继续保持高位运行。

优化营商环境是全面深化改革的重要内容，也是“三个年”活动的重要组成部分。编印《陕西省营商环境建设白皮书（2024 年）》，旨在对近年来特别是营商环境突破年政策措施、典型做法进行梳理宣传，有助于进一步明确发展方向、稳定市场预期、凝聚改革合力、增强发展后劲。

新起点呼唤新担当，新征程更需新作为。让我们以习近平新时代中国特色社会主义思想为指导，按照党中央、国务院决策部署，在省委、省政府的坚强领导下，深化营商环境突破年活动，加快推进营商环境“小切口”改革，建立健全工作推进机制，进一步巩固提升全省营商环境“高、低、好、快、强”五方面优势，释放改革红利，加快建设市场化、法治化、国际化一流营商环境，打造“投资中国 · 选择陕西”品牌，助推陕西经济社会高质量发展，为谱写陕西新篇、争做西部示范贡献更大力量。

陕西省发展和改革委员会编委会

2024 年 7 月 1 日

目录

第一篇
政策条例

第二篇
发展现状

第三篇
行动措施

第一篇

政策条例

01

《优化营商环境条例》

第一章　总　则

第一条　为了持续优化营商环境，不断解放和发展社会生产力，加快建设现代化经济体系，推动高质量发展，制定本条例。

第二条　本条例所称营商环境，是指企业等市场主体在市场经济活动中所涉及的体制机制性因素和条件。

第三条　国家持续深化简政放权、放管结合、优化服务改革，最大限度减少政府对市场资源的直接配置，最大限度减少政府对市场活动的直接干预，加强和规范事中事后监管，着力提升政务服务能力和水平，切实降低制度性交易成本，更大激发市场活力和社会创造力，增强发展动力。

各级人民政府及其部门应当坚持政务公开透明，以公开为常态、不公开为例外，全面推进决策、执行、管理、服务、结果公开。

第四条　优化营商环境应当坚持市场化、法治化、国际化原则，以市场主体需求为导向，以深刻转变政府职能为核心，创新体制机制、强化协同联动、完善法治保障，对标国际先进水平，为各类市场主体投资兴业营造稳定、公平、透明、可预期的良好环境。

第五条 国家加快建立统一开放、竞争有序的现代市场体系，依法促进各类生产要素自由流动，保障各类市场主体公平参与市场竞争。

第六条 国家鼓励、支持、引导非公有制经济发展，激发非公有制经济活力和创造力。

国家进一步扩大对外开放，积极促进外商投资，平等对待内资企业、外商投资企业等各类市场主体。

第七条 各级人民政府应当加强对优化营商环境工作的组织领导，完善优化营商环境的政策措施，建立健全统筹推进、督促落实优化营商环境工作的相关机制，及时协调、解决优化营商环境工作中的重大问题。

县级以上人民政府有关部门应当按照职责分工，做好优化营商环境的相关工作。县级以上地方人民政府根据实际情况，可以明确优化营商环境工作的主管部门。

国家鼓励和支持各地区、各部门结合实际情况，在法治框架内积极探索原创性、差异化的优化营商环境具体措施；对探索中出现失误或者偏差，符合规定条件的，可以予以免责或者减轻责任。

第八条 国家建立和完善以市场主体和社会公众满意度为导向的营商环境评价体系，发挥营商环境评价对优化营商环境的引领和督促作用。

开展营商环境评价，不得影响各地区、各部门正常工作，不得影响市场主体正常生产经营活动或者增加市场主体负担。

任何单位不得利用营商环境评价谋取利益。

第九条 市场主体应当遵守法律法规，恪守社会公德和商业道德，诚实守信、公平竞争，履行安全、质量、劳动者权益保护、消费者权益保护等方面的法定义务，在国际经贸活动中遵循国际通行规则。

第二章　市场主体保护

第十条　国家坚持权利平等、机会平等、规则平等，保障各种所有制经济平等受到法律保护。

第十一条　市场主体依法享有经营自主权。对依法应当由市场主体自主决策的各类事项，任何单位和个人不得干预。

第十二条　国家保障各类市场主体依法平等使用资金、技术、人力资源、土地使用权及其他自然资源等各类生产要素和公共服务资源。

各类市场主体依法平等适用国家支持发展的政策。政府及其有关部门在政府资金安排、土地供应、税费减免、资质许可、标准制定、项目申报、职称评定、人力资源政策等方面，应当依法平等对待各类市场主体，不得制定或者实施歧视性政策措施。

第十三条　招标投标和政府采购应当公开透明、公平公正，依法平等对待各类所有制和不同地区的市场主体，不得以不合理条件或者产品产地来源等进行限制或者排斥。

政府有关部门应当加强招标投标和政府采购监管，依法纠正和查处违法违规行为。

第十四条　国家依法保护市场主体的财产权和其他合法权益，保护企业经营者人身和财产安全。

严禁违反法定权限、条件、程序对市场主体的财产和企业经营者个人财产实施查封、冻结和扣押等行政强制措施；依法确需实施前述行政强制措施的，应当限定在所必需的范围内。

禁止在法律、法规规定之外要求市场主体提供财力、物力或者人力的摊派行为。市场主体有权拒绝任何形式的摊派。

第十五条 国家建立知识产权侵权惩罚性赔偿制度，推动建立知识产权快速协同保护机制，健全知识产权纠纷多元化解决机制和知识产权维权援助机制，加大对知识产权的保护力度。

国家持续深化商标注册、专利申请便利化改革，提高商标注册、专利申请审查效率。

第十六条 国家加大中小投资者权益保护力度，完善中小投资者权益保护机制，保障中小投资者的知情权、参与权，提升中小投资者维护合法权益的便利度。

第十七条 除法律、法规另有规定外，市场主体有权自主决定加入或者退出行业协会商会等社会组织，任何单位和个人不得干预。

除法律、法规另有规定外，任何单位和个人不得强制或者变相强制市场主体参加评比、达标、表彰、培训、考核、考试以及类似活动，不得借前述活动向市场主体收费或者变相收费。

第十八条 国家推动建立全国统一的市场主体维权服务平台，为市场主体提供高效、便捷的维权服务。

第三章 市场环境

第十九条 国家持续深化商事制度改革，统一企业登记业务规范，统一数据标准和平台服务接口，采用统一社会信用代码进行登记管理。

国家推进“证照分离”改革，持续精简涉企经营许可事项，依法采取直接取消审批、审批改为备案、实行告知承诺、优化审批服务等方式，对所有涉企经营许可事项进行分类管理，为企业取得营业执照后开展相关经营活动提供便利。除法律、行政法规规定的特定领域外，涉企经营许可事项不得作为企业登记的前置条件。

政府有关部门应当按照国家有关规定，简化企业从申请设立到具备一般性经营条件所需办理的手续。在国家规定的企业开办时限内，各地区应当确定并公开具体办理时间。

企业申请办理住所等相关变更登记的，有关部门应当依法及时办理，不得限制。除法律、法规、规章另有规定外，企业迁移后其持有的有效许可证件不再重复办理。

第二十条　国家持续放宽市场准入，并实行全国统一的市场准入负面清单制度。市场准入负面清单以外的领域，各类市场主体均可以依法平等进入。

各地区、各部门不得另行制定市场准入性质的负面清单。

第二十一条　政府有关部门应当加大反垄断和反不正当竞争执法力度，有效预防和制止市场经济活动中的垄断行为、不正当竞争行为以及滥用行政权力排除、限制竞争的行为，营造公平竞争的市场环境。

第二十二条　国家建立健全统一开放、竞争有序的人力资源市场体系，打破城乡、地区、行业分割和身份、性别等歧视，促进人力资源有序社会性流动和合理配置。

第二十三条 政府及其有关部门应当完善政策措施、强化创新服务，鼓励和支持市场主体拓展创新空间，持续推进产品、技术、商业模式、管理等创新，充分发挥市场主体在推动科技成果转化中的作用。

第二十四条 政府及其有关部门应当严格落实国家各项减税降费政策，及时研究解决政策落实中的具体问题，确保减税降费政策全面、及时惠及市场主体。

第二十五条 设立政府性基金、涉企行政事业性收费、涉企保证金，应当有法律、行政法规依据或者经国务院批准。对政府性基金、涉企行政事业性收费、涉企保证金以及实行政府定价的经营服务性收费，实行目录清单管理并向社会公开，目录清单之外的前述收费和保证金一律不得执行。推广以金融机构保函替代现金缴纳涉企保证金。

第二十六条 国家鼓励和支持金融机构加大对民营企业、中小企业的支持力度，降低民营企业、中小企业综合融资成本。

金融监督管理部门应当完善对商业银行等金融机构的监管考核和激励机制，鼓励、引导其增加对民营企业、中小企业的信贷投放，并合理增加中长期贷款和信用贷款支持，提高贷款审批效率。

商业银行等金融机构在授信中不得设置不合理条件，不得对民营企业、中小企业设置歧视性要求。商业银行等金融机构应当按照国家有关规定规范收费行为，不得违规向服务对象收取不合理费用。商业银行应当向社会公开开设企业账户的服务标准、资费标准和办理时限。

第二十七条 国家促进多层次资本市场规范健康发展，拓宽市场主体融资渠道，支持符合条件的民营企业、中小企业依法发行股票、债券以及其他融资工具，扩大直接融资规模。

第二十八条　供水、供电、供气、供热等公用企事业单位应当向社会公开服务标准、资费标准等信息，为市场主体提供安全、便捷、稳定和价格合理的服务，不得强迫市场主体接受不合理的服务条件，不得以任何名义收取不合理费用。各地区应当优化报装流程，在国家规定的报装办理时限内确定并公开具体办理时间。

政府有关部门应当加强对公用企事业单位运营的监督管理。

第二十九条　行业协会商会应当依照法律、法规和章程，加强行业自律，及时反映行业诉求，为市场主体提供信息咨询、宣传培训、市场拓展、权益保护、纠纷处理等方面的服务。

国家依法严格规范行业协会商会的收费、评比、认证等行为。

第三十条　国家加强社会信用体系建设，持续推进政务诚信、商务诚信、社会诚信和司法公信建设，提高全社会诚信意识和信用水平，维护信用信息安全，严格保护商业秘密和个人隐私。

第三十一条　地方各级人民政府及其有关部门应当履行向市场主体依法作出的政策承诺以及依法订立的各类合同，不得以行政区划调整、政府换届、机构或者职能调整以及相关责任人更替等为由违约毁约。因国家利益、社会公共利益需要改变政策承诺、合同约定的，应当依照法定权限和程序进行，并依法对市场主体因此受到的损失予以补偿。

第三十二条　国家机关、事业单位不得违约拖欠市场主体的货物、工程、服务等账款，大型企业不得利用优势地位拖欠中小企业账款。

县级以上人民政府及其有关部门应当加大对国家机关、事业单位拖欠市场主体账款的清理力度，并通过加强预算管理、严格责任追究等措施，建立防范和治理国家机关、事业单位拖欠市场主体账款的长效机制。

第三十三条 政府有关部门应当优化市场主体注销办理流程，精简申请材料、压缩办理时间、降低注销成本。对设立后未开展生产经营活动或者无债权债务的市场主体，可以按照简易程序办理注销。对有债权债务的市场主体，在债权债务依法解决后及时办理注销。

县级以上地方人民政府应当根据需要建立企业破产工作协调机制，协调解决企业破产过程中涉及的有关问题。

第四章 政务服务

第三十四条 政府及其有关部门应当进一步增强服务意识，切实转变工作作风，为市场主体提供规范、便利、高效的政务服务。

第三十五条 政府及其有关部门应当推进政务服务标准化，按照减环节、减材料、减时限的要求，编制并向社会公开政务服务事项（包括行政权力事项和公共服务事项，下同）标准化工作流程和办事指南，细化量化政务服务标准，压缩自由裁量权，推进同一事项实行无差别受理、同标准办理。没有法律、法规、规章依据，不得增设政务服务事项的办理条件和环节。

第三十六条 政府及其有关部门办理政务服务事项，应当根据实际情况，推行当场办结、一次办结、限时办结等制度，实现集中办理、就近办理、网上办理、异地可办。需要市场主体补正有关材料、手续的，应当一次性告知需要补正的内容；需要进行现场踏勘、现场核查、技术审查、听证论证的，应当及时安排、限时办结。

法律、法规、规章以及国家有关规定对政务服务事项办理时限有规定的，应当在规定的时限内尽快办结；没有规定的，应当按照合理、高效的原则确定办理时限并按时办结。各地区可以在国家规定的政务服务事项办理时限内进一步压减时间，并应当向社会公开；超过办理时间的，办理单位应当公开说明理由。

地方各级人民政府已设立政务服务大厅的，本行政区域内各类政务服务事项一般应当进驻政务服务大厅统一办理。对政务服务大厅中部门分设的服务窗口，应当创造条件整合为综合窗口，提供一站式服务。

第三十七条　国家加快建设全国一体化在线政务服务平台（以下称一体化在线平台），推动政务服务事项在全国范围内实现“一网通办”。除法律、法规另有规定或者涉及国家秘密等情形外，政务服务事项应当按照国务院确定的步骤，纳入一体化在线平台办理。

国家依托一体化在线平台，推动政务信息系统整合，优化政务流程，促进政务服务跨地区、跨部门、跨层级数据共享和业务协同。政府及其有关部门应当按照国家有关规定，提供数据共享服务，及时将有关政务服务数据上传至一体化在线平台，加强共享数据使用全过程管理，确保共享数据安全。

国家建立电子证照共享服务系统，实现电子证照跨地区、跨部门共享和全国范围内互信互认。各地区、各部门应当加强电子证照的推广应用。

各地区、各部门应当推动政务服务大厅与政务服务平台全面对接融合。市场主体有权自主选择政务服务办理渠道，行政机关不得限定办理渠道。

第三十八条 政府及其有关部门应当通过政府网站、一体化在线平台，集中公布涉及市场主体的法律、法规、规章、行政规范性文件和各类政策措施，并通过多种途径和方式加强宣传解读。

第三十九条 国家严格控制新设行政许可。新设行政许可应当按照行政许可法和国务院的规定严格设定标准，并进行合法性、必要性和合理性审查论证。对通过事中事后监管或者市场机制能够解决以及行政许可法和国务院规定不得设立行政许可的事项，一律不得设立行政许可，严禁以备案、登记、注册、目录、规划、年检、年报、监制、认定、认证、审定以及其他任何形式变相设定或者实施行政许可。

法律、行政法规和国务院决定对相关管理事项已作出规定，但未采取行政许可管理方式的，地方不得就该事项设定行政许可。对相关管理事项尚未制定法律、行政法规的，地方可以依法就该事项设定行政许可。

第四十条 国家实行行政许可清单管理制度，适时调整行政许可清单并向社会公布，清单之外不得违法实施行政许可。

国家大力精简已有行政许可。对已取消的行政许可，行政机关不得继续实施或者变相实施，不得转由行业协会商会或者其他组织实施。

对实行行政许可管理的事项，行政机关应当通过整合实施、下放审批层级等多种方式，优化审批服务，提高审批效率，减轻市场主体负担。符合相关条件和要求的，可以按照有关规定采取告知承诺的方式办理。

第四十一条　县级以上地方人民政府应当深化投资审批制度改革，根据项目性质、投资规模等分类规范投资审批程序，精简审批要件，简化技术审查事项，强化项目决策与用地、规划等建设条件落实的协同，实行与相关审批在线并联办理。

第四十二条　设区的市级以上地方人民政府应当按照国家有关规定，优化工程建设项目（不包括特殊工程和交通、水利、能源等领域的重大工程）审批流程，推行并联审批、多图联审、联合竣工验收等方式，简化审批手续，提高审批效能。

在依法设立的开发区、新区和其他有条件的区域，按照国家有关规定推行区域评估，由设区的市级以上地方人民政府组织对一定区域内压覆重要矿产资源、地质灾害危险性等事项进行统一评估，不再对区域内的市场主体单独提出评估要求。区域评估的费用不得由市场主体承担。

第四十三条　作为办理行政审批条件的中介服务事项（以下称法定行政审批中介服务）应当有法律、法规或者国务院决定依据；没有依据的，不得作为办理行政审批的条件。中介服务机构应当明确办理法定行政审批中介服务的条件、流程、时限、收费标准，并向社会公开。

国家加快推进中介服务机构与行政机关脱钩。行政机关不得为市场主体指定或者变相指定中介服务机构；除法定行政审批中介服务外，不得强制或者变相强制市场主体接受中介服务。行政机关所属事业单位、主管的社会组织及其举办的企业不得开展与本机关所负责行政审批相关的中介服务，法律、行政法规另有规定的除外。

行政机关在行政审批过程中需要委托中介服务机构开展技术性

服务的，应当通过竞争性方式选择中介服务机构，并自行承担服务费用，不得转嫁给市场主体承担。

第四十四条 证明事项应当有法律、法规或者国务院决定依据。

设定证明事项，应当坚持确有必要、从严控制的原则。对通过法定证照、法定文书、书面告知承诺、政府部门内部核查和部门间核查、网络核验、合同凭证等能够办理，能够被其他材料涵盖或者替代，以及开具单位无法调查核实的，不得设定证明事项。

政府有关部门应当公布证明事项清单，逐项列明设定依据、索要单位、开具单位、办理指南等。清单之外，政府部门、公用企事业单位和服务机构不得索要证明。各地区、各部门之间应当加强证明的互认共享，避免重复索要证明。

第四十五条 政府及其有关部门应当按照国家促进跨境贸易便利化的有关要求，依法削减进出口环节审批事项，取消不必要的监管要求，优化简化通关流程，提高通关效率，清理规范口岸收费，降低通关成本，推动口岸和国际贸易领域相关业务统一通过国际贸易“单一窗口”办理。

第四十六条 税务机关应当精简办税资料和流程，简并申报缴税次数，公开涉税事项办理时限，压减办税时间，加大推广使用电子发票的力度，逐步实现全程网上办税，持续优化纳税服务。

第四十七条 不动产登记机构应当按照国家有关规定，加强部门协作，实行不动产登记、交易和缴税一窗受理、并行办理，压缩办理时间，降低办理成本。在国家规定的不动产登记时限内，各地区应当确定并公开具体办理时间。

国家推动建立统一的动产和权利担保登记公示系统，逐步实现市场主体在一个平台上办理动产和权利担保登记。纳入统一登记公示系统的动产和权利范围另行规定。

第四十八条　政府及其有关部门应当按照构建亲清新型政商关系的要求，建立畅通有效的政企沟通机制，采取多种方式及时听取市场主体的反映和诉求，了解市场主体生产经营中遇到的困难和问题，并依法帮助其解决。

建立政企沟通机制，应当充分尊重市场主体意愿，增强针对性和有效性，不得干扰市场主体正常生产经营活动，不得增加市场主体负担。

第四十九条　政府及其有关部门应当建立便利、畅通的渠道，受理有关营商环境的投诉和举报。

第五十条　新闻媒体应当及时、准确宣传优化营商环境的措施和成效，为优化营商环境创造良好舆论氛围。

国家鼓励对营商环境进行舆论监督，但禁止捏造虚假信息或者歪曲事实进行不实报道。

第五章　监管执法

第五十一条　政府有关部门应当严格按照法律法规和职责，落实监管责任，明确监管对象和范围、厘清监管事权，依法对市场主体进行监管，实现监管全覆盖。

第五十二条　国家健全公开透明的监管规则和标准体系。国务院有关部门应当分领域制定全国统一、简明易行的监管规则和标准，并向社会公开。

第五十三条 政府及其有关部门应当按照国家关于加快构建以信用为基础的新型监管机制的要求，创新和完善信用监管，强化信用监管的支撑保障，加强信用监管的组织实施，不断提升信用监管效能。

第五十四条 国家推行“双随机、一公开”监管，除直接涉及公共安全和人民群众生命健康等特殊行业、重点领域外，市场监管领域的行政检查应当通过随机抽取检查对象、随机选派执法检查人员、抽查事项及查处结果及时向社会公开的方式进行。针对同一检查对象的多个检查事项，应当尽可能合并或者纳入跨部门联合抽查范围。

对直接涉及公共安全和人民群众生命健康等特殊行业、重点领域，依法依规实行全覆盖的重点监管，并严格规范重点监管的程序；对通过投诉举报、转办交办、数据监测等发现的问题，应当有针对性地进行检查并依法依规处理。

第五十五条 政府及其有关部门应当按照鼓励创新的原则，对新技术、新产业、新业态、新模式等实行包容审慎监管，针对其性质、特点分类制定和实行相应的监管规则和标准，留足发展空间，同时确保质量和安全，不得简单化予以禁止或者不予监管。

第五十六条 政府及其有关部门应当充分运用互联网、大数据等技术手段，依托国家统一建立的在线监管系统，加强监管信息归集共享和关联整合，推行以远程监管、移动监管、预警防控为特征的非现场监管，提升监管的精准化、智能化水平。

第五十七条 国家建立健全跨部门、跨区域行政执法联动响应和协作机制，实现违法线索互联、监管标准互通、处理结果互认。

国家统筹配置行政执法职能和执法资源，在相关领域推行综合行政执法，整合精简执法队伍，减少执法主体和执法层级，提高基层执法能力。

第五十八条　行政执法机关应当按照国家有关规定，全面落实行政执法公示、行政执法全过程记录和重大行政执法决定法制审核制度，实现行政执法信息及时准确公示、行政执法全过程留痕和可回溯管理、重大行政执法决定法制审核全覆盖。

第五十九条　行政执法中应当推广运用说服教育、劝导示范、行政指导等非强制性手段，依法慎重实施行政强制。采用非强制性手段能够达到行政管理目的的，不得实施行政强制；违法行为情节轻微或者社会危害较小的，可以不实施行政强制；确需实施行政强制的，应当尽可能减少对市场主体正常生产经营活动的影响。

开展清理整顿、专项整治等活动，应当严格依法进行，除涉及人民群众生命安全、发生重特大事故或者举办国家重大活动，并报经有权机关批准外，不得在相关区域采取要求相关行业、领域的市场主体普遍停产、停业的措施。

禁止将罚没收入与行政执法机关利益挂钩。

第六十条　国家健全行政执法自由裁量基准制度，合理确定裁量范围、种类和幅度，规范行政执法自由裁量权的行使。

第六章　法治保障

第六十一条　国家根据优化营商环境需要，依照法定权限和程序及时制定或者修改、废止有关法律、法规、规章、行政规范性文件。

优化营商环境的改革措施涉及调整实施现行法律、行政法规等有关规定的，依照法定程序经有权机关授权后，可以先行先试。

第六十二条　制定与市场主体生产经营活动密切相关的行政法规、规章、行政规范性文件，应当按照国务院的规定，充分听取市场主体、行业协会商会的意见。

除依法需要保密外，制定与市场主体生产经营活动密切相关的行政法规、规章、行政规范性文件，应当通过报纸、网络等向社会公开征求意见，并建立健全意见采纳情况反馈机制。向社会公开征求意见的期限一般不少于 30 日。

第六十三条　制定与市场主体生产经营活动密切相关的行政法规、规章、行政规范性文件，应当按照国务院的规定进行公平竞争审查。

制定涉及市场主体权利义务的行政规范性文件，应当按照国务院的规定进行合法性审核。

市场主体认为地方性法规同行政法规相抵触，或者认为规章同法律、行政法规相抵触的，可以向国务院书面提出审查建议，由有关机关按照规定程序处理。

第六十四条　没有法律、法规或者国务院决定和命令依据的，行政规范性文件不得减损市场主体合法权益或者增加其义务，不得设置市场准入和退出条件，不得干预市场主体正常生产经营活动。

涉及市场主体权利义务的行政规范性文件应当按照法定要求和程序予以公布，未经公布的不得作为行政管理依据。

第六十五条　制定与市场主体生产经营活动密切相关的行政法规、规章、行政规范性文件，应当结合实际，确定是否为市场主体留出必要的适应调整期。

政府及其有关部门应当统筹协调、合理把握规章、行政规范性文件等的出台节奏，全面评估政策效果，避免因政策叠加或者相互不协调对市场主体正常生产经营活动造成不利影响。

第六十六条　国家完善调解、仲裁、行政裁决、行政复议、诉讼等有机衔接、相互协调的多元化纠纷解决机制，为市场主体提供高效、便捷的纠纷解决途径。

第六十七条　国家加强法治宣传教育，落实国家机关普法责任制，提高国家工作人员依法履职能力，引导市场主体合法经营、依法维护自身合法权益，不断增强全社会的法治意识，为营造法治化营商环境提供基础性支撑。

第六十八条　政府及其有关部门应当整合律师、公证、司法鉴定、调解、仲裁等公共法律服务资源，加快推进公共法律服务体系建设，全面提升公共法律服务能力和水平，为优化营商环境提供全方位法律服务。

第六十九条　政府和有关部门及其工作人员有下列情形之一的，依法依规追究责任：

（一）违法干预应当由市场主体自主决策的事项；

（二）制定或者实施政策措施不依法平等对待各类市场主体；

（三）违反法定权限、条件、程序对市场主体的财产和企业经营者个人财产实施查封、冻结和扣押等行政强制措施；

（四）在法律、法规规定之外要求市场主体提供财力、物力或者人力；

（五）没有法律、法规依据，强制或者变相强制市场主体参加评比、达标、表彰、培训、考核、考试以及类似活动，或者借前述活动向市场主体收费或者变相收费；

（六）违法设立或者在目录清单之外执行政府性基金、涉企行政事业性收费、涉企保证金；

（七）不履行向市场主体依法作出的政策承诺以及依法订立的各类合同，或者违约拖欠市场主体的货物、工程、服务等账款；

（八）变相设定或者实施行政许可，继续实施或者变相实施已取消的行政许可，或者转由行业协会商会或者其他组织实施已取消的行政许可；

（九）为市场主体指定或者变相指定中介服务机构，或者违法强制市场主体接受中介服务；

（十）制定与市场主体生产经营活动密切相关的行政法规、规章、行政规范性文件时，不按照规定听取市场主体、行业协会商会的意见；

（十一）其他不履行优化营商环境职责或者损害营商环境的情形。

第七十条 公用企事业单位有下列情形之一的，由有关部门责令改正，依法追究法律责任：

（一）不向社会公开服务标准、资费标准、办理时限等信息；

（二）强迫市场主体接受不合理的服务条件；

（三）向市场主体收取不合理费用。

第七十一条 行业协会商会、中介服务机构有下列情形之一的，由有关部门责令改正，依法追究法律责任：

（一）违法开展收费、评比、认证等行为；

（二）违法干预市场主体加入或者退出行业协会商会等社会组织；

（三）没有法律、法规依据，强制或者变相强制市场主体参加评比、达标、表彰、培训、考核、考试以及类似活动，或者借前述活动向市场主体收费或者变相收费；

（四）不向社会公开办理法定行政审批中介服务的条件、流程、时限、收费标准；

（五）违法强制或者变相强制市场主体接受中介服务。

第七章　附　则

第七十二条　本条例自 2020 年 1 月 1 日起施行。

02

《陕西省优化营商环境条例》

第一章　总　则

第一条　为了持续优化营商环境，激发市场主体活力，维护市场主体合法权益，推动高质量发展，奋力谱写陕西新时代追赶超越新篇章，根据国务院《优化营商环境条例》和有关法律、行政法规，结合本省实际，制定本条例。

第二条　本条例所称营商环境，是指各类市场主体在市场经济活动中所涉及的体制机制性因素和条件。

第三条　优化营商环境应当坚持市场化、法治化、国际化原则，坚持市场主体平等，以市场主体需求为导向，以转变政府职能为核心，深化简政放权、放管结合、优化服务改革，推进互联网与政务服务深度融合，创新体制机制、强化协同联动、完善法治保障，对标国内外先进水平，为各类市场主体投资兴业营造稳定、公平、透明、可预期的良好环境。

本省应当抓住用好共建“一带一路”、新时代推进西部大开发形成新格局、黄河流域生态保护和高质量发展等重大战略机遇，融入以加快建设现代化经济体系，加快构建国内大循环为主体、国内国际双循环相互促进的新发展格局，持续优化营商环境，打造内陆改革开放高地。

第四条　各级人民政府应当加强对优化营商环境工作的组织领导，完善优化营商环境的政策措施，建立健全联席会议制度，统筹推进、督促落实、研究解决优化营商环境工作中的重大问题。政府主要负责人是本行政区域优化营商环境工作的第一责任人。

省发展和改革部门是省优化营商环境工作的主管部门，对优化营商环境工作进行组织指导、统筹协调、监督检查；县级以上人民政府应当根据实际情况，明确优化营商环境工作的主管部门。

县级以上人民政府其他有关部门依照各自职责，做好优化营商环境的相关工作。

第五条　县级以上人民政府及其有关部门应当积极借鉴优化营商环境先进做法，复制推广行之有效的改革措施。

中国（陕西）自由贸易试验区和本省行政区域内各类功能区，应当在优化营商环境方面发挥引领示范作用，先行先试有利于优化营商环境的各项改革措施。

鼓励和支持各地区、各部门结合实际情况，在法治框架内积极探索原创性、差异化的优化营商环境具体措施；对探索中出现的失误或者偏差，依照国家和本省有关规定，已履行勤勉尽责义务且未牟取非法利益的，可以予以免责或者减轻责任。

第六条　省发展和改革部门应当会同有关部门建立和完善营商环境评价指标体系，制定营商环境评价办法并组织实施，相关经费列入财政预算。鼓励以政府购买服务方式委托第三方开展营商环境评价。

开展营商环境评价，应当坚持公开、公平、公正的原则，不得影响各地区、各部门正常工作，不得影响市场主体正常生产经营活动或者增加市场主体负担。

县级以上人民政府及有关部门根据营商环境评价结果，及时调整完善优化营商环境的政策措施。

第七条 县级以上人民政府应当建立优化营商环境工作激励机制，将优化营商环境工作纳入年度目标责任考核体系，对在优化营商环境工作中做出显著成绩的单位和个人，应当给予表彰或者奖励，对营商环境考核结果不达标的本级部门和下级人民政府主要负责人实行约谈。

第八条 县级以上人民政府应当加强优化营商环境宣传工作，及时发布、解读、宣传优化营商环境的政策措施，营造优化营商环境的良好氛围。

新闻媒体应当创新宣传方式，系统宣传优化营商环境工作的措施和成效，加强对优化营商环境的舆论监督。

第九条 各类市场主体应当遵守法律法规，恪守社会公德和商业道德，诚实守信、公平竞争，自觉维护市场秩序，履行安全、质量、卫生、资源环境、劳动者权益保护、消费者权益保护等方面的法定义务，在国际经贸活动中遵循国际通行规则。

第二章 市场主体保护

第十条 坚持权利平等、机会平等、规则平等，对各类市场主体依法平等保护。各类市场主体依法平等适用国家和本省支持发展的政策，依法平等享有使用资金、技术、人力资源、土地使用权及其他自然资源等各类生产要素和公共服务资源的权利。

政府及其有关部门在政府资金安排、土地供应、税费减免、资质许可、标准制定、项目申报、职称评定、人力资源政策等方面，应当依法平等对待各类市场主体，不得制定或者实施歧视性政策措施。

第十一条　各级人民政府应当依法保护各类市场主体经营自主权。任何单位和个人不得干预由市场主体依法自主决策的定价、内部治理、经营模式等事项。

第十二条　市场主体的财产权和其他合法权益以及企业经营者的人身权利和合法财产，受法律保护。

依法确需对市场主体的财产和企业经营者个人财产实施查封、冻结和扣押等强制措施的，应当严格按照法定权限、条件、程序进行。禁止超标的、超范围查封、冻结和扣押涉案财物，鼓励采用现代科技手段实施查封、扣押，最大限度减少对涉案企业正常生产经营的不利影响。

禁止在法律、法规规定之外要求市场主体提供财力、物力或者人力的摊派行为。市场主体有权拒绝任何形式的摊派。

第十三条　各级人民政府及有关部门应当加强知识产权保护工作，依法施行知识产权侵权惩罚性赔偿制度，健全知识产权保护举报投诉平台，完善知识产权纠纷多元化解决机制和维权援助机制，鼓励、引导企业建立专利预警制度。

第十四条　各级人民政府应当加大中小投资者权益保护力度，完善中小投资者权益保护机制，保障中小投资者依法享有的知情权、参与权、表决权、收益权和监督权，提升中小投资者维护合法权益的便利度。

第十五条　省人民政府应当建立健全营商环境投诉举报机制，建立统一的市场主体维权服务平台，公布营商环境投诉热线、电子邮箱等投诉举报方式。有关部门接到投诉举报后应当及时调查处理，并在七个工作日内予以答复。

政府有关部门应当畅通部门电话、政府网站、政务新媒体等投诉举报反馈渠道，保障市场主体合理合法诉求得到及时处理。

第三章　市场环境

第十六条　各级人民政府及有关部门应当构建覆盖企业全生命周期的服务体系，在企业开办、融资信贷、贸易投资、纠纷解决、企业退出等方面持续优化营商环境。

第十七条　省人民政府应当深化土地、人力资源、技术、资本、能源等要素市场化配置改革，扩大要素市场化配置范围，完善政府调节与监管，提高要素配置能力。加快水电气等资源性产品价格改革，减少交易和供应中间环节，降低能源成本。加强土地供应利用统计监测，盘活存量土地，实行差别化的供地价格，分类保障项目用地，降低企业用地成本。

第十八条　各级人民政府及其有关部门应当严格落实全国统一的市场准入负面清单制度，不得另行制定市场准入性质的负面清单。国家市场准入负面清单以外的领域，各类市场主体均可以依法平等进入。

第十九条　外商投资实施准入前国民待遇加负面清单管理制度，外商投资准入负面清单以外的领域，按照内外资一致的原则实施管理。完善境外投资者权益保障机制，允许符合条件的境外投资者依法转移其投资收益。

第二十条　县级以上人民政府及其有关部门应当规范涉企收费，对政府性基金、涉企行政事业性收费、涉企保证金以及实行政府定价的经营服务性收费，依法核定和清理，实行目录清单管理并向社会公开，目录清单之外的前述收费和保证金一律不得收取。推广以金融机构保函替代现金缴纳涉企保证金。

实行政府定价的涉企行政事业性收费标准有上下限设置的，按下限标准收取。

第二十一条　政府及其有关部门应当严格落实国家和本省各项减税降费政策，研究解决政策落实中的具体问题，确保减税降费政策全面、及时惠及市场主体。

第二十二条　金融监管部门应当引导商业银行加大对民营企业、中小企业的贷款投放力度，促进建立和完善监管指标体系，推动小微企业各项贷款增速、有贷款余额的户数、“首贷户”占比、信用贷款和续贷业务占比等指标提升，支持开发符合中小企业发展需要的金融产品，完善中小企业融资服务平台，引导优质金融资源更便捷更有效地投向中小企业，降低融资成本。

第二十三条　县级以上人民政府应当通过出资新设、增资扩股、引入社会资本等方式，发展政府性融资担保机构，提高融资担保能力，加强对中小企业的支持力度。

各级财政部门应当建立担保费补贴和风险分担机制，引导政府性融资担保机构扩大担保业务规模，降低担保费率。

第二十四条　县级以上人民政府应当制定促进中小企业发展的政

策措施，建立完善中小企业服务综合平台，支持中小企业创业创新，推动中小企业健康发展。

县级以上人民政府应当推动中小企业公共服务体系建设，为中小企业提供政策咨询、信用服务、人才培训、法律维权、市场开拓等全方位的公益性服务。根据企业发展需要，合理安排场地和设施，为建设和创办小微企业创业基地、孵化基地、众创空间等创业载体提供生产经营场所和相关配套服务。

县级以上人民政府应当根据实际情况，在本级财政预算中安排中小企业发展专项资金，按照政府投资基金管理要求设立中小企业发展基金，支持中小企业发展。

第二十五条 县级以上人民政府应当建立健全公平竞争工作协调机制，统筹推进公平竞争相关工作，协调解决公平竞争工作重大问题。

县级以上人民政府有关部门应当按照职责加大反垄断和反不正当竞争法律法规宣传教育，有效预防和制止市场经济活动中的垄断行为、不正当竞争行为以及滥用行政权力排除、限制竞争的行为，营造公平竞争的市场环境。

第二十六条 省、设区的市人民政府应当建立健全公共资源交易平台体系，实行公共资源交易目录管理，将工程建设项目招标投标、土地使用权和矿业权出让、国有产权交易、政府采购等依法纳入公共资源交易平台体系，公开交易目录、规则、程序、结果、监管和信用等信息，保障各类市场主体及时获取有关信息并平等参与交易活动。推进招标、投标、开标、评标、定标等业务全流程电子化。

推广投标保证金和履约保证金电子保函在公共资源交易领域中的

运用，降低市场主体交易成本。

第二十七条　县级以上人民政府应当创新人才培养、引进、开发、流动、评价、激励、服务等体制机制，通过政策和资金扶持吸引高层次人才创新创业。支持市场主体与高等学校、科研机构联合培养高层次人才。

县级以上人民政府有关部门应当完善创业创新人才引进的具体措施，吸引高等学校毕业生等各类人才在本地就业创业，在医疗、社会保险、住房、配偶安置、子女教育等方面提供保障。

第二十八条　县级以上人民政府及其有关部门应当加强交通、水利、能源、通信、环保等基础设施的规划和建设，完善与生产经营活动配套的医疗、教育、商业、保障性住房等公共服务设施，为市场主体创造良好的生产经营环境和生活条件。

第二十九条　供水、供电、供气、供热、通信等公用企事业单位应当优化报装流程，公开服务标准、资费标准、报装办理时限等信息，为市场主体提供安全、便捷、稳定和价格合理的服务。不得强迫市场主体接受不合理的服务条件，不得以任何名义收取不合理费用。

禁止供水、供电、供气、供热、通信等公用企事业单位在工程建设、报装接入、验收开通、设施维护及转供等环节违规收取费用。

第三十条　县级以上人民政府及有关部门应当注重培育和发展各类行业协会商会，引导行业协会商会制定符合高质量发展要求的行业发展标准、技术服务标准，发挥其在政府和企业间的桥梁纽带作用。对各类行业协会商会的收费、评比、认证等行为依法规范监督。

行业协会商会应当依照法律、法规和章程，加强行业自律，及时反映行业诉求，为市场主体提供信息咨询、宣传培训、市场拓展、权益保护、纠纷处理等方面的服务。

除法律、法规另有规定外，市场主体有权自主决定加入或者退出行业协会商会等社会组织，任何单位和个人不得干预。

除法律、法规另有规定外，任何单位和个人不得强制或者变相强制市场主体参加评比、达标、表彰、培训、考核、考试以及类似活动，不得借前述活动向市场主体收费或者变相收费。

第三十一条 省人民政府应当加强社会信用体系建设，依法加强公共信用信息征集、披露、使用和管理，完善公共信用信息平台，推进信用信息和信用产品应用，向市场主体提供免费的信用信息查询服务，实现公共信用信息共享共用。

第三十二条 各级人民政府应当加强政务诚信体系建设，坚持依法行政、政务公开、勤政高效、守信践诺，建立健全政务诚信监督体系和政务诚信档案，完善政务诚信监测评价机制和政府失信责任追究制度。

县级以上人民政府及其有关部门应当履行向市场主体依法作出的政策承诺以及依法订立的各类合同，不得以行政区划调整、政府换届、机构或者职能调整以及相关责任人更替等为由不履行、不完全履行或者迟延履行约定义务，由此给市场主体造成损失的，应当依法承担责任。因国家利益、社会公共利益需要改变政策承诺、合同约定的，应当依照法定权限和程序进行，并依法对市场主体因此受到的损失予以补偿。

第三十三条 各级人民政府及其有关部门、事业单位不得违约拖欠市场主体的货物、工程、服务等账款，不得要求市场主体接受不合理的付款期限、方式、条件和违约责任等交易条件。

县级以上人民政府应当建立拖欠账款行为惩戒机制，通过采取预算管理、绩效考核、审计监督、责任追究等措施，防止和纠正拖欠或者隐形拖欠市场主体账款行为，定期组织开展政府违约清欠专项整治，依法保护市场主体合法权益。

第三十四条　县级以上人民政府市场监督管理等部门应当优化市场主体注销办理流程，精简申请材料、压缩办理时间、降低注销成本，强化与税务、社会保障、金融等部门协同办理，鼓励推行清税承诺制，提高注销便利度。

对领取营业执照后未开展经营活动、申请注销登记前未发生债权债务或者债权债务清算完结的市场主体，适用简易程序办理注销登记。

第三十五条　县级以上人民政府、人民法院及有关部门应当建立企业破产工作协调机制，推进市场主体破产市场化、法治化，探索建立重整企业识别、信用修复等机制，支持破产市场主体的债务重组和后续发展，协调解决企业破产过程中涉及的企业注销、涉税事项处理、资产处置、职工权益保护等有关问题。

第四章　政务服务

第三十六条　各级人民政府应当增强服务意识，创新服务方式，转变工作作风，以市场主体满意度为检验标准，优化和再造业务流程，推进政务服务事项办理“最多跑一次”，为市场主体提供集中办理、就近办理、网上办理、异地可办等规范、便利、高效的政务服务。

第三十七条 省人民政府应当统筹推进数字政府建设，依托物联网、人工智能、区块链、大数据等新一代信息技术实现政务服务数字化。

县级以上政务数据管理机构应当编制并及时更新政务信息资源目录，按照责任清单和资源目录做好数据收集共享工作。

县级以上人民政府及其部门应当依法归集和汇交政务数据，编制本部门政务数据资源目录清单和共享清单。除法律、法规另有规定外，同级和上下级行政机关之间应当共享政务数据，政务数据共享权限和流程按照国家和省有关规定执行。有关部门应当深化数据共享应用，能够通过部门间数据共享收集的，不得要求服务对象重复填报。

有关部门应当加强共享数据使用全过程管理，确保共享数据安全，不得用于与履行职责无关的活动，不得随意更改、编造。

第三十八条 省人民政府应当完善一体化在线政务服务平台，推动线上和线下政务服务融合，加强业务协同办理，优化政务服务流程，除法律、法规另有规定或者涉及国家秘密等情形外，政务服务事项应当纳入一体化在线政务服务平台办理，实现政务服务事项全省全流程一网通办。

省、设区的市人民政府应当推动政务服务移动端、自助端的标准化、规范化建设，整合集成各部门现有移动端，充分利用金融机构等第三方网点自助端服务资源，实现政务服务事项便捷便民办理。

市场主体有权自主选择政务服务事项的办理渠道，除法律、法规另有规定外，不得限定办理渠道。

第三十九条 省人民政府及其有关部门应当推进政务服务标准化办理，编制并公布全省统一的政务服务事项目录。

各级人民政府有关部门应当根据全省统一的政务服务事项目录规范办事指南，明确政务服务事项办理条件、流程、所需材料、时限、收费标准、联系方式、投诉渠道等内容。办事指南中的办理条件、所需材料不得含有模糊性兜底要求。

第四十条　政府部门及其工作人员应当按照有利于市场主体的原则办理政务服务事项，并遵守下列规定：

（一）按照办事指南的规定办理政务服务事项，不得对市场主体提出规定以外的要求；

（二）能够通过政府部门之间信息共享获取的材料，不得要求市场主体提供；

（三）需要进行现场踏勘、现场核查、技术审查、听证论证的，应当在规定时限内及时安排，不得推诿、拖延；

（四）同一政务服务事项在同等情况下，应当同标准受理、同标准办理，不得差别对待；

（五）遵守工作纪律，不得与市场主体有任何影响依法履职的交往。

第四十一条　省人民政府应当推动各级政务服务中心建设，优化和改善政务服务中心办事环境，提高工作能力、办事效率和智能化服务水平。

已设立政务服务中心的，本行政区域内各类政务服务事项应当进驻政务服务中心统一办理，并提供一站式服务。

第四十二条　县级以上人民政府及其有关部门应当全面梳理、公布涉及市场主体的法律、法规，减税降费、行政奖励、财政补贴补助等各项优惠政策和产业促进政策，根据企业所属行业、规模等主动精准推送政策，编制政策清单，明确流程时限，及时向社会公布，并做好落实。

第四十三条 县级以上人民政府及其有关部门在招商引资工作中，应当建立全程跟踪服务机制，对重大招商引资项目，指定政府负责人或者部门负责人及时协调解决项目报批、建设和生产经营中的困难和问题。

各级人民政府承诺的招商条件不得违背法律、法规和国家有关政策规定，不得提供虚假的政策优惠条件。

第四十四条 省人民政府应当依法稳步推进相对集中行政许可权改革。设区的市、县（市、区）人民政府根据精简、统一、高效原则，建立相对集中审批制度。将分散在各个部门，与企业和群众生产生活密切相关，且经常发生、申请量大、有明确审批标准和程序、集中办理更加便民高效的审批事项，实行集中办理。相对集中审批事项清单由设区的市、县（市、区）人民政府制定，实行动态管理并向社会公布。

设区的市、县级人民政府应当建立审管联动机制。有关行政主管部门应当做好与集中行政审批服务部门的事前衔接，在专家评审、现场踏勘、检验检测等关键环节支持和协助。集中审批服务部门应当及时将办理结果信息推送至行政主管部门，行政主管部门启动事中事后监督管理并及时反馈监管行为信息。

行政审批服务部门依法办理的行政许可等事项具有法律效力，相关行业主管部门不得要求市场主体再加盖本部门印章，增加市场主体义务。

省人民政府相关部门应当加强对设区的市、县（市、区）行政审批服务部门的工作指导，开放相关信息系统，并对集中审批事项涉及的有关业务需求予以支持。

第四十五条　县级以上人民政府及其有关部门应当建立政务服务事项容缺受理制度，制定实行容缺受理的事项清单，明确事项的主要申报材料和次要申报材料。对基本条件具备、主要申报材料齐全且符合法定条件，但次要材料或者副件有欠缺的登记、审批事项，申请人按要求作出书面承诺后，先予受理并一次性告知可容缺申报的材料。

第四十六条　县级以上人民政府对纳入“证照分离”改革范围的涉企经营许可事项按照直接取消审批、审批改为备案、实行告知承诺、优化准入服务等方式实行分类管理。除国家法律、行政法规规定需经审批部门批准取得许可证后方可从事经营活动的特殊管制行业外，企业凭营业执照即可开展一般经营活动。

第四十七条　本省全面推行证明事项和涉企经营许可事项告知承诺制，但直接涉及国家安全、国家秘密、公共安全、金融业审慎监管、生态环境保护和直接关系人身健康、生命财产安全等行业、领域除外。实行告知承诺制的证明事项和涉企经营许可事项的范围、目录由省级有关部门提出，报省人民政府批准并向社会公布。

申请人承诺符合办理条件的，有关政府部门应当作出同意的决定；未履行承诺的，责令其限期整改，整改后仍未达到条件的，撤销决定，并将有关情况纳入省公共信用信息平台；作出虚假承诺的，撤销同意决定，按照未取得决定擅自从事相关活动追究相应法律责任，并将有关情况纳入省公共信用信息平台。申请人有较严重的不良信用记录或者存在曾作出虚假承诺等情形的，在信用修复前不适用告知承诺。

第四十八条 县级以上人民政府应当深化投资审批制度改革，健全部门协同工作机制，优化再造投资项目审批流程，统筹考虑用地、规划等各类建设条件同步落实，精简审批要件，实行与相关审批在线并联办理。

鼓励有条件的地区对项目可行性研究、用地预审、选址、环境影响评价、安全评价、水土保持评价、压覆重要矿产资源评估等事项，实行项目单位编报一套材料，政府部门统一受理、同步评估、同步审批、统一反馈，推进项目落地。

第四十九条 省、设区的市人民政府应当按照国家有关规定，优化工程建设项目审批流程，推行除特殊工程和交通、水利、能源等领域的重大工程之外的工程建设项目分级分类审批和监管制度。有关行政主管部门应当制定并公布相关工程建设项目的分级分类标准，会同同级发展和改革、自然资源等部门实行差异化审批、监督和管理。推行工程建设项目全流程在线审批、并联审批、多图联审、联合竣工验收等方式，简化审批手续，提高审批效能。

在依法设立的开发区、新区和其他有条件的区域推行区域评估，由设区的市人民政府组织对一定区域内压覆重要矿产资源、文物勘探、地质灾害危险性等事项进行统一评估，不再对区域内的市场主体单独提出评估要求。区域评估结果向社会公开，并纳入相关部门管理依据。区域评估的费用不得由市场主体承担。

第五十条 县级以上人民政府及其有关部门应当依法及时规范清理行政审批中介服务，建立中介服务清单，实行动态管理。放宽中介服务市场准入，禁止通过限额管理控制中介服务机构数量，破除中介服务垄断。对少数专业性较强、短期内无法形成充分市场竞争的行政审批中介服务，应当依法核定收费标准，且不得高于外省同行业标准。

中介服务机构应当向社会公开办理法定行政审批中介服务的条件、流程、时限、收费标准。

市场监督管理部门应当加强对中介服务收费价格的监督检查，依法查处价格违法行为。

第五十一条　政府及其有关部门应当按照国家促进跨境贸易便利化的有关要求，创新监管方式，优化通关流程，提高通关效率，清理规范口岸收费，降低通关成本，推动口岸和国际贸易领域相关业务统一通过国际贸易“单一窗口”办理。

第五十二条　税务机关应当精简办税资料和流程，简并申报缴税次数，公开涉税事项办理时限，压减办税时间，全面推广使用电子发票，逐步实现全程网上办税，持续优化纳税服务。

第五十三条　不动产登记主管部门应当按照国家有关规定，加强与住房和城乡建设、税务等部门的协作，实行不动产登记、交易、缴税一窗受理和并行办理。

省市场监督管理部门应当按照国家规定完善统一的动产和权利担保登记公示系统，逐步实现市场主体在同一平台上办理动产和权利担保登记。

第五十四条　县级以上人民政府及有关部门应当按照构建亲清新型政商关系的要求，建立政企沟通机制，通过调研、座谈、问卷调查等多种方式及时听取市场主体的意见建议和反映诉求，了解市场主体生产经营中遇到的困难和问题，并依法帮助其解决。

各级人民政府主要负责人应当定期组织召开企业家座谈会，听取意见建议，建立健全沟通成果督办和反馈机制。

第五十五条 县级以上人民政府应当全面推行政务服务评价制度，通过意见箱、热线电话、监督平台等方式收集评价意见，接受市场主体和社会各界评价。

第五章 监管执法

第五十六条 县级以上人民政府及其有关部门应当建立信用监管和联合奖惩机制，依据市场主体的信用状况及风险程度等，实施差异化分类监督管理。对信用良好的市场主体减少监督检查比例和频次，在实施行政许可过程中给予优先办理、简化程序等便利服务；对信用风险较大的市场主体加大监管力度；对严重失信主体依法实施联合惩戒。

政府有关部门应当制定分类监管实施细则，严格规范联合惩戒名单认定，依法开展失信联合惩戒。

第五十七条 县级以上人民政府及有关部门应当按照国家有关规定建立健全信用修复机制，明确失信信息修复的条件、标准、流程等要素。对于符合信用修复条件、完成信用修复的市场主体，有关政府部门应当依法依规及时停止公示其失信信息，终止实施信用惩戒措施。

鼓励市场主体通过纠正失信行为、履行法定义务、消除不利影响或者作出信用承诺等方式，修复自身信用。

第五十八条 各级人民政府及其有关部门应当在行政审批、市场准入、资质审核、政务服务、政府采购、公共资源交易、政府资金安排、企业投融资服务等事项中设立信用信息查询环节，将市场主体的信用记录、公共信用综合评分、第三方信用评价报告等作为重要参考，优化公共资源配置，防范决策风险。在涉及国家和社会公共利益的重大经济活动中，推行第三方综合信用等级评价制度。

第五十九条　县级以上人民政府及其有关部门应当按照鼓励创新、确保质量和安全的原则，对新技术、新产业、新业态、新模式等，实行包容审慎监管，针对其性质、特点分类制定和实行相应的监管规则和标准，留足发展空间。

第六十条　县级以上人民政府及其有关部门应当依托全省在线监管平台，加强监管信息归集共享和应用，推行远程监管和移动监管，推动监管事项全覆盖、监管过程全纪录，提升监管的精准化、智能化水平。

第六十一条　县级以上人民政府发展和改革部门指导和协调本行政区域的招标投标工作。县级以上人民政府有关部门按照规定的职责分工，对招标投标活动实施监督，推进工程项目领域专项治理，强化监督制约，依法查处招标投标活动中的违法行为。县级以上人民政府对其所属部门有关招标投标活动的监督职责分工另有规定的，从其规定。

工业和信息化、住房和城乡建设、交通运输、水利等行政主管部门在招标投标活动中，应当将市场主体信用记录和信用评分纳入评标指标体系，依法建立招标投标领域信用黑名单制度，对招标人、投标人、招标代理机构、评标专家、招标投标交易场所等违法违规行为进行记录，并推送至省公共信用信息平台公示。

第六十二条　政府采购和招标活动中，不得有下列行为：

（一）限定潜在供应商或者投标人的所有制形式或者组织形式；

（二）要求潜在供应商或者投标人设立分支机构；

（三）以特定行政区域或者特定行业的业绩、奖项作为加分条件；

（四）违反规定限定或者指定特定的资质、专利、商标、品牌、原产地或者供应商等；

（五）其他限制或者排斥潜在供应商或者投标人的行为。

第六十三条 县级以上人民政府应当推进综合行政执法体制改革，推进跨部门、跨行业综合行政执法，减少执法主体和执法层级，规范行政执法行为，防止重复执法和执法缺位。

县级以上人民政府及其有关部门应当全面落实行政执法公示、行政执法全过程记录和重大行政执法决定法制审核制度，通过考核、定期报告、协调指导、执法数据共享等方式，推进执法信息互联、监管标准互通、处理结果互认。

第六十四条 县级以上人民政府及其有关部门在除直接涉及公共安全、生态环境保护和人民群众生命健康等特殊重点领域外实行的行政检查，应当通过随机抽取检查对象、随机选派执法检查人员、抽查事项及查处结果及时向社会公开的方式进行。对于同一检查对象的多个抽查检查事项，应当采取合并检查或者部门联合抽查检查的方式，原则上一年抽查检查一次性完成。

第六十五条 各级人民政府及有关部门开展清理整顿、专项整治等活动，应当严格依法进行，除涉及人民群众生命安全、发生重特大事故或者举办国家重大活动，并报经有权机关批准外，不得在相关区域采取要求相关行业、领域的市场主体普遍停产、停业的措施。

禁止将罚没收入与行政执法机关利益挂钩。

第六章　法治保障

第六十六条　县级以上人民政府应当将营造法治化营商环境作为法治政府建设的重要内容，组织开展行政效能督察，对优化营商环境工作进行监督检查，对存在的问题及时纠正。

第六十七条　县级以上人民政府及其有关部门应当适时对现行有效的政府规章、规范性文件以及相关政策措施，按照法定权限和程序进行清理和评估，对不适应经济社会发展要求、存在妨碍市场公平竞争、侵害市场主体合法权益的规定，及时修改或者废止，并予以公布。

第六十八条　司法行政部门、仲裁机构和司法机关应当建立完善调解、行政裁决、行政复议、仲裁、诉讼等相互协调、有机衔接的多元化纠纷解决机制，为市场主体提供高效、便捷的纠纷解决途径。

推进“一带一路”国际商事法律服务示范区建设，为国际商事业务发展提供法律服务和法治保障。

第六十九条　县级以上人民政府及有关部门制定产业发展、资金支持、招商引资、招标投标、政府采购、经营行为规范、资质标准等与市场主体生产经营活动密切相关的政策措施，应当进行公平竞争审查。

第七十条　县级以上人民政府及其有关部门应当加强市场监管，维护市场秩序，根据职责权限和分工查处下列违法行为：

（一）制售假冒伪劣商品等危害生产经营秩序的；

（二）偷税、骗税、骗汇、制贩假币、非法集资等危害金融税收秩序的；

（三）在工程建设中弄虚作假，转包、违法分包等危害建筑市场秩序的；

（四）侵犯专利权、商标权、版权等知识产权的；

（五）采取不正当竞争或者垄断等行为破坏市场秩序的；

（六）其他侵害市场主体合法权益、破坏市场秩序的。

第七十一条 公安机关对哄抢财物、强迫交易、滋扰冲击正常生产经营活动和侵犯市场主体人身财产安全等违法行为，应当及时制止，依法惩处，并将处理结果告知有关单位和个人。

第七十二条 政府有关部门应当建立特约监督员制度，从人大代表、政协委员，民主党派、工商联、无党派人士，企业负责人、职工、城乡居民代表中聘请特约监督员，协助开展优化营商环境监督工作。

第七十三条 县级以上人民代表大会常务委员会应当通过听取和审议专项工作报告，组织执法检查，开展专题询问、质询、特定问题调查等方式，对本地区优化营商环境工作进行监督。

第七十四条 违反本条例规定的行为，法律、法规有处罚处理规定的，从其规定。

第七十五条 国家机关及其工作人员违反本条例规定，损害营商环境的，依法给予政务处分，取消单位当年评先评优资格；工作人员受到通报批评、停职检查、调离工作岗位等责任追究的，取消其当年评先评优资格，情节严重的，当年度考核评为不称职等次。

第七十六条 优化营商环境工作主管部门或者有关部门发现损害营商环境行为的，应当督促同级人民政府相关部门或者下级人民政府限期改正；逾期不改正的，可以向同级人民政府提出处理建议。

第七章　附　则

第七十七条　本条例自 2021 年 1 月 1 日起施行。

03

《陕西省推进营商环境突破年实施意见》

优化营商环境是培育和激发市场主体活力、增强发展内生动力、提振市场信心的关键之举。为扎实开展营商环境突破年活动，现提出如下实施意见。

一、总体要求

（一）指导思想

坚持以习近平新时代中国特色社会主义思想为指导，深入学习宣传贯彻党的二十大、中央经济工作会议精神和习近平总书记来陕考察重要讲话重要指示，落实省委十四届三次全会、省委经济工作会议和省“两会”安排部署，坚持目标导向与问题导向相结合、有为政府与有效市场相统一、统筹推进与重点突破相促进，完善体制机制，强化协同联动，建立全生命周期服务体系，加快打造市场化、法治化、国际化营商环境，让国企敢干、民企敢闯、外企敢投，为谱写陕西高质量发展新篇章助力赋能。

（二）工作目标

加快实施《优化营商环境条例》，聚焦自然人和法人全生命周期服务，以服务企业、服务群众为导向，以群众满意为第一标准、市场评价为第一评价、企业感受为第一感受，减环节、优流程、压时间、增便利，着力打造办事更高效的政务环境、市场更满意的政策环境、支撑更有力的要素环境、预期更稳定的法治环境、亲清更统一的政商环境，推动各级干部思想观念加快转变，办事便利化水平、项目保障服务水平、投资吸引力水平、监管服务创新水平、政策法规保障水平明显提升，市场主体获得感和满意度明显提高，市场活力明显增强，力争营商环境便利度进入全国第一方阵。

突破一批短板弱项。坚持补短板、强弱项，加快突破发展瓶颈，缩小与先进地区差距。数字政府建设加快推进，部门信息孤岛打通率超过 80%、数据归集率达到 90%。跨境贸易便利化稳步提升，进出口整体通关时间赶上全国平均水平。企业上市融资加快，新增境内外上市企业 12 家。信用分级分类监管制度基本形成。

完善一批改革举措。坚持高标准、优措施，进一步深化改革，企业开办时间压减到 1 个工作日内，获得用水时间压减到 7 个工作日内，无外线施工获得用气时间压减到 3 个工作日内。工业项目“标准地”供应在各市产业集聚区全面推行。“亩均论英雄”综合改革加快推进。存量资产加快盘活，力争发行基础设施 REITs 项目 3 至 5 个，新增储备 REITs 项目 8 个以上。

推广一批典型经验。坚持扬优势、锻长板，巩固拓展工作成果，打造更多营商环境“单项冠军”。小型低风险工程建设项目审批时间压减到 40 个工作日。企业年均纳税时间压减到 70 个小时。“交地即交证”新模式全面推广。加速扩张秦创原效应，入库科技型中小企业 2 万家，新增高新技术企业 3500 家。

二、重点任务

（一）提升办事便利化水平

1. 优化企业开办和注销流程。推进外资企业设立、变更登记网上办。健全市场主体歇业制度。推进单位参保登记和员工参保登记一网通办。试点探索对多年吊销未注销市场主体实行强制注销。探索企业“注册地址变更，保留原有名称”，实现企业注册地址变迁便利化。进一步精简企业注销社保登记申请材料，减少办事环节，压缩办理时间。

2. 提升获得电力能力。加快政企协同办电共享平台建设，及时完善相关功能，督促电网企业加强用电报装信息管理系统的横向联通，实现“刷脸办电”、“一证办电”。全面实现 160 千瓦及以下小微企业“三零”（零上门、零审批、零投资）服务城乡全覆盖，全过程办电时间不超过 15 个工作日。

3. 优化纳税服务。完善电子税务局功能。推动“税企直连”。推广网上办税系统与企业财务软件的直连互通，为企业提供纳税申报“零次跑”、申报信息“零录入”、掌握政策“零等待”、税务文书“无纸化”等便利，实现惠企利民政策“免申即享”。

4. 提升跨境贸易便利度。落实国家外商投资准入特别管理措施（负面清单）和自由贸易试验区外商投资准入特别管理措施（负面清单），加强与 RCEP、CPTPP、共建“一带一路”国家和地区经贸规则对接，支持企业到国际市场打拼，压缩进出口整体通关时间，打造国际化营商环境。开展中国（陕西）国际贸易“单一窗口”金融服务平台（二期）建设。推进跨境电商保税备货进口退货中心仓建设试点。加快建设中欧班列西安集结中心。支持海外仓建设。

5. 提高商业纠纷审判执行效率。推行民事诉讼繁简分流，推进“互联网 + 审判”工作。推广应用全国法院询价评估系统，加大网络司法拍卖力度，降低执行环节费用成本。加强鉴定机构接受委托、执业规范、收费等管理。

6. 提升破产案件办理质效。优化企业破产办理机制及流程，建立完善企业破产处置府院协调机制，推动和保障管理人在破产程序中依法履职，破产案件平均审理周期缩短 30 天，无产可破等符合简易审理条件的破产案件一般在 6 个月内办结。

（二）提升项目服务保障水平

7. 持续深化“放管服”改革。制定《2023 年陕西省深化“放管服”改革工作要点》并抓好落实。编制省、市、县三级行政许可事项实施规范，全面实行行政许可事项清单管理。着眼集成化、标准化、便利化，深入推进审批制度改革，扎实推进相对集中行政许可权改革，持续深化“证照分离”全覆盖改革。

8. 深入开展“标准地 + 承诺制”改革。在各市经济技术开发区、高新技术产业开发区、县域工业集中区等产业集聚区全面推行工业项目“标准地”供应，在土地出让前完成地块的区域环评、节能、地质灾害危险性、矿产资源压覆、文物勘探等区域评估，对满足投资强度、亩均税收等条件的项目，实行从土地招拍挂出让到开工建设“一次性告知、一次性承诺、一次性办结”。

9. 纵深推进“亩均论英雄”综合改革。进一步完善工作机制，明确领导小组成员单位职责分工，形成省市县推进“亩均论英雄”综合改革合力。开展“亩均论英雄”综合改革试点，优化设置符合区域特色的指标体系，从数据采集、科学评价等方面，探索可复制可推广的经验。优化完善综合评价大数据平台。

10. 加快推进“交地即交证”改革。强化数据互通、信息畅通、流程联通，深化“一窗办理、集成服务”，推行“互联网 + 不动产登记”，探索开展“一码管地”，在企业和群众办理用地手续前先行介入、靠前服务，将有关环节从“供地后”提前到“供地前”，变“串联办理”为“并联办理”，在市、县（区）城镇建设用地规划范围内取得的国有建设用地全面实施“交地即交证”，实现交地与交证办理“双同步、零时差”。

11. 降低企业融资成本。推行“一链一行”主办行制度，持续完善重点产业链金融服务体系，不断强化对重点产业链的融资保障。进一步发挥贷款市场报价利率（LPR）作用，指导金融机构将 LPR 内嵌到内部定价和传导相关环节，推动合理降低企业融资成本。支持企业上市融资。充分发挥陕西省征信有限责任公司作用，持续推进陕西中小企业融资服务平台（“秦信融”平台）提质扩能。全面加强信用信息归集共享，创新金融产品和服务，开发线上贷款系列产品，提高中小微企业获贷率、首贷率和信用贷款比率。

12. 开展“双包一解”活动。按照“一对一”包抓原则，在县（市、区）开展县处级领导干部“包企业、包项目、解难题”活动，定点联系、定期走访，为当地企业经营和项目落地排忧解难，服务当地经济高质量发展。

13. 加强县域园区营商环境建设。推动政务服务向园区延伸，实现全覆盖，促进政务服务与公共服务有机融合，以政府服务为支撑，以园区保障为核心，打造自然人和法人全生命周期服务模式，构建涵盖政务事项办理、人才招聘、政策兑现、法律服务、政企沟通交流等园区公共服务体系。

（三）提升投资吸引力水平

14. 全面落实市场准入负面清单制度。严格执行市场准入“全国一张清单”管理模式，持续优化审批流程，提升监管效能，推动清单事项网上办理。按季度对违背市场准入负面清单情况进行案例归集和自查整改。

15. 提高政府采购效率。加快实施“互联网＋政府采购”行动，推进政府采购电子化交易。简化政府采购进口产品和变更采购方式审批程序，实行限时办结制。落实采购人主体责任，优化监管模式，推进政府采购智慧监管，压缩采购合同签订、履约验收和采购资金支付周期。

16. 提升招标投标服务水平。推行不见面开标和远程异地评标等交易新模式，实现远程异地评标常态化运行。推进数字证书在公共资源交易领域跨地区、跨平台互认。加强全省统一的电子监督智能系统建设和应用。在工程建设招投标领域，推动以信用承诺和工程信用担保代替投标保证金。

17. 强化劳动力市场监管。加强劳动保障监察，规范企业用工行为。建立高效便捷的劳动争议化解机制。实施职业技能培训补贴申请全程网办。经营性人力资源服务机构从事中介活动许可实行“告知承诺制”、“先照后证”属地办理，建立劳动力市场信用体系并实现跨地区、跨业务共建共享共用。加强社保政策公布宣传，便于企业查询了解。

18. 盘活存量资产扩大有效投资。重点在交通、水利、清洁能源、保障性租赁住房、水电气热等市政设施等领域盘活一批存量规模较大、当前收益较好或增长潜力较大的基础设施项目资产，通过REITs项目发行上市。鼓励支持民营企业参与REITs项目建设。

19. 支持民营企业发展壮大。坚持“两个毫不动摇”，营造尊重企业家、尊重创业者的浓厚氛围。深入实施科技型企业“登高、升规、晋位、上市”四个工程，促进企业交流互动，广泛开展民营企业“法治体检”活动，支持民营企业“专精特新”发展和培育壮大。

20. 开展涉企违规收费专项整治。进一步加大交通物流、水电气暖、地方财经、金融、行业协会商会等领域涉企收费监管工作力度，依法依规严肃查处乱收费、乱罚款、乱摊派行为，切实减轻各类市场主体的不合理负担。

（四）提升监管服务创新水平

21. 全面加快数字政府建设。扎实实施《陕西省数字政府建设“十四五”规划》，开展数字政府建设中期评估。强化数字政府云网体系建设，完善“两地三中心”云网架构。建设省级政务大数据平台，建成数字政府网络安全监测预警态势感知平台和运营协调指挥平台。优化推广“秦政通”一体化协同办公平台，逐步实现全省公务人员全覆盖；迭代升级“秦务员”一体化政务服务平台，切实提升政务服务效能。

22. 持续深化“一件事一次办”。完善“一件事一次办”工作机制，实现全事项上线、全流程运转、全区域点亮。围绕企业和个人全生命周期重要阶段，建立“一件事一次办”动态更新机制，2023年新增一批集成办理事项，大幅减时间、减环节、减材料、减跑动，推动“就近办”、“智慧办”、“免证办”和“承诺办”，进一步提高企业群众办事的体验感和获得感。

23.营造公平竞争市场环境。推进包容审慎监管，严格遵守《中华人民共和国行政处罚法》，探索推行轻微违法行为首次免罚、“沙盒监管”、触发式监管等模式。全面落实公平竞争审查制度及其实施细则。强化平台经济领域反垄断监管服务，建立常态化举报调查、问题主动发现机制。

24.深化市场监管。进一步提高“双随机、一公开”检查事项覆盖率，除特殊行业、重点领域外，原则上所有日常涉企行政检查都通过“双随机、一公开”方式进行。明晰监管执法边界，压缩自由裁量空间，最大限度减少对市场主体正常生产经营活动的影响。加强重点领域信用监管，完善守信激励和失信惩戒措施。加快在市场监管、税收管理、进出口等领域建立健全信用分级分类监管制度，依据风险高低实施差异化监管。

25.加强知识产权保护。引导创新主体和市场主体提升专利创造质量。加强专利代理行业监管，严厉打击非正常专利申请代理和无资质专利代理行为。依法查处违法使用商标行为，严厉打击恶意注册商标行为。强化多元化解知识产权纠纷能力，加强海外知识产权纠纷应对指导。

26.涵养创新创业生态。建好用好秦创原平台，实施创新人才攀登计划，推广“科学家+工程师”科研攻关模式，深化科技成果转化“三项改革”，继续在人才引进、分类评价等方面大胆探索，打造“乔木”参天、“灌木”茁壮、“苗木”葱郁的创新生态。推动西安碑林环大学硬科技示范街建设。高标准高起点抓好西安综合性科学中心和科技创新中心建设。

27. 创建一批营商环境创新示范区。开展营商环境创新示范区创建活动，督促入选区县完善创建方案，加强营商环境改革，在全省建设一批营商环境创新示范区，更好发挥示范引领作用。

（五）提升政策法规保障水平

28. 落实《优化营商环境条例》。树牢法治是最好的营商环境理念，落实《陕西省优化营商环境条例》分工方案，开展条例落实情况督导检查，严格相关重大行政决策和行政规范性文件的合法性审核审查，对行政规范性文件进行全面清理，加快打造法治化营商环境。

29. 继续抓好集中治理拖欠市场主体账款行为。严格执行《政府投资条例》，防止边清边欠、前清后欠。进一步落实国务院《保障中小企业款项支付条例》，深化防范和化解拖欠中小企业账款专项行动，加大清偿存量欠款工作力度。建立快立、快审、快执机制，确保进入司法程序的中小企业账款及时得到支付，统筹司法、行政手段严惩新增拖欠行为。

30. 畅通投诉举报渠道。用好营商环境投诉举报处理办法和营商环境特约监督员制度，健全工作推进机制，加强营商环境问题线索转办督办，及时发现问题、整改问题，切实保障市场主体合法权益。

31. 规范开展营商环境评价。以市场主体需求为导向，完成2022年营商环境评价工作。组织开展2023年营商环境第三方评价。用好评价结果，建立城市报告单向反馈、标杆典范公开发布、典型经验复制推广的评价结果反馈机制，以评促改、以评促建。

32. 实施三年行动计划政策评估。结合营商环境评价情况，统筹对《陕西省优化营商环境三年行动计划（2021—2023年）》完成情况进行评估。梳理评估中发现的亮点和问题，对亮点工作及时提炼，加大宣传，对存在的问题，督促整改落实。

33. 用好“陕企通”等全省统一政策发布平台。完善中小企业公共服务平台融资担保、技术创新、人才服务、市场开拓、诉求受理、数字化赋能等服务功能，加大涉企政策宣传力度，及时准确分类推送信息，建立对已出台支持中小微企业相关政策落地执行情况的监督机制，提升企业对政策服务的感知度和满意度。

34. 开展政策落实障碍清理行动。认真梳理涉及市场主体、引进项目的减税降费、行政奖励、财政补贴补助等各项优惠政策、产业促进政策、人才支持政策，编制清单、精准推送、及时兑现，努力变“企业找政策”为“政策找企业”。更好把握政策实施的时度效，避免相互抵消或合成谬误，确保各项政策同向发力、同频共振。

35. 深入开展营商环境突出问题专项治理。紧盯关键少数、重点领域、重要环节和服务窗口，紧盯普遍存在的、反映强烈的、治而未绝的突出问题，持续加大专项治理力度，切实解决企业群众的急难愁盼问题。

三、保障措施

（一）强化组织领导

充实省优化提升营商环境工作领导小组，优化调整领导小组成员单位，每季度召开领导小组会议，统筹推进有关工作，协调解决重点问题，研究部署重点任务。领导小组下设工作专班，履行领导小组办公室职责，承担日常工作，按照领导小组部署安排，推动各项重点任务落实落地。各任务牵头单位要切实发挥牵头作用，加强顶层设计，敢于突破制度性藩篱。各有关单位要积极配合牵头单位工作，主动加强衔接，扎实做好本职工作。各市（区）要提高站位，切实扛起责任，组建专班推进，逐项抓好落实。

（二）强化工作机制

建立完善督导监测机制。省营商办要加强营商环境突破年各项任务督导，及时掌握各市（区）各部门工作进展情况，实行项目化管理、清单化落实，并通过 12345 热线平台、委托第三方等方式，加强季度监测，按季度通报监测结果。健全跟踪服务机制。省政府有关部门和各市（区）、县（市、区）政府主要负责同志每半年参加 1 次“坐窗口、走流程、跟执法”活动，体验窗口服务，查找办事堵点，现场解决实际问题。完善复制推广机制。加强营商环境典型经验的复制推广和学习借鉴工作，建立健全总结一批、推广一批、谋划一批典型经验的工作机制，以复制推广引领营商环境改革创新。

（三）强化评价考核

以市场主体和社会公众满意度为导向，健全营商环境评价指标体系，不断总结评价实践，对各市（区）按季度开展市场主体满意度评价，全年开展一次综合性营商环境评价，评价结果作为各市（区）高质量发展综合绩效评价和法治政府建设评估的重要依据。将营商环境突破年各项任务落实情况纳入省级部门营商环境年度专项任务考核，更好发挥考核指挥棒作用。

（四）强化宣传引导

充分发挥主流媒体、新兴媒体、自媒体等各类舆论宣传机构作用，加强营商环境突破年宣传报道和舆论引导，及时宣传各地各部门实施营商环境突破年工作推进情况、亮点工作、典型做法等，营造陕西“人人都是招商环境、人人都是营商环境”的浓厚氛围。省发展改革委建立营商环境突破年宣传专栏，持续加大宣传力度。各牵头单位、各市（区）每月 20 日前将突破年工作进展报省营商办。

04

《陕西省深化营商环境突破年行动方案》

营商环境是推动高质量发展的硬基础。开展营商环境突破年活动是省委、省政府立足陕西实际，扭住要害发力、提振预期信心的重要举措。为持续深化营商环境突破年活动，制定如下行动方案。

一、总体要求

以习近平新时代中国特色社会主义思想为指导，全面贯彻落实党的二十大和习近平总书记历次来陕考察重要讲话重要指示精神，认真落实中央经济工作会议部署要求，按照省委十四届五次全会暨省委经济工作会议和全省深化“三个年”活动暨招商引资推进会安排部署，巩固拓展主题教育成果，落实“五个再深化”要求，坚持大抓改革、大抓服务、大抓效能，借鉴省内外先进经验和世界银行营商环境成熟度评价标准，以政府有为促进市场有效，以重点突破带动整体提升，建设市场化、法治化、国际化一流营商环境，激发市场主体活力，为奋力谱写中国式现代化建设的陕西新篇章提供有力支撑。

二、行动目标

以深化“三个年”活动牵引高质量发展现代化建设实现新突破，推动企业群众办事更便利、项目服务保障更高效、产业发展生态更优化，经营主体满意度保持在 90% 以上，打造“投资中国 · 选择陕西”品牌。

企业群众办事更便利。企业开办、不动产登记、企业纳税等事项办理流程进一步优化，办理效率进一步提升。数字政府建设取得质的突破，数据共享加快推进，推出更多“高效办成一件事”的好做法。

项目服务保障更高效。加强部门协同，进一步优化联合审图、联合验收等并联审批协同机制，社会投资工业、住宅和政府投资房屋建筑等工程建设项目审批流程持续优化。省级以上开发区 80% 以上新增工业用地实现“标准地”供应。

产业发展生态更优化。知识产权保护力度持续加强，招标采购更加公平高效，跨境贸易便利化水平加快提升，实际使用外资持续增长。企业融资渠道更加畅通，融资成本稳步下降。

三、重点任务

（一）聚焦激发企业活力强市场促公平

1. 持续提升企业开办和注销便利度。升级改造实名认证系统，支持企业名称依法转让，规范企业正常迁移。持续深化企业开办注销改革，推进市场监管领域“证照联办”，营造更加便利的市场准入和退出环境。

2. 推进公平市场准入。全面落实市场准入负面清单制度，持续破除市场准入壁垒，严禁以备案、注册、年检、认定、认证、指定、要求设立分公司等形式设定或变相设定准入障碍。

3. 完善政府诚信履约机制。加快社会信用体系建设，引导企业诚信守法经营。健全失信惩戒和信用修复机制，加大政府失信线索监测发现力度，及时挂牌督办，持续跟踪办理情况。

4. 完善行政执法工作机制。规范涉企行政检查，推广行政执法检查“白名单”制度，完善联合检查、“双随机、一公开”监管、非现场执法等工作机制，推动监管信息共享互认，避免多头执法、重复检查。加快建设“一带一路”国际商事法律服务示范区。

5. 深入推进跨部门综合监管。对涉及多个部门、管理难度大、风险隐患突出的监管事项，建立省市县三级跨部门综合监管事项清单，并实施动态更新管理。加强行业监管，探索建立综合监管“一业一册”告知制度。推进“综合监管一件事”“综合查一次”“一业一查”等改革。

6. 深化拖欠企业账款专项治理行动。加强拖欠企业账款问题梳理排查，加强投诉处理，并通过法院建立账款拖欠案件快立、快审、快执“绿色通道”。对重大拖欠违纪违法案件进行通报。

7. 深化涉企乱收费乱罚款乱摊派专项整治行动。在交通物流、水电气暖、地方财经、金融、行业协会商会等领域开展涉企乱收费乱罚款乱摊派自查自纠、联合检查，及时开展“回头看”，切实减轻企业负担。

8. 规范招标投标，提高政府采购效率。深化全流程电子化招标投标、不见面开标、远程异地评标等改革，构建招标投标领域全链条监管机制。公开透明开展政府采购，畅通供应商维权渠道。稳步提高中小企业政府采购合同金额。

9. 优化办税缴费体验。加强全国统一新电子税务局的宣传推广。推进全面数字化的电子发票无纸化报销、入账、归档等工作。健全税费服务诉求解决机制。进一步落实动态“信用 + 风险”监管。

（二）聚焦加快项目落地强改革抓创新

10. 持续深化规划用地改革。推动规划用地“多审合一、多证合一”改革，探索建立建设工程规划许可豁免清单和告知承诺制。优化业务流程，实现土地供应、不动产登记等并联办理。增强土地要素对优势地区高质量发展保障能力。深化“标准地”改革，提高“标准地”质量。

11. 完善融资支持体系。健全银行、保险、担保、券商共同参与的融资支持体系，加强融资产品创新，鼓励金融机构依法合规开展知识产权质押贷款，创新非抵押类信贷产品。持续组织开展银企对接活动。提升境外来陕人员支付便利性。

12. 提升环评审批服务效能。对国家和省上重点项目，高效精准开展服务，及时协调项目建设过程中的生态环境问题。对符合生态环境保护要求，具备受理审批条件的重大项目环评，环评按期办结率达到 100%。

13. 深化生态环境准入改革。在省级高新技术开发区、经济技术开发区试点开展规划环评与项目环评联动改革。对除“两高”行业项目外满足“标准地”生态环境准入要求的编制环境影响报告书（表）

项目探索施行环评告知承诺制审批。

14. 有效提高文物勘探效率。深化文勘领域审批制度改革，创新工作方式方法，提高文物勘探效率。在有条件的市（区）推行国有土地“先考古，后出让”政策机制。

15. 深化劳动力市场监管。加强劳动保障监察，规范企业用工行为，持续深化劳动争议化解机制。全面推行人社事项“网上办”“提速办”“打包办”，实现 50% 以上服务事项即时办结。

16. 推行工程建设项目“多测合一”。完善工程建设项目“多测合一”测绘成果汇交和互认机制，优化测绘成果资料提交、利用、共享流程，巩固提升一站式施工许可、综合竣工验收、“多测合一”等改革成效。

17. 推进分阶段施工许可和联合验收。在符合安全生产要求前提下，依法依规加快推进分阶段施工许可。开展房屋建筑和市政基础设施工程项目联合验收，除住宅以外的工程项目，建设单位可申办单位工程竣工联合验收。

（三）聚焦产业链群建设强服务优机制

18. 实现产业政策精准可及。按照行业对中小微企业实施分类指导，精准施策。鼓励链上企业参与“揭榜挂帅”、产业链项目、链主及配套企业奖励申报，对符合要求的进行支持。

19. 完善“陕企通”平台功能。加强“陕企通”平台与各单位涉企平台集成互通，深化与“秦信融”“秦云就业”等平台功能融合，拓宽企业诉求反映渠道，加快完善从企业诉求收集、受理、转办，到跟踪、反馈、评价的全程工作闭环，着力打造“一站式”涉企服务总平台。

20. 优化涉企政策服务机制。依托“陕企通”平台，推动国家、省、市、县四级涉企政策统一发布，完善涉企政策知识库，建立健全政策发布、解读、宣传机制，加强政策精准推送，促进政策直达快享。

21. 加强知识产权保护。引导企业和高校院所加强高价值知识产权创造，健全知识产权交易和公共服务体系，严厉打击侵犯知识产权的违法犯罪行为，持续查处商标侵权行为和假冒伪劣产品。积极推出知识产权金融产品。

22. 促进跨境贸易便利化。推广国际贸易“单一窗口”应用功能。建设“跨境电商通关服务平台”等特色应用。在空港口岸实行“机坪直提”监管模式，在铁路口岸试点运行出口拼箱货物“先查验后装运”监管模式，巩固压缩整体通关时间成果。

23. 完善公共服务配套。持续改善城市生态环境，强化基本公共服务供给，降低企业用电、用水成本，加快配套完善教育、医疗、社会保险等公共服务，以高品质人居环境吸引更多市场主体和人才来陕投资兴业。

24. 营造更具吸引力的人才发展环境和良好产业发展生态。围绕秦创原、重点产业链发展关键岗位，拓展人才引进渠道，加强教育、医疗、住房、科研等配套支持，制定完善外籍“高精尖缺”人才陕西认定标准，努力将人才大省转化为创新的高水平人才聚集地。

（四）聚焦高效政务服务强质效增便利

25. 推动信息实时共享。加强省级政务服务平台网上统一受理端建设，推动办件信息实时共享、高频事项网上办、掌上办、一次办，实现办事申请“一次提交”、办理结果“多端获取”。

26. 推进政务服务标准化。在政务服务事项基本要素“四级四同”的基础上，逐步推进实现受理条件、办理流程、申请材料、办结时限、办理结果等要素统一，重构跨部门办理业务流程，优化前后置环节，推动政务服务平台事项标准统一、业务协同联动、服务同质高效。

27. 建设涉企服务专区。鼓励有条件的政务服务中心建设涉企服务专区、涉企服务窗口，深化金融、法律、帮办代办等相关服务。探索涉企政务服务增值化改革。

28. 创新不动产登记服务。推行“交地即交证”模式，为符合条件的项目用地“一站式”办理土地交付和土地不动产权证。试行“验登合一”，建设单位申请项目竣工规划用地核验时可同步申办不动产首次登记。推行“税费同缴、后台清分”改革，全面开展不动产“带押过户”。

29. 规范政务服务热线管理。优化各级政务服务热线工单办理流程，健全跟踪督办机制，提高办理质效。加强省政务服务热线与“陕企通”平台系统对接。

30. 简化证明事项。编制公布依法保留的证明事项清单。深化拓展证明事项告知承诺制。加强告知承诺事中事后核查。完善虚假承诺信用惩戒机制。

31. 开展市政公用基础设施接入联合服务。建立水电气网联合报装机制和联合服务“一支队伍”，设置联办服务专窗，实现“一表申请、一网通办”。对市政接入工程涉及的建设工程规划、绿化、涉路施工等事项，实行“一口受理、并联审批、限时办结”。

四、保障措施

（一）加强组织实施

各地各部门要巩固拓展主题教育成果，促进“三个年”成果相互转化运用，工作任务一体推进落实。要加强组织实施，密切协同配合，严格责任落实，确保各项政策措施落地见效。要结合实际和工作职能，细化工作举措，坚决清理废止不合理规定，出台本地区本部门优化营商环境具体措施，形成改革任务清单，力求取得突破性标志性成效。

（二）支持创新示范

各部门要加强工作指导，参考借鉴世界银行营商环境成熟度指标，支持有条件的市、县（区）和开发区发挥首创精神，在法治框架内积极探索原创性、差异化的优化营商环境具体措施。对标国评指标要求，研究我省评价指标体系。建立健全总结一批、推广一批、谋划一批典型经验做法的工作机制。

（三）营造浓厚氛围

各地各部门要及时总结成功经验做法，加大对营商环境改革创新成果宣传力度和舆论引导，常态化通报负面典型案例，强化激励约束效应，营造“人人都是招商环境、人人都是营商环境”浓厚氛围。省营商办要发挥好牵头抓总、统筹协调作用，对工作进展缓慢、打不开局面的单位要加强督促指导。各地各相关部门每月 20 日前将工作进展情况报送省营商办。

第二篇

发展现状

陕西省营商环境发展现状

近年来，陕西深入学习贯彻习近平总书记来陕考察重要讲话重要指示，按照党中央、国务院决策部署，坚持改革突破、服务导向，以群众满意为第一标准、市场评价为第一评价、企业感受为第一感受，加快建设市场化、法治化、国际化一流营商环境。良好的营商环境已成为三秦大地招商引资、招才引智的金名片。

一、总体情况

陕西省委、省政府高度重视优化营商环境工作，主要领导多次就优化营商环境工作进行安排部署，营商环境突破年活动持续推进，政府最诚信、企业最舒心、办事最高效“三张名片”加快打造。2024年上半年全省经营主体满意度达到94.53%，继续保持高位运行；营商环境便利度达到90.57分，较2020年提升7.68分；经营主体数持续增长，截至目前，全省实有经营主体585万户，较2018年增加了近一倍。

（一）强市场、激活力，市场环境更公平

市场准入壁垒加快破解。开设“市场准入壁垒问题线索征集平

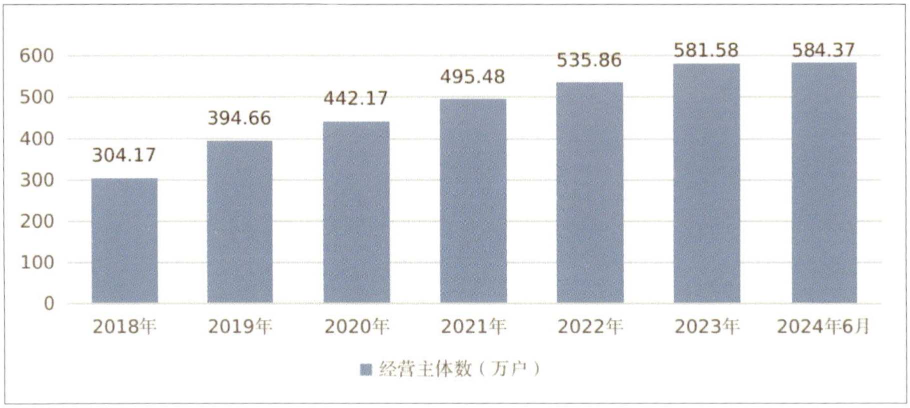

图 1　2018 年以来全省经营主体数情况

台”，2023 年废除妨碍统一市场和公平竞争的政策措施 78 件，修订 14 件、废止 64 件。切实保障企业准入和退出，上线企业住所变更迁移“一件事”功能，试点开展“企业异地迁移保留原有名称”，探索对多年吊销未注销企业实行强制注销。

招标投标公平公正。建立全省统一的公共资源交易电子监管系统，开展保证金清理工作，累计清退历史沉淀保证金 1.76 亿元。推行不见面招标和远程异地招标，2023 年全省完成不见面开标项目 1.77 万宗、远程异地评标项目 1088 宗。开展政府采购领域“四类”违法违规行为专项整治，重点查处采购人倾斜照顾本地企业、以注册地等不合理条件对供应商实行差别歧视待遇等问题。

产业链群加快培育壮大。建立重点产业链“一链一专班、一链一政策、一链一基金、一链一银行、一链一智库”工作机制。对年度配套率增幅较大的链主企业，给予最高 100 万元的一次性奖励。链主企业每净增一户当年实际配套额不低于 500 万元的本地或招引的非关联配套企业，给予链主企业最高 50 万元的一次性奖励。对产业链制造业企业研发投入年度新增部分按照不超过 5%、最高给予 500 万元奖补。

（二）强法治、稳预期，行政执法更规范

颁布《条例》夯实法治基础。2018 年颁布实施《陕西省优化营商环境条例》，2020 年又根据国务院《优化营商环境条例》，率先对原条例进行修订。连续 4 年开展《陕西省优化营商环境条例》执法检查，宣传解读条例主要精神。设立中国—中亚法律查明与研究中心，全面建设西安“一带一路”国际商事法律服务示范区，法治化营商环境持续彰显。

建全机制保障企业合法权益。加强民营企业和企业家合法权益保护。全面实行政府权责清单制度并动态管理，2023 年全省行政机关负责人出庭应诉率同比提升 15.7%。设立清欠工作专班，持续清理拖欠民营企业账款。建立营商环境特约监督员制度，出台营商环境投诉举报办法，上线“陕企通”平台受理企业诉求超过 4000 条，诉求响应率 100%，满意率超过 95%。

创新方式推动行政执法高效温暖。在全国范围内率先实行强制清算与破产案件由各市中级人民法院集中统一管辖制度，涉企案件一审简易程序适用率达到 81.47%。将 1112 家企业纳入生态环境监督执法清单管理，采用自动监控、用电用能监控、无人机等非现场执法方式开展检查。深入推进跨部门综合监管，试点推行“一业一查”监管。

（三）强枢纽、促开放，跨境贸易更便利

外商投资高地加快形成。凡是国家政策法规未禁止的领域全部向外资开放，累计招引世界 500 强企业在陕投资设立 157 家外资企业。2023 年全省设立外商投资企业 408 家，增长 29.9%，设立企业数创

20 年来新高。鼓励外商投资设立研发中心，加快跨国公司研发中心、高端人才引进，2023 年高技术服务业实际使用外资增长 52%。加拿大麦肯食品、韩国未来尖端新材料、香港太古里等一批重大外资项目投产。

自贸试验区改革不断深化。上线运营全国首个国际商事法律线上公共服务平台，在全国率先开展国际保理美元融资业务试点，开通 4 条第五航权航线。开展合格境外有限合伙人（QFLP）试点，率先实施集成电路设计企业全程保税业务试点，2023 年自贸试验区新设企业 2.5 万家。挂牌成立 7 年来，38 项制度创新成果在全国复制推广。

跨境贸易便利化持续提升。中国—中亚机制秘书处在西安启动，与中亚五国实现通航全覆盖，2023 年对中亚出口增长 221.9%。出台《西安海关优化营商环境 28 条措施》，推动跨境贸易结算便利化，推行“提前申报”“两步申报”通关模式。加强陕西“单一窗口”建设，上线运行全景数据展示平台、智慧云报关平台等 16 大类 212 项特色服务功能。

（四）强改革、抓创新，政务服务更高效

数字政府加快建设。上线运行陕西政务服务网，形成贯通省、市、县、乡、村五级联动的服务网络。目前，移动端上线 42 个省级部门 896 项、13 个市（区）5759 项服务事项，电脑端上线 49 个省级部门 2131 项服务事项，累计汇聚办件量超 1.82 亿件，396 项政务事项实现“全省通办”，153 项事项实现“跨省通办”。

环节流程持续优化。聚焦施工许可办理、不动产登记等重点领域，推进事项办理环节优化、时间压缩，便利企业群众办事创业。小型低风险工程建设项目审批时间压减到 14 个工作日，不动产登记时

图 2　陕西省政务服务大厅

图 3　优化营商环境服务项目建设

间压减到 2.5 个工作日，用水报装时限压减到 4.6 个工作日左右，用气无外线施工报装时限压减到 2.7 个工作日。

项目保障有力有序。紧盯招商引资项目落地，强化用工、用能、用地等要素保障。发布我省制造业 24 条重点产业链急需紧缺岗位人才目录，建立缺工快速响应机制。全面实现小微企业低压接入容量标准提升至 160 千瓦。实行土地要素与重点项目高效联动，推行建设工程规划许可豁免清单和告知承诺制，2023 年全省土地供应总量 36.66 万亩。

二、突出亮点

（一）开展营商环境突破年活动，打造政府最诚信、企业最舒心、办事最高效“三张名片”

陕西连续两年开展营商环境突破年活动，以省委、省政府名义印发营商环境突破年《实施意见》、《工作方案》，树立服务企业、服务群众的鲜明导向，以营商环境突破牵引高质量发展现代化建设。

守诺践约，政府最诚信。把加强政府诚信履约机制建设摆在重要位置，重点解决好新官不理旧账、招商承诺不兑现及拖欠民营企业账款等问题。在信用中国（陕西）网站开设“政府违约失信投诉专栏”受理朝令夕改、新官不理旧账、危害企业利益等政务失信行为。深入开展政府诚信专项治理，连续三年开展全省政务诚信评价，受评对象为各市区县及 39 个省级相关部门。深入开展拖欠企业账款专项治理，建立周通报制度，及时开展“回头看”，有效推进清欠工作，力争今年 10 月底前实现应清尽清。建立反面典型通报机制，2023 年通报

15 起反面典型案例，形成震慑警示效果。

规范执法，企业最舒心。针对企业反映普遍的维权难、检查多、乱收费等问题，加强民营企业和企业家合法权益保护，依法惩治侵害民营企业和企业家合法权益的违法犯罪行为。出台《陕西省行政执法监督条例》，开展全省行政执法质量考评，推进各类行政执法单位严格规范公正文明执法。制定生态环境行政处罚自由裁量权基准、市场监管领域“首违不罚”清单、轻微违法行为减轻行政处罚清单，明确轻微不罚具体标准，扩充首违不罚事项，推进柔性执法。在交通物流、水电气暖、地方财经、行业协会商会等领域开展违规收费专项整治，发现涉企违规收费 469.86 余万元，整改退还 416.11 万元，罚没 132.65 万元。

政务优化，办事最高效。把发挥陕西科教优势与优化营商环境工作有机结合，创新开展科技成果转化“三项改革”，2023 年由科研人

图 4　2024 年全省深化“三个年”活动暨招商引资推进会

员成立转化企业1051家，就地转化技术合同占比提高11个百分点，科技型中小企业、高新技术企业分别增长37%、33%。建成西北地区首家知识产权保护中心—西安知识产权保护中心，开通快速审查、快速确权、快速维权的知识产权保护“绿色通道”。依托数字化扎实推动“高效办成一件事”，企业开办全面实现1个工作日内办结，小微企业全过程办电时间压减至11.9个工作日，企业年均纳税时间压减至68个小时。

（二）建设中欧班列西安集结中心，加快打造内陆改革开放新高地

近年来，陕西深入贯彻落实习近平总书记历次来陕考察重要讲话重要指示，高水平建设中欧班列西安集结中心，每100分钟就有1列班列发出或到达。2023年，陕西中欧（亚）班列开行5351列，同比增长15.3%，开行量、货运量、重箱率等核心指标稳居全国第一。

枢纽设施承载高效。开展集结中心示范工程建设，建成占地5600亩西安国际港站，日装卸作业能力3700标箱。建成铁路一类、公路二类，粮食、肉类、整车指定口岸以及国家跨境电商综试区等功能完备的口岸体系。推动场站作业标准化，集结分拨时间压缩近50%。上线中欧班列综合数字服务平台，在全国率先实现海关、铁路监管数据联通，综合运输成本降低15%以上。优化升级西安海关物流监控系统，每天可自动处理各类单证约240票，验放集装箱约400个，减少人工操作量95%以上。

物流通道多元便捷。向西常态化开行18条国际线路，通达45个国家和地区；向东开行西安至青岛、宁波等沿海港口的铁路图定班列，通过海铁联运快速到达世界各地。向南对接RCEP协定，开行

图 5　中欧（亚）班列长安号

中老、中越国际货运班列，实现与西部陆海新通道互联互通。积极融入跨里海运输走廊建设，跨里海班列全程由 20—25 天缩短至 12 天，实现每周 2 列常态化运行。携手兄弟省市开行了粤陕号、贵西欧、厦西欧等 24 条国内集结线路，“+ 西欧”集结体系织线成网。

供应链服务优质可及。完善站到门、门到站、门到门等多式联运服务，开行比亚迪、吉利、中兴、隆基、进口冷链等特色专列。推动与中铁集在欧洲合资建设境外统一服务平台，进一步提升中欧班列境外议价能力和服务质量，每箱每公里平均运行成本 5.4 元。创新铁路安检和海关查验前置，推进“港区联动、抵港直装”，平均通关时间缩短 50%。深入推进本外币合一银行结算账户体系试点，截至 2023 年底，累计办理人民币资金交易超 23 万亿元、外币交易超 10 亿美元。哈萨克斯坦西安码头建成投用，阿拉木图中哈物流场站启动建设，累计在中亚国家布局海外仓 5 个。

（三）政策提级、要素提质、服务提效、贸易提速，全面提升陕西营商软环境

近年来，陕西紧盯企业需求，聚焦资源禀赋，推动政策、要素、服务、贸易全面优化，不断提升营商软环境，激发市场新活力。

政策提级，精准惠企。印发大力服务民营经济高质量发展《十条措施》和促进民间投资健康发展的《十条措施》，出台民间投资新开工项目贷款贴息配套政策，促进民营经济高质量发展，目前全省民营经营主体数超过 480 万户。延续和优化国家六项阶段性税费优惠政策，梳理编印《支持服务民营经济高质量发展财税政策引导手册》，定期更新发布《惠企金融支持政策要点汇编》，依托“陕企通”平台归集发布各级各部门涉企政策 4000 余条，2023 年新增减税降费及退税缓费 492.5 亿元。西安市推动惠企政策“直达快享”，2024 年兑现财政类政策资金 19.77 亿元，其中“免申即享”16.88 亿元。

要素提质，高效获取。紧紧围绕土地、资金、技术等要素供给，加强改革攻坚，促进各类要素加速流动。保障土地供应。纵深推进“亩均论英雄”综合改革，深入开展“标准地”改革、“交地即交证”改革，建立土地供应与登记联动机制，2023 年全省共有 676 个项目实现“交地即交证”。宝鸡市“标准地”供应面积占全市工业用地的 81.66%。商洛市将原来要求建设工程在颁发规划许可证前完成考古勘探，改为在颁发施工许可证前完成考古勘探。强化资金支持。开展“十行千亿惠万企”专项融资服务，建立重点产业链和专精特新中小企业风险补偿制度，2023 年普惠小微贷款余额增长 26.2%，民营企业贷款余额增长 16.5%。促进科技转化。成立秦创原创新促进中心联盟，新建 300 支“科学家 + 工程师”队伍，新增国家级孵化器 10

个，省级以上孵化载体达到461个，在孵企业4.4万家，12973项成果正在实施转化。提升审批效率。建立重点项目施工许可办理台账，强化调度督导。截至目前，省工程建设项目审批管理系统共受理项目6140个，办理施工许可4185件，办理竣工验收3004件。榆林市推行重点项目审批"红蓝章"模式，审批时限压减60天左右；杨凌示范区推行"承诺＋容缺"审批服务，39项证明事项实现告知承诺制。

服务提效，助企舒困。深入开展包企业、包项目、解难题活动，2023年各市区领导干部包抓企业9700多家，包抓项目1.1万个，协调解决各类问题7500多个。各市区普遍推行帮办代办服务，便利企业办事创业。咸阳市建立"三团两库"服务机制，组建专业团队走访服务项目和企业；延安市推行挂牌服务市级重点项目、招商引资项目和民营企业工作机制，主动上门问需，全程跟踪保障；安康市组建项目管家小分队，打造项目审批"全科服务"团队；汉中市开展亲商助企、纾困帮扶活动，定期调度、月度通报；铜川市建立"三送三解三优"机制，助企纾困解难；渭南市开展"送法进企业"活动，帮助企业从源头防范化解矛盾纠纷。

贸易提速，畅通便利。充分发挥联通中亚、南亚和西亚国家的通道、枢纽作用，扩大规则、规制、管理、标准等制度型开放，主动融入和服务构建新发展格局。建成陕西自贸试验区RCEP企业服务中心，在全国率先开展航空物流公共信息平台试点，完善"通丝路"跨境电商人民币结算服务平台、丝路国际保理平台等功能，提升跨境贸易便利化水平。积极承接沿海产业转移，建设"一带一路"临港产业园。打造大宗商品交易中心，中石化、厦门信达等区域总部落地运营。2023年，新设外资企业增长29.9%，实际使用内资增长12.6%。

营商环境没有最好，只有更好。下一步，陕西将深入学习贯彻习近平总书记来陕考察重要讲话重要指示，按照省委、省政府决策部署，坚持目标导向、问题导向，持续深化营商环境突破年活动，树立服务企业、服务群众、服务项目、服务产业的思想理念，加快推进营商环境“小切口”改革，加强典型经验复制推广借鉴，强化负面案例警示教育效应，进一步巩固提升全省营商环境“高、低、好、快、强”五方面优势，讲好陕西营商故事，努力打造“投资中国 · 选择陕西”品牌，为全省经济社会高质量发展提供有力支撑。

第三篇

行动措施

01

西安市深化营商环境突破年行动方案

为全面贯彻落实党中央关于优化营商环境的决策部署和省委部署安排，持续深化营商环境突破年活动，制定如下行动方案。

一、总体要求

扎实落实全省深化“三个年”活动和全市“八个新突破”重点工作部署，聚焦以政府有为促进市场有效、以更优营商环境支撑高质量发展，突出问题导向、需求导向、目标导向，坚持大抓改革、大抓服务、大抓效能，着力在服务企业、服务群众、服务项目、服务产业等方面取得突破性成效，进一步稳定社会预期、提振发展信心、激发市场活力，打造政府诚信、企业舒心、办事高效的“营商环境名片”，构建具有西安特色和内涵的营商环境生态体系。

二、重点任务

（一）聚焦激发经济发展“新活力”，全周期优化涉企服务水平

1. 营造公平公正市场准入环境。开展市场准入和公平竞争“破

壁”行动，强化制止滥用行政权力排除限制竞争的反垄断执法，建立市场准入壁垒线索举报、排查、清理长效机制，清理以备案、注册、年检、认定、认证、指定、要求设立分公司等违法设定、变相设定准入障碍现象。组织清理各类妨碍全国统一大市场建设和公平竞争的规章、规范性文件等，废除各类限制企业平等竞争的不合理规定。

2. 推动企业“准入快、准营易”。推动企业设立、变更、备案、迁移、注销等事项“全程网办、同城通办”，实现企业开办全流程 0.5 个工作日办结、个体工商户设立登记“即时办结”。深化企业住所标准化登记，实行住所在线核验；升级改造实名认证系统，支持企业名称依法转让，规范企业迁移。深化简易注销改革，推广“证照同销”，支持企业同步注销营业执照和经营许可。出台支持“证照联办”许可事项清单，将支持范围扩大至 20 个以上行业领域；试行“证照同变”，支持企业“零跑动”自主申请变更经营范围；在 7 个以上行业探索实施“一证多址”改革，实现经营主体“准入即准营”。

3. 开展企业培强扶优行动。支持优秀企业加快做大做强，建立重点培育企业名单，实施针对性精准化帮扶。出台“个转企”“小升规”“规上市”扶持政策，加大对成功转型企业的政策奖补力度，全年新增“五上”企业 2000 家以上、新增上市企业 5 家。支持“专精特新”企业发展，全年新增国家级、省级“专精特新”企业 200 家。

4. 打造“无事不扰”监管环境。实施第二批“综合监管一件事”改革试点，将试点范围扩大至 10 个以上行业领域。动态更新监管事项清单和跨部门综合监管事项清单，实现“一张清单统监管”。建立健全 7 个综合执法领域及 7 个民生重点领域信用分级分类监管工作体系。建立“综合查一次”联合执法机制，实现一次检查、全面体检、综合会诊、精准施策。探索执法“观察期”制度。

5. 深化涉企乱收费乱罚款乱摊派专项整治。聚焦交通物流、水电气暖、地方财经、金融、行业协会商会等领域，开展涉企收费专项整治行动，严肃查处擅自设立收费项目、提高收费标准、扩大收费范围等违规违法行为。

6. 开展拖欠企业账款专项整治行动。强化政府和国有企业、事业单位拖欠账款问题梳理排查，10 月底前完成全省部署任务。对进入司法程序（含仲裁程序）的账款拖欠案件建立快立、快审、快执“绿色通道”。建立清欠问题通报机制，加大司法仲裁力度，依法依规对典型案例、恶意拖欠等行为予以曝光并挂牌督办。

7. 开展诚信体系建设攻坚行动。聚焦信用信息归集、融资信用平台建设、信用承诺、失信联合惩戒、失信主体退出等信用体系建设重点工作出台攻坚举措。完善政府诚信履约机制，加大政府失信线索监测发现力度，按属地“即发现即转交”并挂牌督办，持续跟踪办理情况。健全信用修复机制，推行信用修复“一网通办”。推行“信用报告替代无违法违规记录证明”制度。

8. 严格规范涉企行政执法行为。开展行政执法“三项制度”第三方评估，规范罚款设定、实施、监督行为。开展行政执法专项整治和监督行动，聚焦生态环境、应急管理、食药品监管等领域“一刀切”执法问题，严格落实行政执法过错责任追究制度，严防简单粗暴执法、野蛮执法、过度执法、逐利执法等问题。全面落实包容审慎监管“三张清单”，不断健全与创新创业相适应的包容审慎监管制度。

9. 提升涉企法律服务水平。优化“12348”公共法律服务热线功能，常态化开展企业“法治体检”，推进公共法律服务进园区、进商圈。积极培育专业化品牌公证机构，为市场主体提供优质高效的公证服务。加快“一带一路”国际商事法律服务示范区建设，优化完善涉外法律服务产品供给。贯彻落实国务院和陕西省《优化营商环境条例》，聚焦企业关切，推进营商环境“小切口”立法相关工作。

10. 提升商事纠纷解纷质效。完善非诉讼纠纷解决机制，打造“1+45+N”诉源治理体系；健全完善诉讼、调解与仲裁“一站式”多元解纷体系。探索开展民商事纠纷中立评估改革，建立相关领域诉前中立评估模式。探索开展商事调解组织登记管理试点，规范商事调解组织的设立和管理。

11. 提升涉企案件办理质效。开展民商事案件审判智能化和简单案件要素式审判。完善执行联动工作机制，提升执行效能，及时兑现企业胜诉权益。健全民商事案件律师在线查询涉案信息等机制，进一步提升诉讼便利度。完善简易破产案件快速审理机制，将审理时限控制在 6 个月以内。

12. 强化企业用工保障。建立重点企业用工常态化监测和联系服务制度。拓宽就业信息共享交流渠道，加大与周边地区劳务交流力度。深化校企合作，鼓励支持技工院校相关专业建设，开展定制化技能人才培养。探索开展特定领域省内市外初、中级专业技术人才调入免确认。加强劳动保障监察，规范企业用工行为，完善劳动人事争议多元化解机制。全面推行人社事项“网上办”“提速办”“打包办”，实现 50% 以上服务事项即时办结。

13. 维护公平竞争秩序。严格落实公平竞争审查制度，深化全流程电子化招标投标、不见面开标、远程异地评标等改革，构建招标投标领域全链条监管机制。公开透明开展政府采购，探索推行政府采购

“信用 + 承诺”准入制，稳步提高中小企业在政府采购中的份额，推动中小企业合同占比达到政府采购总规模的 85% 以上。

（二）聚焦探索要素供给“新模式”，全过程强化项目服务保障

14. 健全项目全生命周期服务保障制度。出台《西安市强化项目服务保障优化营商环境工作方案》，对做好项目审批、要素保障、跟踪服务等全生命周期服务保障工作进行系统部署并抓好推进落实。

15. 建立要素成本统计分析制度。定期对要素配置情况进行结构化分析，精准掌握各类要素对当前发展的支撑度、与发展定位的适配度，找准问题不足、需求缺口、优化方向，及时完善要素市场化配置相关工作机制和政策措施。

16. 提升规划许可和土地供应效率。探索建设工程规划许可豁免清单和告知承诺制，公布建设工程规划许可豁免清单。深入推行国有土地“先考古、后出让”政策机制，有序推进大片区考古，进一步提升文勘工作效能。在省级以上开发区全面推行“用地清单制”改革。深化“标准地 + 承诺制”改革，试点产业用地储备制度，推行工业用地“带方案挂牌”出让，实现省级以上开发区新增工业用地 100%“标准地”供应。试行“告知承诺 + 预审批”模式，推动实现“拿地即开工”。

17. 提升工程建设项目审批质效。推行工程建设项目“多测合一”，实现多测合并、联合测绘、成果共享。推行施工图联审，将审查时间压缩至 15 个工作日内。试点规划环评与项目环评联动改革，将重大项目环评审批时间压缩法定时间一半以上，按期办结率达到 100%。推行建设单位分阶段申办施工许可和建筑师负责制。全面推行项目联合验收，实现统一受理验收申请、统一出具验收意见。深化

“市政通”集成改革，健全水电气网线上线下联合报装机制，并联审批办理时间不超过 3 个工作日。推进工程建设项目“极简审批”“智慧审批”，开展“体外循环”和“隐性审批”整治，提升“全程网办”深度和监管效能。

18. 降低项目建设成本。在工程建设项目招标投标中全面推广保函（保险）代替投标保证金，依法减免或差异化缴纳投标保证金。对工业用地项目依法实行城市基础设施配套费减免优惠政策。规范水电气网等公用事业收费行为，提高收费透明度。对信用良好的施工企业实行农民工工资保证金免缴缓缴等优惠政策。制定或调整建筑垃圾运输处理收费指导标准，降低建筑垃圾清运成本。

19. 提升项目统筹服务水平。推行项目服务保障清单制，各行业部门梳理形成项目建设各阶段需履行的服务保障职责清单，为项目提供主动靠前、及时跟进、精准精细的专业服务。优化项目全链条帮办代办服务，设立重点建设项目“代办管家”，为重点建设项目提供“一站式”“全链条”帮办代办服务。分类建立项目反映问题台账，实行挂账销号管理。为重点项目“一对一”配备法律顾问和“项目警官”，强化项目法治护航。

（三）聚焦释放科技创新“新动能”，全链条构建产业生态体系

20. 营造良好创新发展环境。聚焦以科技创新培育新质生产力，高标准落实秦创原新一轮三年行动计划，推动建设一批重大创新平台和高水平新型研发机构，大力开展科技企业“登高、升规、晋位、上市”四个工程，不断深化科技成果转化“三项改革”，探索试点科技创新“一件事”，持续推进重大技术创新和产品创新，推动“双中心”建设在成形起势上取得新突破。

21. 推动产业政策精准可及。聚焦 19 条重点产业链补链、延链、强链，加快推进产业基础高级化、产业链现代化，加强产业增值服务，提升政策“精准度”“解渴度”。针对数字经济产业发展，按照行业性质和特点出台精准支持政策，提升政策普惠覆盖面。

22. 加强重点产业预防性合规体系建设。建立“一业一册”告知制度，由行业主管部门针对一类事项制定一册合规经营指南，一次性告知市场主体合规经营要求，推动企业合法合规提高竞争能力。积极培育示范性标杆经营主体，引导经营主体通过自身改革发展、合规经营、转型升级不断提升发展质量。

23. 加大产业链招商力度。绘制重点产业链招商图谱，建立重点招商目标企业库，加强对重点领域、重点区域的招商推介。建立健全招商引资项目谋划、洽谈、签约、注册、开工、竣工、投产全链条服务保障机制。全年实际使用外资、实际使用内资同比分别增长 6% 和 10% 以上。

24. 提升金融服务能力。健全银行、保险、担保、券商共同参与的融资支持体系，强化金融服务对全市重大战略、重点领域的支撑。持续推广“银税互动”“创业担保贷款”“技术产权资产证券化”“政采贷”等形式多样的融资产品，鼓励金融机构依法合规开展知识产权质押贷款，创新非抵押类信贷产品。推进“十行千亿惠万企”融资专项行动，定期组织开展政银企对接活动。提升境外人员支付便利化水平。

25. 推动对内对外开放一体化发展。巩固拓展中国—中亚西安峰会涉我市成果，抓好外向型经营主体和外贸平台型企业的培育引进和服务保障，鼓励内贸企业、电商企业和“老字号”“非遗”等特色企业通过跨境电商拓展国际营销渠道，全年净增外贸企业 350 家。深化跨境通关智能化、便利化改革，新增国际贸易“单一窗口”西安特色应用 2 个，推广散货“先查验后装箱”、空港口岸“机坪直提”等便利化措施，持续提升整体通关效率。

26. 强化知识产权保护和应用。推进国家知识产权强市建设，开展知识产权保护系列专项行动，切实维护创新主体合法权益。年内每万人口高价值发明专利拥有量增长 10% 以上，全市技术合同成交额增长 5% 以上，版权示范单位、园区数量增长 15% 以上，知识产权行政执法案件结案率达到 95% 以上。

27. 强化人才服务保障。制定发布年度西安市重点产业急需紧缺岗位人才需求目录，实施精准招引。在更大范围开展“校招共用”试点，创新高校与企业之间人才“共享”模式，推动“人才池、项目池、资金池”互联互通、精准匹配。设立“人才服务专员”，对用人单位引进或培养的高层次人才，跟进做好安居、就医、子女教育、科研配套等服务。落实外籍“高精尖缺”人才陕西标准及配套政策，加大外籍人才引进力度。

28. 推行重点产业“链长服务制”。对重点产业链实行“一位领导、一条产业链、一个工作专班、一套工作方案、一支专家服务团”的“五个一”服务机制，逐一确定产业链提升工作目标、绘制产业链全景图谱，加强产业链协同配套和要素保障，助力产业集群发展。

（四）聚焦打造利企便民“新品牌”，全方位提升政务服务质效

29. 聚力推进“高效办成一件事”改革。出台《西安市“高效办成一件事”改革实施方案》，确保 2024 年度 13 个“高效办成一件事”重点事项在我市落地实施、顺畅运行，推动政务服务事项从“能办”

向“好办”“易办”转变。聚焦项目、企业、个人全生命周期服务，推动更多“一件事”线下“一窗办”、线上“一网办”，全年新增10个“高效办成一件事”增值服务场景，切实提升企业群众办事体验。

30.全面加强政务服务渠道建设。高标准开展政务服务线上线下融合和向基层延伸国家试点，完善一体化政务服务平台功能，提升“一网通办”能力，探索智能预填、智能预审、智能审批。深化“15分钟政务服务圈”建设，推动政务服务窗口向园区、社区延伸，新建政务服务驿站32个，推进园区“一站式”集成服务，实现企业办事不出园区、群众办事不出社区。规范“办不成事”反映窗口运行，健全反馈问题办理流程及闭环管理机制，为企业群众提供兜底服务。

31.全面深化政务服务模式创新。围绕企业和个人两个全生命周期，健全“一企一档、一人一档”，丰富企业和个人服务专区功能。深化电子证照数据共享应用，推动电子证照跨地区跨部门互通互认，实现政府部门核发的材料免于提交、能够通过数据共享核验的事项免于提交证明材料、能够提供电子证照的免于提交实体证照。健全中小企业公共服务体系，出台《西安市健全中小企业公共服务体系实施方案》，引导支持优秀服务机构为中小企业提供专业化服务。协同推进“陕企通”与12345热线、市一体化政务服务平台等市建涉企服务平台系统融合、数据共享，逐步形成政策直享、服务直达、诉求直办的“一站式”服务企业模式。

32.全面推动政务服务扩面增效。加强各级政务服务中心企业服务专区、涉企服务窗口建设，为企业提供一站集成的综合服务。探索实施涉企政务服务集成化、增值化改革，统筹行业协会、市场化专业服务机构等涉企服务资源，围绕政策、法律、金融、人才、科创、国际贸易等涉企服务重点领域、高频事项，为企业提供精准化、个性化衍生服务。

33. 全面强化政务服务数字赋能。加速推进“数字政府”建设，扩大数字政务“一张网”“一朵云”基础设施覆盖范围，提升支撑能力，实现电子政务外网在市、区县（开发区）、街道（镇）、社区（村）四级全覆盖。加强政务数据归集治理，完善政务数据共享责任清单，建立省、市、区三级数据供需对接协调机制，形成全市统一的数据资源池。打造“i 西安”城市服务品牌，建成“i 西安”城市综合服务总门户，实现 80% 政务服务事项“掌上办”。

34. 推动惠企政策实现“直达快享”。健全惠企政策制定制度，新出台政策原则上需按照“线上平台能申报、最大限度减材料、推动实现免申报”方式制定。完善“西安政策通”平台惠企政策归集发布制度，实现新出台政策全量向平台归集、统一向社会发布。进一步简化政策申报流程、申请材料，实现惠企政策“免申即享”比例、“线上办理”率持续提升。依托 12345 热线开设政策承诺不兑现投诉办理渠道。开展政策兑现情况督导检查，对惠企政策落实情况进行跟踪问效。

35. 优化办税服务体验。深化纳税人信用分级分类监管。稳步实施发票电子化改革，基本实现发票全领域、全环节、全要素电子化。拓展“5 分钟办税圈”建设，推进涉税服务“就近办、快捷办”。推进新时代“枫桥式”税务所建设全覆盖，推行“受理—调解—回访—分析”四个环节组成的闭环管理机制。探索推广“税链长 + 产业链”工作机制。企业年均纳税时间压减到 62 个小时以内。

36. 创新不动产登记服务。实施“验登合一”，建设单位申请项目竣工规划用地核验时可同步申办不动产首次登记。推行“税费同缴、后台清分”，深化不动产“带押过户”改革，实现“带押过户”业务跨银行可办，并覆盖工业、商业等各类不动产。开展预购商品房预告登记，加快推广存量房预告登记。引入遗产管理人制度，探索对难以获取的死亡证明、亲属关系证明等不动产登记申请材料实行告知承诺制。探索开通“互联网＋不动产登记委托见证”服务模式，实现不动产登记申请人线上办理远程委托。

37. 深化 12345 热线“接诉即办”改革。健全企业群众诉求从受理、转办到跟踪、反馈、评价、督办的全程工作闭环，切实提高问题解决实效。强化对办事堵点的数据分析研究，建立共性问题长效解决机制，实现处置一个问题、解决一类问题、优化一类服务。聚焦企业“最关心、最期盼、最困扰”的热点诉求，完善热线“应答知识库”，探索企业诉求线上实时智能解答，推动破解问题关口前移，实现未诉先办。

38. 畅通政企沟通渠道。常态化组织开展“西商·市长面对面”政商座谈会和“一把手坐窗口、走流程、跟执法、处投诉”活动，推动企业群众诉求及时有效解决。加强与行业商会协会的沟通联络，引导专家、学者、企业家深度参与政策咨询、制定与评估。

（五）聚焦夯实工作落实“硬保障”，全闭环完善营商环境制度机制

39. 健全营商环境日常工作推进机制。健全任务、问题、创新“三张清单”管理模式，进一步夯实市级相关单位和各区县、开发区的工作责任，以过硬制度保障推动营商环境实现更大突破。

40. 调整完善营商环境参评工作机制。对标世界银行营商环境成

熟度指标体系，调整完善参评工作机制，推动实现“以评促建、以评促优”。

41. 健全营商环境监督问效工作机制。常态化开展营商环境监督问效活动，提升问题线索发现、转办、反馈效能，集中解决一批事关企业项目发展的重难点问题。

42. 深化营商环境示范区建设。积极争创全国营商环境试点城市。鼓励各区县、开发区结合自身特色，开展营商环境“小切口”试点改革，打造“一区一品”特色营商环境。

43. 推进“西安都市圈”营商环境协同共建。推动城市间在规划衔接、行政审批、执法监管、信用体系建设、资源要素保障等重点领域开展协同共建，进一步破除城市间市场壁垒、促进要素自由流动、降低制度性交易成本。

44. 深化营商环境领域突出问题治理。聚焦审批不规范、服务意识淡薄、涉企违规收费、行政执法不规范、政府失信等企业群众关切的重点领域，深入开展突出问题专项治理行动，切实解决一批影响企业群众的急难愁盼问题。

45. 健全市场主体满意度调查评价机制。组织开展市场主体满意度评价，及时掌握市场主体对我市营商环境各领域政策措施落实情况的知晓率、满意度，促进全市营商环境满意度有效提升。

三、工作要求

（一）加强组织实施

各级各相关单位要把深化“营商环境突破年”作为夯实高质量发

展“硬基础”的关键抓手，制定出台本领域、本区域优化营商环境具体措施，加强组织实施，密切协同配合，夯实工作责任，确保各项工作任务落地见效。

（二）狠抓推进落实

各级各相关单位要坚持“任务项目化、项目清单化、清单责任化”，对工作任务进行细化分解，建立工作台账，实行销号管理。各重点任务牵头单位要切实发挥牵头抓总作用，确保所牵头工作顺利推进、如期完成。各责任单位要积极配合，主动沟通对接，抓好任务落实。市政府办公厅要加强统筹协调和跟踪问效，强力推动各项任务高效落实。

（三）及时总结经验

各级各相关单位要按照“边推进、边总结”的思路，建立健全总结一批、推广一批、谋划一批典型经验做法的工作机制，及时梳理总结工作中取得的亮点成效、特色经验，加大改革经验信息的报送和宣传推介力度，协力打造西安营商环境品牌。

本方案各项重点任务牵头单位及各区县政府、西咸新区及各开发区管委会于每月 15 日前将各自工作进展情况报市政府办公厅（市营商办）。

02

宝鸡市深化营商环境突破年行动方案

为认真落实《陕西省深化营商环境突破年行动方案》，推动全市经济社会高质量发展，结合实际，制定如下行动方案。

一、总体要求

坚持以习近平新时代中国特色社会主义思想为指导，深入学习贯彻党的二十大精神，贯通落实习近平总书记历次来陕考察重要讲话重要指示，围绕营造市场化、法治化、国际化一流营商环境，突出抓好“五个进一步”、强化“三服务两保障”（进一步简程序降成本，服务企业发展；进一步优审批解难点，服务项目建设；进一步提效能增便利，服务群众生活；进一步抓关键重协同，强化政策保障；进一步聚合力促公平，强化法治保障），扎实推进营商环境突破年 100 项重点任务和“小切口”试点改革，聚力打造高效政务环境、舒心市场环境、公正法治环境，推动企业群众办事更便利、项目服务保障更高效、产业发展生态更优化，努力实现营商环境便利度、经营主体满意度、经营主体数量稳步提升，为加快建设副中心、全力打造先行区提供坚强保障。

二、重点任务

（一）进一步简程序降成本，服务企业发展

1. 优化市场准入环境。压减企业开办时间，全面实现企业开办 1 个工作日办结。推进“证照联办”改革，实现“一网受理、一单告知、联合审批、一口发证”，助力经营主体“快入准营”。深化企业“一照多址”改革，提升企业登记注册效率。全面落实市场准入负面清单，持续破除市场准入壁垒。健全经营主体歇业制度，为经营困难的经营主体提供歇业缓冲。

2. 提升企业办事便利度。健全重点事项清单管理机制和常态化推进机制，推动“高效办成一件事”。建设涉企服务专区，深化金融、法律、帮办代办等服务。优化办税缴费体验，加强全国统一新电子税务局宣传推广，健全税费服务诉求解决机制。完善开发区产业发展功能，推动各类政务服务事项向开发区延伸。

3. 降低企业运营成本。加强供电可靠性管理，为企业群众提供无感知服务。深化新型电力负荷管理系统建设应用，提高供电服务质量。深入推广国际贸易“单一窗口”应用功能，促进跨境贸易便利化。促进外贸企业减负增效，落实“企业协调员”机制，协调解决经营主体实际困难。推进综合保税区建设，加快电商孵化产业园、保税仓库等项目建设。规范清理行政审批中介服务，建立中介服务清单，实行动态管理。

4. 加强经营主体培育。加大优质民营企业培育力度，新增规上工业企业 70 户、专精特新企业 30 户、制造业单项冠军企业 5 户。助力

国资国企做强做优做大，深化混合所有制改革，规范有序推进国有企业投资主体多元化，市属企业国有资本收益增长 5%。提升涉农企业服务水平，建设市级现代农副产品展销中心和镇、村惠农综合服务站点，发展林业适度规模经营，新发展一批农民专业合作社。

5. 优化政商环境。畅通政企沟通渠道，深化联企帮扶活动，落实政企恳谈会制度。完善宝鸡市“陕企通”平台功能，打造“一站式”涉企服务总平台。强化营商环境领域问题专项治理，及时有效回应涉企营商环境投诉举报。深化拖欠企业账款专项治理行动，建立账款拖欠案件快立、快审、快执“绿色通道”。深化涉企乱收费乱罚款乱摊派专项整治行动，切实减轻企业负担。完善公共服务配套，以高品质人居环境吸引经营主体来宝投资兴业。加大招商力度，加强服务保障，提升签约项目履约率。

6. 规范涉企监管服务。拓展“一网通管”应用场景，开展“双随机、一公开”监管、信用监管、非现场监管。推进跨部门综合监管，建立综合监管事项清单，实施动态更新管理。推行包容审慎监管，落实“首违不罚”、“轻微轻罚”两项清单，加强新兴业态监管。优化完善新型监管机制，深入推行信用风险分级分类监管模式，加强企业信用风险监测预警。

（二）进一步优审批解难点，服务项目建设

1. 推进项目审批制度改革。实施工程建设项目并联办理，推动更多关联性强、办事需求量大的审批事项集成办理。深化投资项目审批制度改革，优化特定政府投资项目审批管理，加大投资执法监督力度。建立水电气网联合报装机制，设置联办服务专窗，开展市政公用基础设施接入联合服务。提升环评审批服务效能，对符合生态环境保

护要求、具备受理审批条件的重大项目，环评按期办结率达到 100%。深化生态环境准入改革，试点开展规划环评与项目环评联动改革。提高文物勘探效率，推行国有土地“先考古，后出让”政策机制。

2. 加强土地要素供给。推动规划用地“多审合一、多证合一”改革，提高审批效能和监管服务水平。深化“标准地”改革，常态化开展“交地即交证”改革，为符合条件的项目“一站式”办理土地交付和土地不动产权证。深化“亩均论英雄”改革，稳步提升亩均综合效益。

3. 强化金融及用工保障。完善融资支持政策，加大融资产品创新力度。支持企业上市和挂牌融资，对准备上市、挂牌企业因改制、重组、并购而涉及的土地手续完善、税费补缴、产权过户等事项，建立健全绿色通道、限时办结等制度。加大惠企信贷产品推广力度，拓宽抵质押物范围，创新非抵押类信贷产品。深化劳动力市场监管，加强劳动保障监察，规范企业用工行为，落实劳动争议化解机制。提升人社事项办理效率，实现 50% 以上服务事项即时办结。

4. 完善项目验收及运营服务。完善工程建设项目“多测合一”测绘成果汇交和互认机制。推进分阶段施工许可和联合验收，依法依规加快实施分阶段施工许可，开展房屋建筑和市政基础设施工程项目联合验收。完善“项目管家”帮办代办机制，建立专班服务、专员跟进等机制，加强项目全流程帮办代办，解决项目推进中的难点问题。落实重点项目“税务管家”服务机制，为项目建设提供“全周期”、“全流程”税费服务。

（三）进一步提效能增便利，服务群众生活

1. 提升政务服务质效。将全部行政许可和行政备案事项纳入清

单管理，动态调整行政许可和行政备案《事项清单》。推进政务服务事项标准化，在政务服务事项基本要素“四级四同”[国家、省、市、县（区）政务服务事项名称、编码、类型、依据四统一] 的基础上，逐步推进实现要素统一。简化证明事项，持续深化“减证便民”行动，推进更多证明事项实行承诺制。加快办件信息实时共享，实现高频事项网上办、掌上办、一次办。

2. 提升群众办事便利度。探索试点在人流密集区域设立一批综合性群众服务中心，完善各级政务服务中心标准化建设，打造便民、亲民、利民的政务服务环境。推进高频事项“一网通办”，“秦务员”APP 再上线 100 个政务服务事项，合理设置综合服务窗口和专业服务窗口，实现统一受理和一站式办理。落实“告知承诺 + 容缺受理”审批服务模式，推动申请表单多表合一、材料一次提交、事项一次办成，实现现场办事“只跑一次”。推进异地事项跨域办理，做到就近办、异地办。健全帮办代办体系，为老年人、残疾人等特殊群体提供陪同办、代理办、优先办等服务。扩大电子证照使用范围，拓展电子营业执照、新申领的结（离）婚证和不动产登记证明（书）在企业经营许可、入学资质审查等高频事项中广泛应用。

3. 创新政务服务方式。全面开展不动产“带押过户”、推广“交房即交证”改革，做好身份证业务“全程网办”、户籍业务“跨省通办”等公安业务。优化二手房公积金贷款办理模式，推进商转公“非自还模式”业务开展。深化便民普惠金融服务，提供网点便民服务、金融志愿者服务及延伸服务。实施“课程资源 + 终身教育资源”公益工程，提升教育服务水平。

4. 高效解决群众诉求。高效推进群众诉求“一线应答”，优化

12345 政务服务热线工单办理流程，健全跟踪督办机制，提高办理质效。深化“坐窗口、走流程、跟执法”活动。完善“办不成事”反映窗口，解决群众办事难、办事慢、多头跑、来回跑等问题。全面推行政务服务“周末不打烊”，确保延时服务期间工作不断、服务不减、标准不降。

（四）进一步抓关键重协同，强化政策保障

1. 推动政策落地落实。制定宝鸡市重大行政决策事项目录并向社会公开，开展重大决策跟踪反馈和评估。围绕企业群众需求度高的事项或反映突出的堵点、难点问题，各相关单位至少出台 1 项切实可行改革硬举措。积极推进 40 项“小切口”试点改革，加大改革创新力度，争取推出一批可复制可推广的典型案例。优化涉企政策服务机制，抓好惠企政策优化调整和落地落实，加强精准施策，促进政策直达快享、免申即享。

2. 强化政策协同。主动融入全国统一大市场建设，持续推进市场分割、地方保护等问题专项治理，开展涉及不平等对待企业法规政策清理工作，有序清理各类妨碍统一市场建设和公平竞争的法规和政策文件，废除各类限制企业平等竞争的不合理规定。落实营商环境特约监督员制度，完善营商环境社会监督机制。落实服务经营主体改革措施，切实提升经营主体满意度、获得感。

3. 推进诚信政府建设。探索完善信用体系建设体制机制，打造“信用宝鸡”新名片。完善政府诚信履约机制，加大政府失信线索监测发现力度。健全失信惩戒和信用修复机制，引导企业诚信守法经营，优化重整破产企业在税务、金融、市场监管等领域信用修复服务，助力企业重新焕发经济活力。

4. 提高政府服务效能。建设营商环境工作综合服务管理平台，对全市营商环境工作进行“一盘棋”服务管理。优化招标投标服务，深化全流程电子化招标投标、不见面开标、远程异地评标等改革，探索建立招标投标领域全链条监管模式。提升政府采购效率，公开透明开展政府采购，畅通供应商维权渠道。制定完善“高精尖缺”人才认定标准，营造更具吸引力的人才发展环境，拓展人才引进渠道。完善科技创新体制，打造秦创原未来产业创新聚集区，年内建设“双创”载体（科技创新创业载体）10 个以上，新培育“三支”队伍（科技经纪人队伍，“科学家 + 工程师”队伍和“新双创”队伍）50 个以上。提高应急管理信息保障能力，全面提升突发事故、自然灾害应急指挥调度能力。

（五）进一步聚合力促公平，强化法治保障

1. 加强法治化营商环境建设。开展督导检查，全面落实《优化营商环境条例》。加强依法监督、民主监督，市人大常委会、市政协积极开展营商环境执法检查、工作审议、专题调研等工作。全面推进法治政府建设，落实“八五”普法规划，制定进一步加强法治政府建设工作措施。提升涉企法律服务水平，加大高层次法律服务人才引进和培育力度，优化完善法律服务产品供给。

2. 规范政府涉企行为。完善行政执法工作机制，规范涉企行政检查，推广行政执法检查“白名单”制度。全面提升行政执法质量，深入落实行政执法“三项制度”（行政执法公示制度、行政执法全过程记录制度、重大执法决定法制审核制度），规范行政裁量权基准。加大监督执纪力度，设置营商环境监测点，打通服务经营主体“最后一公里”。

3. 化解涉企矛盾纠纷。深入开展“法官 +”诉源治理，拓展诉源治理的广度和深度，聚焦商事纠纷，强化诉前调解，提高诉前调解比率。加快涉企矛盾纠纷化解，建立完善调解、行政裁决、行政复议、仲裁、诉讼、信访等相互协调、有机衔接的多元化纠纷解决机制。

4. 加大涉企司法保障力度。加快涉企案件办理，建立简易破产案件快速审理机制，破产案件平均审理时间较上年度压缩 30 日。完善企业破产处置机制，探索建立财政支持与市场化相结合的破产援助资金制度。提升“执行合同”质效，引导经营主体树牢法治意识和契约精神，依法惩治恶意拖欠账款和逃债行为。加强中小投资者保护，推进代表人诉讼常态化开展，鼓励律师开展中小投资者维权咨询等活动。加大知识产权保护力度，健全知识产权交易和公共服务体系，严厉打击侵犯知识产权的违法犯罪行为。开展“检察护企”专项行动，依法保障各类经营主体合法权益。

三、保障措施

（一）加强组织实施

市优化营商环境工作领导小组办公室要强化统筹协调和督导检查，推动各项重点任务全面落实。领导小组各专项工作组要主动作为，及时协调解决本领域改革推进中的重点问题。各级各部门要提高政治站位，把企业群众满意作为第一标准，细化改革举措，出台配套措施，力求取得突破性标志性成效。

（二）加强创新示范

要支持有条件的县（区）、开发区发挥首创精神，开展营商环境创新示范区创建和营商环境“小切口”试点改革，在法治框架内积极探索原创性、差异化的优化营商环境具体措施。各县（区）、市级各部门要健全总结一批、推广一批、谋划一批典型经验做法的工作机制，持续推动改革创新。

（三）加强氛围营造

市职转和营商办要发挥好牵头抓总、统筹协调作用，对工作进展缓慢、打不开局面的单位要加强督促指导，常态化通报负面典型案例，强化激励约束效应。各县（区）、市级各部门要加大对营商环境改革创新举措、典型经验做法、工作成效的宣传力度，营造“人人都是招商环境、人人都是营商环境”浓厚氛围。

（四）加强督导考核

将各项任务落实情况纳入营商环境突破年专项任务考核，进一步加大督导检查力度。各县（区）、市级各部门（单位）、各开发区（园区）每月 15 日前将重点任务推进情况报市职转和营商办。

03

咸阳市深化营商环境突破年“十大行动”方案

为进一步激发市场活力，提振经营主体信心，更好服务企业和群众，促进项目建设和产业发展取得新突破，推动咸阳经济社会高质量发展，根据《陕西省深化营商环境突破年行动方案》精神，结合我市实际，制定如下行动方案。

一、总体要求

以习近平新时代中国特色社会主义思想为指导，全面贯彻落实党的二十大和习近平总书记历次来陕考察重要讲话重要指示精神，认真落实中央经济工作会议精神和省委、市委部署要求，巩固拓展主题教育成果，坚持大抓改革、大抓服务、大抓效能，聚焦企业群众办事便利化、项目服务保障效率化、产业链群建设生态化，深入开展营商环境突破年“十大行动”，以政府有为促进市场有效，以重点突破带动整体提升，努力打造“政府最诚信、企业最舒心、办事最高效”三张名片，加快建设高效便捷的政务环境、诚信贴心的政策环境、支撑有力的要素环境、公平普惠的法治环境、亲清统一的政商环境、风清气朗的舆论环境，积极营造市场化、法治化、国际化一流营商环境，为加快建设现代化“西部名市丝路名都”提供坚强保障。

二、行动目标

深入开展营商环境突破年“十大行动”，推动企业群众办事更便利，项目服务保障更高效，产业发展生态更优化，经营主体满意度达到 95% 以上，打造“投资陕西 · 赢在咸阳”品牌。

——企业群众办事更便利。企业开办实现 1 个工作日办结，不动产登记实现 3 个工作日办结，企业年均纳税时间压减到 65 个小时以内。数字政府建设加快推进，智慧应用场景不断拓展，推出更多“高效办成一件事”的好做法，一网通办成为全省服务标杆。

——项目服务保障更高效。优化联合审图、联合验收等并联审批协同机制，社会投资工业、住宅类，政府投资房屋建筑类工程建设项目审批时间进一步压减，省级以上开发区 80% 以上新增工业用地实现“标准地”供应。重大项目环评审批时间压缩至法定时限的一半以上。“项目管家”服务实现全覆盖。

——产业发展生态更优化。推进秦创原科技成果转化先行区建设，加强知识产权保护力度，培育省级上市后备企业 30 家、新增“专精特新”企业 15 家，入库科技型中小企业 1200 家，高新技术企业发展到 700 家以上，实际使用外资增速保持全省第一。

三、重点任务

（一）开展准入准营提质行动

1. 提升企业开办和注销便利度。支持企业名称依法转让，规范企业正常迁移，深化企业开办“一件事一次办”改革和“一业一证”“一照多址”改革，推进市场监管领域“证照联办”，营造更加便利的市场准入和退出环境。

2. 推进公平市场准入。全面落实市场准入负面清单制度，破除市场准入壁垒，严禁以备案、注册、年检、认定、认证、指定、要求设立分公司等形式设定或变相设定准入障碍。

3. 加强准入准营政策宣传引导。加大准入准营改革措施和办事指南宣传力度，推动登记注册、变更等更多事项“线下办”向“线上办”转变，让数据多跑路、群众少跑腿。

（二）开展项目审批提速行动

4. 深化规划用地改革。落实规划用地“多审合一、多证合一”改革要求，探索建立工程规划许可豁免清单和告知承诺制。围绕各类建设项目，主动向前延伸不动产登记服务，提前介入对接，开展地籍调查，打通上游相关业务环节，实现土地供应、规划许可、不动产登记等并联办理。

5. 深化生态环境准入改革。支持省级高新区、经开区争取全省规划环评与项目环评联动改革试点工作。对除“两高”行业项目外满足“标准地”生态环境准入要求的编制环境影响报告书（表）项目探索施行环评告知承诺制审批。

6. 提升环评审批服务效能。对国家和省市重点项目，落实“一对一”专人服务，及时协调项目建设过程中的生态环境问题。对符合生态环境保护要求，具备受理审批条件的重大项目环评，环评按期办结率达到 100%。

7. 提高文物勘探效率。积极争取推行国有土地“先考古，后出让”政策机制。深化文物勘探领域审批制度改革，创新工作方式方法，提高文物勘探效率。

8. 推行工程建设项目“多测合一”。完善工程建设项目“多测合一”测绘成果汇交和互认机制，优化测绘成果资料提交、利用、共享流程，巩固提升一站式施工许可、综合竣工验收、“多测合一”等改革成效。

9. 推进分阶段施工许可和联合验收。在符合安全生产要求前提下，依法依规加快推进分阶段施工许可。开展房屋建筑和市政基础设施工程项目联合验收，除住宅以外的工程项目，建设单位可申办单位工程竣工联合验收。

10. 推行项目全程帮办代办制度。支持各县市区、开发区组建“项目管家”服务团队，培养代办专员队伍，围绕从项目引进到投产运营的全周期，提供政策咨询、资金、税收等全方位“管家式”服务。

（三）开展要素保障升级行动

11. 提高土地使用效率。落实《陕西省“标准地”改革工作指引》，聚焦省级以上开发区，不断提高“标准地”质量。持续提升“亩均论英雄”评价指标填报质量，发挥亩均综合效应。

12. 完善融资支持政策体系。健全银行、保险、担保、券商等多方共同参与的融资支持体系。开展银企对接活动，推动“四贷促进”金融服务站全覆盖。加大融资产品创新力度，鼓励银行金融机构依法合规开展知识产权质押贷款，创新非抵押类信贷产品，提升境外人员来咸支付便利性。

13. 提升市政公用服务改革协同性。建立水电气网市政公用基础设施联合报装机制和联合服务“一支队伍”，设置联办服务专窗，实现“一表申请、一网通办、一站式服务”。对市政接入工程涉及的建设工程规划、绿化、涉路施工等事项，实行“一口受理、并联审批、限时办结”。

14. 深化劳动力市场监管。加强劳动保障监察，规范企业用工行为，持续深化劳动争议化解机制。全面推行人社事项“网上办”“提速办”“打包办”，实现 50% 以上服务事项即时办结。建立企业用工需求清单，开展各类招聘活动，落实校园招聘补贴政策，解决企业用工短缺问题。

（四）开展服务效能增值行动

15. 推进政务服务数字化。依托政务服务平台网上统一受理端，推动办件信息实时共享、高频事项网上办、掌上办、一次办，实现办事申请“一次提交”、办理结果“多端获取”。加快推进出生医学证明、新申领的结（离）婚证、不动产权证书等个人常用证照电子化应用，推动办事所需相关信息免填写。

16. 推进政务服务标准化。在政务服务事项基本要素“四级四同”的基础上，逐步推进实现受理条件、办理流程、申请材料、办结时限、办理结果等要素统一，重构跨部门办理业务流程，优化前后置环节，推动政务服务平台事项标准统一、业务协同联动、服务同质高效。

17. 推进政务服务便利化。鼓励市县两级政务服务中心建设涉企服务专区、涉企服务窗口，有条件的单位可引入专业服务机构，深化金融、法律、帮办代办等相关服务，为经营主体提供高效精准的服务支持。探索涉企政务服务增值化改革，健全“高效办成一件事”重点事项清单管理机制和常态化推进机制，推行“全生命周期树”等政务服务新模式，为企业群众提供兜底服务。

18. 简化证明事项。编制公布依法保留的证明事项清单。深化拓展证明事项告知承诺制。加强告知承诺事中事后核查。完善虚假承诺信用惩戒机制。

19. 优化办税缴费体验。加强全国统一新电子税务局的宣传推广。推进全面数字化的电子发票无纸化报销、入账、归档等工作。推进企业社保缴费“网上办”、个人缴费“掌上办”，健全税费服务诉求解决机制。进一步落实动态“信用 + 风险”监管。

20. 创新不动产登记服务。推行“交地即交证”模式，为符合条件的项目用地“一站式”办理土地交付和土地不动产权证。试行“验登合一”，建设单位申请项目竣工规划用地核验时可同步申办不动产首次登记。推行“税费同缴、后台清分”改革，全面开展不动产“带押过户”。

21. 开展审批突出问题专项治理。紧盯审批互为前置、政策掐架、擅设门槛等突出问题，聚焦立项审批、土地预审、环境影响评价审批等关键环节和群众身边的具体问题、关键小事，深入开展自查自纠，全面优化办事流程，严格规范审批程序，着力解决审批流程不优、办事效率不高等突出问题。

（五）开展产业发展赋能行动

22. 实现产业政策精准可及。落实全省新一轮秦创原创新驱动平台建设三年行动计划，推进科技创新“八大行动”，加快建设秦创原科技成果转化先行区。按照行业性质和经营状况对中小微企业分类指导，精准施策。鼓励链上企业参与“揭榜挂帅”、产业链项目、链主及配套企业奖励申报，对符合要求的进行支持。

23. 加强知识产权保护。引导企业和高校院所加强高价值知识产权创造，健全知识产权交易和公共服务体系，严厉打击侵犯知识产权的违法犯罪行为，持续查处商标侵权行为和假冒伪劣产品。积极推出知识产权金融产品，努力建设西部知识产权强市。

24. 营造更具吸引力的人才发展环境。深化“人才共享”“校招共用”机制，召开第三届人才兴咸大会，举办秦创原未来产业论坛，升级人才政策，壮大科技四支队伍。围绕秦创原、重点产业链发展关键岗位，坚持“引育留用”结合，拓展人才引进渠道，加强教育、医疗、住房、科研等配套支持，加快打造机制活、政策优、环境好的高水平人才集聚地。

25. 促进税收大数据补链助企。运用国家税务总局“全国纳税人供应链查询”功能，为有需求的企业做好供应链查询服务，将供应链平台匹配结果第一时间推送给企业，做到精准服务。

26. 建立产业链“金融辅导员”机制。基于“16+8+3”产业链，从链主企业的最大授信银行或最大贷款存量银行中确定 1—2 家银行机构，专门对接各产业链，每家银行至少配备 1 名金融辅导员，为链上企业提供服务。

27. 促进跨境贸易便利化。大力宣传中国（陕西）国际贸易“单一窗口”服务功能，全面承接国家“单一窗口”各项应用功能推广使用，推动“单一窗口”逐步成为企业面对口岸管理部门的主要接入服务平台。

28. 完善公共服务配套。深化职业健康保护行动，改进异地医保报销流程，推进外来务工随迁子女在公办学校或以政府购买民办学校学位方式就近入学。开展“社保政策服务进园区”专项行动，完善公共文化服务设施，推动公共文化服务进社区、进园区、进企业。改善城市生态环境，强化城市功能建设，降低企业用电、用水成本，着力打造最优的宜居宜业环境，全面提升城市吸引力和竞争力。

29. 推广“数智高新”建设经验。复制推广咸阳高新区立足数字产业化、产业数字化，从算力基础设施建设、数据资源整合开放、区域经济洞察、产业布局优化、营商环境提升等方面的建设经验，推动资源共享、互利共赢。

（六）开展政策直达快享行动

30. 加强政策兑现服务。依托“陕企通”“咸企通”平台，提升惠企政策发布数量，建立健全政策发布、解读、宣传机制，加强政策精准推送，推广惠企政策“免申即享”服务，着力提高政策供给的精准度。

31. 推动减税降费政策直达快享。持续落实国家减税降费政策，强化对中小微企业、个体工商户等支持力度。对涉企税费普惠政策分类梳理和标签化管理，对企业进行分类“画像”，同步加强税收优惠政策归集力度，依托电子税务局，征纳互动平台推送政策，促进税费优惠政策直达快享。

32. 加快涉企资金拨付进度。及时拨付工业转型升级、企业纾困帮扶、工业稳增长等涉企资金，不得挤占、挪用和延压、截留或滞留财政，推动财政助企纾困资金早下达、早拨付、早见效。

33. 加强政府诚信履约机制建设。聚焦合同协议不履行、规划决定不落实、招引政策不兑现等“新官不理旧账”和开“空头支票”等突出问题，健全失信惩戒和信用修复机制，加大政府失信线索监测发现力度，持续跟踪办理情况，着力解决政务失信行为。加快社会信用体系建设，完善公共信用信息共享平台，引导企业诚信守法经营。

（七）开展企业权益保障行动

34. 深化涉企乱收费乱罚款乱摊派专项整治行动。在交通物流、水电气暖、地方财经、金融、行业协会商会等领域开展涉企乱收费乱罚款乱摊派自查自纠、联合检查，及时开展“回头看”，切实减轻企业负担。

35. 深化拖欠企业账款专项治理行动。加强拖欠企业账款问题梳理排查，强化投诉处理，建立账款拖欠案件快立、快审、快结、快执“绿色通道”。对重大拖欠违纪违法案件进行通报，依法依规实施失信惩戒。

36. 规范招标投标，提高政府采购效率。深化全流程电子化招标投标、不见面开标、远程异地评标等改革，构建招标投标领域全链条监管机制。公开透明开展政府采购，畅通供应商维权渠道，稳步提高中小企业在政府采购中的份额。

37. 开展施工围挡专项整治。全面整治无证围挡、超期围挡、超量围挡、围而不建等给周边市民、商户造成不便的问题，对已完工或即将完工的施工围挡，及时督促施工单位尽快拆除，积极营造良好的城市环境。

（八）开展依法监管护航行动

38. 深入推进跨部门综合监管。对涉及多个部门、管理难度大、风险隐患突出的监管事项，建立市县两级跨部门综合监管事项清单，并实施动态更新管理。加强行业监管，探索建立综合监管“一业一册”告知制度。推进“综合监管一件事”“综合查一次”“一业一查”等改革。

39. 推行包容审慎监管。规范市场监管系统行政处罚裁量权行使，压缩自由裁量空间，落实“首违不罚”“轻微违法行为不予处罚、减轻处罚”相关规定，推行涉企柔性执法。

40. 完善行政执法工作机制。规范涉企行政检查，推广行政执法检查“白名单”制度，完善联合检查、“双随机、一公开”监管、非现场执法等工作机制，探索建立“企业宁静日”制度，推动监管信息共享互认，避免多头执法、重复检查。

41. 加快涉企案件办理。建立简易破产案件快速审理机制，压缩破产案件平均审理时间。完善府院联动机制，建立破产人管理协会，健全纠纷多元化解机制，进一步提升涉企案件办理质效。

42. 强化法律服务保障。认真落实《咸阳市优化提升法治化营商环境二十条措施（试行）》，健全政法部门包联主要工业园区制度，及时提供法律服务和法律保障，防范化解重大风险。扎实开展企业及周边环境专项治理，为企业健康发展保驾护航。

（九）开展诉求建议快办行动

43. 用好“陕企通”平台。协调“陕企通”与“咸阳市综合金融服务平台”“秦云就业”等平台信息互通，拓宽企业诉求反映渠道，形成诉求办理全程闭环，着力提高平台知晓率、应用率。

44. 提升 12345 热线服务质效。优化 12345 政务服务便民热线工单办理流程，健全跟踪督办机制，加强数据分析，定期通报企业和群众诉求办理情况，提高办理质效。

45. 破解营商环境诉求难题。常态化开展遍访“五上”企业活动，对企业反映问题建立问题清单，细化解决方案，明确办理期限，实行销号管理，确保企业反映问题解决到位、销号清零。融合 12345 政务服务便民热线、“陕企通”“咸阳营商”等平台中的诉求难题，建立全市营商环境问题仓，构建热点问题研判机制和诉求难题联动机制，不断提升问题线索办理质效。

（十）开展服务品牌引领行动

46. 建设园区营商环境示范区。以抓基础要素提档、载体平台升级、品牌服务创新为主线，围绕企业服务、政策服务、诉求解决、监管执法、纠纷解决、融资对接等领域，探索建立园区营商环境服务体系，打造“一园一策”特色营商服务品牌。

47. 加强改革试点成效推广。积极争取全省营商环境“小切口”改革试点，推动试点事项落地见效。建立营商环境典型示范激励机制，适时开展优化营商环境案例评选，创造凝练更多可推广、能复制、叫的响的示范性经验。

48. 推动营商环境一体化。学习借鉴广佛、成渝营商环境一体化先进经验，主动对接西安、西咸新区，开展营商环境互学互鉴，推进政务服务同质、企业服务同享、综合监管同治、市场环境同建、法治环境同优。

49. 强化营商环境感知体验。巩固“坐窗口、走流程、跟执法”、“双包一解”等活动成效，定期开展营商环境满意度调查，特约监督员体验日等活动，不断提升服务能力，强化结果分析运用，切实增强企业和群众的体验感、满意度。

50. 营造风清气朗的舆论环境。依法对恶意抹黑炒作、严重影响营商环境的人和事坚决打击。加强改革举措宣传引导，主动讲好企业、企业家正面故事，在全社会营造“人人都是招商环境、人人都是营商环境”的浓厚氛围。

四、保障措施

（一）加强组织实施

各县市区、开发区和市级相关部门要巩固拓展主题教育成果，促进深化“三个年”成果相互转化运用，工作任务一体推进落实。要制定细化措施，明确时间节点，形成任务清单，坚决清理废止不合理规定，确保各项措施落地见效。市营商办要优化调整营商环境突破年工作专班成员单位，健全季度推进工作机制，抓好对标整改提升，督促相关任务落地落实。

（二）加强创新示范

市级相关部门要加强对县市区、开发区工作指导，建立健全总结一批、推广一批、谋划一批典型经验做法的工作机制，参考世界银行营商环境成熟度指标，支持有条件的县市区、开发区发挥首创精神，在法治框架内积极探索原创性、差异化的具体措施，打造各具特色的亮点工作，推进营商环境迭代升级、提质增效，全面提升企业群众获得感。

（三）加强督导考核

强化考核指挥棒作用，将营商环境突破年各项任务落实情况纳年度目标责任考核。市纪委监委要定期通报破坏营商环境典型案例。市委组织部、市政府办公室、市营商办要加强工作衔接，强化日常考评，定期督导检查，对发现问题及时建立清单台账，抓好整改落实，以工作实绩推动各项任务取得实效。

（四）加强总结宣传

各县市区、开发区和市级相关部门要及时总结成功经验做法，加大对营商环境改革创新成果宣传力度和舆论引导，常态化通报负面典型案例。市营商办要充分发挥营商环境特约监督员作用，健全完善营商环境宣传工作通报机制，大力营造优化营商环境浓厚氛围。各县市区、开发区，市级相关部门每月 15 日前将工作进展情况报送市营商办。

04

铜川市深化营商环境突破年行动方案

为深化拓展全市营商环境突破年活动，持续打造市场化、法治化、国际化一流营商环境，根据省委、省政府印发的《陕西省深化营商环境突破年行动方案》精神，结合我市实际，制定本行动方案。

一、总体要求

坚持以习近平新时代中国特色社会主义思想为指导，全面贯彻落实党的二十大和习近平总书记历次来陕考察重要讲话重要指示精神，认真落实中央经济工作会议、省委十四届五次全会暨省委经济工作会议、市委十三届五次全会暨市委经济工作会议部署要求，巩固拓展主题教育成果，以“四深化、四提升”为抓手，落实纵横衔接、创新示范、督导考核、总结宣传工作总要求，深化全过程服务企业，提升政务便利度；深化全流程服务群众，提升办事满意率；深化全周期服务项目，提升建设加速度；深化全链条服务产业，提升发展竞争力。加快推动全市营商环境整体水平再上新台阶，为奋力谱写中国式现代化建设铜川新篇章提供有力支撑。

二、行动目标

以深化“三个年”活动牵引高质量全面转型发展实现新突破，推动办事更便利、服务更高效、措施再创新，经营主体满意度保持在90%以上，着力打造政府最诚信、企业最舒心、办事最高效3张名片。

1. 办事更便利。企业开办时间全面控制在1个工作日内，获得用水时间7个工作日内，全过程办电时间不超过12个工作日，年均停电时间较上年压缩8%，无外线施工获得用气时间3个工作日内，企业年均纳税时间65个小时内。数字政府建设取得实质性突破，数据共享加快推进，推出更多“高效办成一件事”的好做法。

2. 服务更高效。进一步优化联合审图、联合验收等并联审批协同机制，社会投资工业、住宅和政府投资房屋建筑等工程建设项目审批流程持续优化，一般社会投资工程建设项目审批时间压缩至70个工作日内。省级产业园区80%以上新增工业用地实现“标准地”供应。

3. 措施再创新。“亩均论英雄”综合改革加快推进。知识产权保护力度持续加强，招标采购更加公平高效，跨境贸易便利化水平加快提升，实际使用外资持续增长。企业融资渠道更加畅通，融资成本稳步下降。

三、重点任务

（一）深化全过程服务企业，提升政务便利度

1. 持续提升企业开办和注销便利度。落实全省升级改造实名认证

系统工作，支持企业名称依法转让，规范企业正常迁移。持续深化企业开办注销改革，落实市场监管领域“证照联办”，营造更加便利的市场准入和退出环境。

2. 推进公平市场准入。全面落实市场准入负面清单制度，持续破除市场准入壁垒，严禁以备案、注册、年检、认定、认证、指定、要求设立分公司等形式设定或变相设定准入障碍。

3. 完善政府诚信履约机制。加快社会信用体系建设，引导企业诚信守法经营。健全失信惩戒和信用修复机制，加大政府失信线索监测发现力度，及时挂牌督办，持续跟踪办理情况。

4. 完善行政执法工作机制。规范涉企行政检查，推广行政执法检查“白名单”制度，完善联合检查、“双随机、一公开”监管、非现场执法等工作机制，推动监管信息共享互认，避免多头执法、重复检查。

5. 深化拖欠企业账款专项治理行动。加强拖欠企业账款问题梳理排查，加强投诉处理，并通过法院建立账款拖欠案件快立、快审、快执“绿色通道”。对重大拖欠违纪违法案件进行通报。

6. 深化涉企乱收费乱罚款乱摊派专项整治行动。在交通物流、水电气暖、地方财经、金融、行业协会商会等领域开展涉企乱收费乱罚款乱摊派自查自纠、联合检查，及时开展“回头看”，切实减轻企业负担。

7. 深入推进跨部门综合监管。对涉及多个部门、管理难度大、风险隐患突出的监管事项，建立市、区县跨部门综合监管事项清单，并实施动态更新管理。加强行业监管，探索建立综合监管“一业一册”告知制度。推进“综合监管一件事”“综合查一次”“一业一查”等改革。

8. 规范招标投标行为。全面推进各行业领域招标投标全流程电子化。推行不见面开标和远程异地评标等交易模式，实现推动远程异地评标常态化。推进数字证书在公共资源交易领域跨地区、跨平台互认。

9. 提高政府采购效率。加快实施“互联网 + 政府采购”，推进政府采购电子化交易。公开透明开展政府采购，畅通供应商维权渠道。落实采购人主体责任，优化监管模式，推进政府采购智慧监管，规范多频次、小额度采购活动，推行框架协议采购方式。

10. 优化办税缴费体验。加强全国统一规范电子税务局的宣传推广。推进全面数字化的电子发票无纸化报销、入账、归档等工作。健全税费服务诉求解决机制。进一步落实动态“信用 + 风险”监管。

11. 完善融资支持体系。健全银行、保险、担保等共同参与的融资支持体系，加强融资产品创新，鼓励金融机构依法合规开展知识产权质押贷款，创新非抵押类信贷产品。持续组织开展银企对接活动。

12. 建设涉企服务专区。在全市有条件的政务服务中心和产业园区建设涉企服务专区、涉企服务窗口，深化金融、法律、帮办代办等相关服务。积极学习借鉴先进地区做法，探索涉企政务服务增值化改革。

（二）深化全流程服务群众，提升办事满意率

13. 推动信息实时共享。加强政务服务平台网上统一受理端建设，推动办件信息实时共享、高频事项网上办、掌上办、一次办，实现办事申请“一次提交”、办理结果“多端获取”。

14. 推进政务服务标准化。在政务服务事项基本要素“四级四

同”的基础上，逐步推进实现受理条件、办理流程、申请材料、办结时限、办理结果等要素统一，重构跨部门办理业务流程，优化前后置环节，推动政务服务平台事项标准统一、业务协同联动、服务同质高效。加快推进并形成更多与企业、群众生产生活密切相关的重点领域高频政务服务事项“一件事一次办”。

15. 创新不动产登记服务。推行“交地即交证”模式，为符合条件的项目用地“一站式”办理土地交付和土地不动产权证。试行“验登合一”，建设单位完成竣工验收备案即可办理不动产首次登记。推行“税费同缴、后台清分”改革，全面开展不动产“带押过户”。

16. 规范政务服务热线管理。优化 12345 政务服务热线工单办理流程，增设营商环境专席，充实热线知识库营商环境类政策信息，健全跟踪督办机制，提高企业诉求办理质效。

17. 简化证明事项。编制公布依法保留的证明事项清单。深化拓展证明事项告知承诺制。加强告知承诺事中事后核查。完善虚假承诺信用惩戒机制。

18. 开展市政公用基础设施接入联合服务。建立水电气网联合报装机制和联合服务“一支队伍”，设置联办服务专窗，纳入“一件事一次办”，实现“一表申请、一网通办”。对市政接入工程涉及的建设工程规划、绿化、涉路施工等事项，实行“一口受理、并联审批、限时办结”。

（三）深化全周期服务项目，提升建设加速度

19. 持续深化规划用地改革。推动规划用地“多审合一、多证合一”改革，探索建立建设工程规划许可豁免清单和告知承诺制。优化业务流程，实现土地供应、不动产登记等并联办理。提高土地要素配

置精准性和利用效率，增强土地要素对优势地区高质量发展保障能力。深化“标准地”改革，提高“标准地”质量。

20. 提升环评审批服务效能。对省市级重点项目，高效精准开展服务，及时协调项目建设过程中的生态环境问题。对符合生态环境保护要求，具备受理审批条件的重大项目环评，环评按期办结率达到100%。

21. 深化生态环境准入改革。在省级高新技术开发区、经济技术开发区试点开展规划环评与项目环评联动改革。对除“两高”行业项目外满足“标准地”生态环境准入要求的编制环境影响报告书（表）项目探索施行环评告知承诺制审批。

22. 有效提高文物勘探效率。深化文勘领域审批制度改革，创新工作方式方法，提高文物勘探效率。在有条件的区县推行国有土地“先考古，后出让”政策机制。

23. 深化劳动力市场监管。加强劳动保障监察，规范企业用工行为，持续深化劳动争议化解机制。全面推行人社事项“网上办”“提速办”“打包办”，实现 60% 以上服务事项即时办结。

24. 推行工程建设项目“多测合一”。建立健全工程建设项目“多测合一”测绘成果汇交和互认机制，优化测绘成果资料提交、利用、共享流程，巩固提升一站式施工许可、综合竣工验收、“多测合一”等改革成效。

25. 推进分阶段施工许可和联合验收。在符合安全生产要求前提下，依法依规加快推进分阶段施工许可。开展房屋建筑和市政基础设施工程项目联合验收，除住宅以外的工程项目，建设单位可申办单位工程竣工联合验收。

（四）深化全链条服务产业，提升发展竞争力

26. 实现产业政策精准可及。按照行业对中小微企业实施分类指导，精准施策。鼓励链上企业参与“揭榜挂帅”、产业链项目、链主及配套企业奖励申报，对符合要求的给予支持。

27. 完善“陕企通”平台功能。落实“陕企通”平台与各单位涉企平台集成互通工作，深化与“秦信融”“秦云就业”等平台功能融合，拓宽企业诉求反映渠道，加快完善从企业诉求收集、受理、转办，到跟踪、反馈、评价的全程工作闭环，着力打造“一站式”涉企服务总平台。

28. 优化涉企政策服务机制。依托“陕企通”平台，推动国家、省、市、县四级涉企政策统一发布，完善涉企政策知识库，建立健全政策发布、解读、宣传机制，加强政策精准推送，促进政策直达快享。

29. 加强知识产权保护。引导企业和院所加强高价值知识产权创造，健全知识产权交易和公共服务体系，严厉打击侵犯知识产权的违法犯罪行为，持续查处商标侵权行为和假冒伪劣产品。积极推出知识产权金融产品。

30. 促进跨境贸易便利化。强化国际贸易“单一窗口”推广宣传，加大报关、报检、交税等各项业务应用功能宣传指导力度，推广关税保证和企业自助打印出口原产地证书、税单等凭证，实现“单一窗口”一网通办。持续压缩整体通关时间，进出口货物整体通关时间达到全国平均时间。

31. 完善公共服务配套。持续改善城市生态环境，强化基本公共服务供给，降低企业用电、用水成本，加快配套完善教育、医疗、社

会保险等公共服务，以高品质人居环境吸引更多市场主体和人才来铜投资兴业。

32. 营造更具吸引力的人才发展环境和良好产业发展生态。围绕秦创原、重点产业链发展关键岗位，拓展人才引进渠道，加强教育、医疗、住房、科研等配套支持，对作出突出贡献或引进的高层次民营企业专业技术人才，建立职称评审“绿色通道”晋升职称。

四、保障措施

（一）加强组织实施

各区县各部门各单位要巩固拓展主题教育成果，促进“三个年”成果相互转化运用，工作任务一体推进落实。要加强组织实施，密切协同配合，严格责任落实，确保各项政策措施落地见效。要结合实际和工作职能，细化工作举措，出台本区县本部门优化营商环境具体措施，形成改革任务清单，力求取得突破性标志性成效。

（二）强化创新示范

各区县各部门各单位要发挥首创精神，在积极借鉴先进地区改革经验举措和法治框架内，大力探索原创性、差异化的优化营商环境具体措施。建立健全总结一批、推广一批、谋划一批典型经验做法的工作机制，认真创出亮点成效，打造更多具有铜川特色的改革经验。

（三）严格监督考核

加大督查督办工作力度，健全投诉举报受理、社会监督、暗访暗查和问题线索移送纪检监察机关等工作机制。市发展改革委要加强营商环境突破年各项任务督导，及时掌握各区县各部门工作进展情况，实行项目化管理、清单化落实，定期对任务完成情况进行通报。

（四）营造浓厚氛围

各区县各部门各单位要及时总结成功经验做法，加大对营商环境改革创新成果宣传力度和舆论引导，常态化通报负面典型案例，强化激励约束效应，营造“人人都是招商环境、人人都是营商环境”浓厚氛围。各区县各部门各单位每月 15 日前将工作进展情况及亮点成效报送市营商办。

05

渭南市深化营商环境突破年实施方案

为深入贯彻落实全省深化“三个年”活动部署要求，进一步深化营商环境突破年活动，根据《陕西省深化营商环境突破年行动方案》，制定如下实施方案。

一、总体要求

以习近平新时代中国特色社会主义思想为指导，全面贯彻党的二十大和习近平总书记历次来陕考察重要讲话重要指示精神，认真落实中央经济工作会议总体安排，按照省委十四届五次全会暨省委经济工作会议和全省深化“三个年”活动暨招商引资推进会议部署以及市委六届六次全会暨市委经济工作会议要求，巩固拓展主题教育成果，以优政策、活要素、稳预期为目标，紧盯打造更优营商环境工作任务，抓改革、抓服务、抓效能，优“营商”以“赢商”，以政府有为促进市场有效，以重点突破带动整体提升，努力打造政府最诚信、企业最舒心、办事最高效“三张名片”，不断激发市场主体活力，为奋力谱写中国式现代化建设的渭南新篇章注入新动能。

二、工作目标

以深化“三个年”活动牵引高质量发展现代化建设实现新突破，推动企业群众办事更便利、项目服务保障更高效、产业发展生态更优化，经营主体满意度保持在 90% 以上，打造“投资陕西 · 选择渭南”品牌。

——企业群众办事更便利。企业开办、不动产登记、企业纳税等事项办理流程进一步优化，办理效率进一步提升。数字政府建设取得质的突破，加快推进数据共享，有力保障“高效办成一件事”。

——项目服务保障更高效。加强部门协同，进一步优化联合审图、联合验收等并联审批协同机制，社会投资工业、住宅和政府投资房屋建筑等工程建设项目审批流程持续优化。省级以上开发区 80% 以上新增工业用地实现“标准地”供应。在项目手续办理工作等方面打造全省单项冠军。

——产业发展生态更优化。知识产权保护力度持续加强，招标采购更加公平高效，跨境贸易便利化水平加快提升，实际使用外资持续增长。企业融资渠道更加畅通，融资成本稳步下降。

三、重点任务

（一）聚焦激发企业活力强市场促公平

1. 持续提升企业开办和注销便利度。建立企业名称自主申报制度，支持企业名称依法转让，规范企业正常迁移。持续深化企业开办注销改革，推进市场监管领域“证照联办”，营造更加便利的市场准入和退出环境。

2. 推进公平市场准入。全面落实市场准入负面清单制度，持续破除市场准入壁垒，严禁以备案、注册、年检、认定、认证、指定、要求设立分公司等形式设定或变相设定准入障碍。

3. 完善政府诚信履约机制。加快社会信用体系建设，引导企业诚信守法经营。健全失信惩戒和信用修复机制，加大政府失信线索监测发现力度，及时挂牌督办，持续跟踪办理情况。

4. 完善行政执法工作机制。规范涉企行政检查，推广行政执法检查“白名单”制度，完善联合检查、“双随机、一公开”监管、非现场执法等工作机制，推动监管信息共享互认，避免多头执法、重复检查。

5. 深入推进跨部门综合监管。对涉及多个部门、管理难度大、风险隐患突出的监管事项，按照省上统一部署要求，建立市县两级跨部门综合监管事项清单并实施动态更新管理。加强行业监管，探索建立综合监管“一业一册”告知制度。推进“综合监管一件事”“综合查一次”“一业一查”等改革。

6. 深化拖欠企业账款专项治理行动。加强拖欠企业账款问题梳理排查，加强投诉处理，通过法院建立账款拖欠案件快立、快审、快执“绿色通道”。对落实清欠政策和工作不到位、投诉问题突出、解决不力、变相拖延支付时间、“新官不理旧账”，清偿解决进度缓慢的县（市、区）和单位，要采取通报、约谈等措施督办，必要时依规依纪追责问责。

7. 深化涉企乱收费乱罚款乱摊派专项整治行动。在服务中介、交通物流、水电气暖、地方财经、金融、行业协会商会等领域，开展涉企乱收费乱罚款乱摊派自查自纠、联合检查，并及时开展“回头看”，切实减轻企业负担，依法保护企业和企业家合法权益，让各类市场主体放心投资、安心经营、专心创业。

8. 规范招标投标。深化全流程电子化招标投标、不见面开标、远程异地评标等改革，全面推广保函（保险）代替保证金。

9. 提高政府采购效率。健全政府采购行政裁决机制，畅通供应商维权渠道。稳步提高中小企业政府采购合同金额。

10. 优化办税缴费体验。加强全国统一新电子税务局的宣传推广，稳步推进全面数字化电子发票推广应用，实现可推广纳税人群体“应上尽上”。健全税费服务诉求解决机制。进一步落实动态“信用＋风险”监管。

（二）聚焦加快项目落地强改革抓创新

11. 持续深化规划用地改革。推动规划用地“多审合一、多证合一”改革，探索建立建设工程规划许可豁免清单和告知承诺制。优化业务流程，实现土地供应、不动产登记等并联办理。增强土地要素对优势地区高质量发展保障能力。深化“标准地”改革，提高“标准地”质量。推进工业用地“标准地”改革与工程项目行政审批服务的高度融合，推动实现“拿地即开工”。

12. 完善融资支持体系。健全银行、保险、担保、券商共同参与的融资支持体系，加强融资产品创新，鼓励金融机构依法合规开展知识产权质押贷款，创新非抵押类信贷产品。推进“十行百亿进千企”融资专项行动，积极组织“政银企”对接活动。

13. 提升环评审批服务效能。对国家和省上重点项目高效精准开展服务，及时协调项目建设过程中的生态环境问题。对符合生态环境保护要求、具备受理审批条件的重大项目，环评按期办结率达到100%。

14. 深化生态环境准入改革。在省级高新技术开发区、经济技术开发区试点开展规划环评与项目环评联动改革。对除“两高”行业项目外，满足“标准地”生态环境准入要求的编制环境影响报告书（表）项目，探索施行环评告知承诺制审批。

15. 有效提高文物勘探效率。深化文勘领域审批制度改革，创新工作方式方法，推进国有土地“先考古、后出让”政策机制，全面推进“标准地”改革，实现土地“净地”供应，提高文物勘探效率。

16. 深化劳动力市场监管。加强劳动保障监察，规范企业用工行为，持续深化劳动争议化解机制，完善劳动关系协商协调机制，以加强新就业形态劳动者权益保障为重点，推动相关权益保障和政策落地落实。持续深化保障农民工工资支付工作，组织开展集中治理专项行动。全面推行人社事项“网上办”“提速办”“打包办”，实现 50% 以上服务事项即时办结。

17. 推行工程建设项目“多测合一”。完善工程建设项目“多测合一”测绘成果汇交和互认机制，优化测绘成果资料提交、利用、共享流程，巩固提升一站式施工许可、综合竣工验收、“多测合一”等改革成效。

18. 推进分阶段施工许可和联合验收。在符合安全生产要求前提下，依法依规加快推进分阶段施工许可。开展房屋建筑和市政基础设施工程项目联合验收，除住宅以外的工程项目，建设单位可申办单位工程竣工联合验收。

（三）聚焦产业链群建设强服务优机制

19. 实现产业政策精准可及。按照行业对中小微企业实施分类指导，精准施策。鼓励链上企业参与“揭榜挂帅”、产业链项目、链主及配套企业奖励申报，对符合要求的积极予以支持。

20. 应用好“陕企通”平台功能。加强“陕企通”平台与各单位涉企平台集成互通，深化与“秦信融”“秦云就业”等平台功能融合，拓宽企业诉求反映渠道，加快完善从企业诉求收集、受理、转办，到跟踪、反馈、评价的全程工作闭环，着力打造“一站式”涉企服务总平台。

21. 优化涉企政策服务机制。依托“陕企通”平台，推动国家、省、市、县四级涉企政策统一发布，完善涉企政策知识库，做好政策发布、解读、宣传工作，加强政策精准推送，促进政策直达快享。

22. 加强知识产权保护。引导企业加强高价值知识产权创造，加强高校院所专利盘活工作，健全知识产权交易和公共服务体系，严厉打击侵犯知识产权的违法犯罪行为，持续查处商标侵权行为和假冒伪劣产品。积极推出知识产权金融产品。

23. 促进跨境贸易便利化。推广国际贸易单一窗口应用功能及跨境电商通关服务平台等特色应用。推进智慧海关建设和“智关强国”行动，推广企业备案“一网通办”“全程网办”。深化国际贸易“单一窗口”建设，取消进出口收发货海关备案和原产地申报企业备案。优化“7×24小时”预约通关保障机制，压缩进出口通关时间。实行七个“第一时间”工作机制，支持渭南特色产品持续扩大出口。

24. 完善公共服务配套。持续改善城市生态环境，强化基本公共服务供给，降低企业用电、用水成本，加快配套完善教育、医疗、社会保险等公共服务，以高品质人居环境吸引更多市场主体和人才来渭投资兴业。

25. 营造更具吸引力的人才发展环境和良好产业发展生态。围绕秦创原（渭南）创新驱动平台建设三年行动、12 条重点工业产业链、4 条特色农业现代化全产业链和 4 条文旅产业链，定期发布产业人才需求目录，精准引进科技领军人才、青年人才和企业人才。拓展人才引进渠道，高质量完成全市事业单位高层次人才公开招聘工作，做好全市专业技术人才职称评定工作。实施专业技术人才知识更新工程，加强教育、医疗、住房、科研等配套支持，落实陕西省外籍“高精尖缺”人才认定政策，努力将渭南打造成创新人才聚集地。

（四）聚焦高效政务服务强质效增便利

26. 推动信息实时共享。加大硬件软件建设投入，加强政务服务平台网上统一受理端建设，推动办件信息实时共享、高频事项网上办、掌上办、一次办，实现办事申请“一次提交”、办理结果“多端获取”。推动线上线下政务能力整体提升，实现第一批“高效办成一件事”事项在我市落地生效。

27. 推进政务服务标准化。在政务服务事项基本要素“四级四同”的基础上，逐步推进实现受理条件、办理流程、申请材料、办结时限、办理结果等要素统一，重构跨部门办理业务流程，优化前后置环节，推动政务服务平台事项标准统一、业务协同联动、服务同质高效。

28. 建设涉企服务专区。鼓励有条件的政务服务中心建设涉企服务专区、涉企服务窗口，深化金融、法律、帮办代办等相关服务。探索涉企政务服务增值化改革。

29. 创新不动产登记服务。推行“交地即交证”模式，为符合条件的项目用地“一站式”办理土地交付和土地不动产权证。试行“验登合一”，建设单位申请项目竣工规划用地核验时可同步申办不动产首次登记。推行“税费同缴、后台清分”改革，全面开展不动产“带押过户”。

30. 规范政务服务热线管理。优化 12345 政务服务便民热线工单办理流程，健全跟踪督办机制，进一步提升“企盼渭来”营商环境热线服务效能。加强政务服务热线与“陕企通”平台系统对接。

31. 简化证明事项。编制公布依法保留的证明事项清单。深化拓展证明事项告知承诺制。加强告知承诺事中事后核查。完善虚假承诺信用惩戒机制。

32. 开展公用基础设施接入联合服务。建立水电气网联合报装机制和联合服务“一支队伍”，设置联办服务专窗，实现“一表申请、一网通办”，力争高频事项网办率达 90% 以上。

33. 推行市政接入联合服务。对市政接入工程涉及的建设工程规划、绿化、涉路施工等事项，实行“一口受理、并联审批、限时办结”。

34. 持续深入开展“双包一解”活动。按照“一对一”包抓原则，持续开展涉企管理服务单位的县处级、乡科级干部“包企业、包项目、解难题”活动，定点联系、定期走访，实实在在纾解企业发展和项目落地中的难点、痛点和堵点。建立多种形式的政企沟通机制，各级各部门主要负责同志要积极主动问政于企、问需于企、问计于企，着力构建亲清政商关系。

四、保障措施

（一）加强组织实施

成立市高质量项目推进年暨营商环境突破年工作专班，落实落细深化“三个年”活动部署，确保工作任务一体推进落实。各级各部门要加强组织实施，密切协同配合，严格责任落实，确保各项政策措施落地见效。要结合各自实际和工作职能，进一步细化工作举措，坚决清理废止不合理规定，出台本辖区本部门优化营商环境具体措施，形成改革任务清单。

（二）支持创新示范

市级各部门要加强工作指导，参考借鉴世界银行营商环境成熟度指标，支持有条件的县（市、区）发挥首创精神，在法治框架内积极探索原创性、差异化的优化营商环境具体措施。建立健全总结一批、推广一批、谋划一批典型经验做法的工作机制，切实推动深化营商环境突破年各项工作走深走实。

（三）营造浓厚氛围

各级各部门要及时总结成功经验做法，加大对营商环境改革创新成果宣传力度和舆论引导，常态化通报负面典型案例，强化激励约束效应，营造“人人都是招商环境、人人都是营商环境”浓厚氛围，各县（市、区）以及承担重点任务的各市级牵头部门定期将工作进展情况报市高质量项目推进年暨营商环境突破年工作专班。工作专班要发挥好牵头抓总、统筹协调作用，对工作进展缓慢、推动不力的单位要加强督促指导，形成推动我市经济社会高质量发展的强大合力。

06

延安市深化营商环境突破年工作方案

为全面深化拓展营商环境突破年活动，按照省委、省政府决策部署和市委、市政府工作要求，制定本工作方案。

一、总体目标

坚持以习近平新时代中国特色社会主义思想为指导，贯彻落实党的二十大精神和习近平总书记历次来陕考察重要讲话重要指示，全面贯彻中央经济工作会议和省委十四届五次全会暨省委经济工作会议精神，按照市委六届六次全会部署要求，全面落实“三个突破”，围绕服务企业、服务群众、服务项目、服务产业“四服务”，加快构建企业生产经营全生命周期服务体系、项目建设全过程服务体系、群众办事全流程服务体系、产业发展全链条服务体系、优化营商环境全方位服务保障体系“五全”服务体系，推动营商环境持续突破提升，为推进新时代延安加快中国式现代化建设“一六四”工作布局打好营商环境“硬基础”。

坚持目标导向，聚焦中省改革任务，在“率先突破”上持续用力。推行规划用地“多审合一、多证合一、多测合一”改革，进一步优化联合审图、联合验收等并联审批机制，持续深化工程建设项目开工许可“一次办”审批改革，社会投资工业、住宅和政府投资房屋建筑等 3 类工程建设项目审批时间平均压减至 85 个工作日。

坚持问题导向，紧盯企业群众关切，在“聚力突破”上持续发力。企业开办时间全面实现 1 个工作日办结，不动产登记全面实现 3 个工作日内办结，企业年均纳税时间压减到 59 个小时以内。推出更多“高效办成一件事”的好做法。入库科技型中小企业 1000 家，有效期高新技术企业达到 260 家，政府采购授予中小微企业的合同金额达到政府采购规模的 85% 以上。市场主体满意度保持在 95% 以上。

坚持结果导向，吸收借鉴先进经验，在“集成突破”上持续发力。建立水电气联合报装机制，探索建立综合监管“一业一册”告知制度，完善失信惩戒和信用修复机制，探索实践符合我市工作实际的创新举措，以集成改革引领营商环境突破提升。

二、重点任务

（一）构建企业生产经营全生命周期服务体系

1. 持续提升企业开办和注销便利度。规范应用升级改造后的实名认证系统，支持企业名称依法转让，规范企业正常迁移。持续深化企业开办和企业简易注销改革，推进市场监管领域“证照联办”，营造更加便利的市场准入和退出环境。

2. 全面落实市场准入负面清单制度。全面清理市场准入显性和隐性壁垒，不得以备案、注册、年检、认定、认证、指定、要求设立分公司等形式设定或变相设定准入障碍，确保各类市场主体平等进入、公平竞争。

3. 深化水电气服务综合办理改革。推动水电气联合办理，建立水电气联合报装机制和联合服务“一支队伍”，设置联办服务专窗，实现“一表申请、一网通办”；全面推行“不动产+水电气”联合过户。对市政接入工程涉及的建设工程规划、绿化、涉路施工等事项，实行“一口受理、并联审批、限时办结”。

4. 优化办税缴费服务。推进全面数字化的电子发票无纸化报销、入账、归档等工作。健全税费服务诉求解决机制。进一步落实动态“信用+风险”监管，健全以信用评价、监控预警、风险应对为核心的新型税收监管机制。企业年均纳税时间压减到59个小时以内。

5. 完善融资政策支持。健全银行、证券、担保等机构共同参与的融资支持体系，鼓励金融机构依法合规开展知识产权质押贷款，创新非抵押类信贷产品，拓宽融资渠道、降低中小微企业综合融资成本。开展政银企对接活动，发挥延安智慧金融服务平台、“四贷促进”金融服务站作用。

6. 规范招标投标和政府采购。深入开展全流程电子化招标投标、不见面开标、远程异地评标，全年不见面开标率不低于60%，远程异地评标数量同比提高10%，全面推广保函（保险）代替保证金，鼓励使用电子保函，降低企业运行成本。健全政府采购行政裁决机制，畅通供应商维权渠道。优化中小企业份额预留措施，中小企业政府采购合同金额达到政府采购规模的85%以上。

7. 深化劳动力市场监管。全面推行人社事项“网上办”，实现50%以上服务事项即时办结。加强劳动保障监察，规范企业用工行为，持续深化劳动人事争议化解机制。

8. 深入推进跨部门综合监管。建立全市跨部门综合监管事项清单，明确监管事项、检查依据、检查方式等，并实施动态更新管理。探索建立综合监管“一业一册”告知制度，推进“综合监管一件事”“综合查一次”“一业一查”改革，依托省“互联网 + 监管”系统，完善联合检查、“双随机、一公开”监管、非现场执法等工作机制，推动监管信息共享互认，提升监管效能。

9. 规范行政执法工作。严格落实行政执法“三项制度”，规范涉企行政检查。最大程度压缩自由裁量空间，避免多头执法、重复检查、以罚代管、只罚不管等行为。

10. 开展拖欠企业账款专项治理行动。加强拖欠企业账款问题梳理排查，加强投诉处理，将拖欠中小微企业账款案件纳入法院快立、快审、快执“绿色通道”。

11. 开展涉企乱收费乱罚款乱摊派专项整治行动。持续整治交通物流、水电气暖、地方财经、金融机构、行业协会商会等领域涉企乱收费乱罚款乱摊派行为，定期组织开展联合检查，及时开展“回头看”，切实减轻企业负担。

12. 持续用好企业生产经营周“解难”工作机制。聚焦企业生产经营过程中遇到的政策获取、项目审批、要素保障、人才引留等问题，定期组织开展周“解难”例会，构建“企业点单、部门接单、例会解难、督查跟单、办结销单”工作闭环。

（二）构建项目建设全过程服务体系

13. 深化规划用地改革。推动规划用地“多审合一、多证合一”改革，探索建立建设工程规划许可豁免清单和告知承诺制。优化业务流程，实现土地供应、规划许可、不动产登记等并联办理；深化“标准地”改革，提高“标准地”供应质量。

14. 推行工程建设项目“多测合一”。完善工程建设项目“多测合一”测绘成果汇交和互认机制，优化测绘成果资料提交、利用、共享流程。

15. 持续深化工程建设项目开工许可“一次办”审批改革。全面推行“容缺受理”“告知承诺”“拿地即开工”审批模式，持续深化开工许可“一次办”审批改革，建立工程建设项目专办代办机制，前移审批服务端口，为项目单位提供预约办理、帮办代办等定制化服务，加快项目落地建设进度。

16. 深化环评审批服务改革。在省级高新技术开发区、经济技术开发区试点开展规划环评与项目环评联动改革，对除“两高”行业项目外满足“标准地”生态环境准入要求的，行业主管部门会同审批部门对编制环境影报告书（表）项目探索制定环评告知承诺制相关政策。落实重点项目“一对一”专人服务，对符合生态环境保护要求，具备受理审批条件的重大项目环评，环评按期办结率达到100%。

17. 创新不动产登记服务。全面推行“交地即交证”模式，为符合条件的项目用地“一站式”办理土地交付和土地不动产权证。实施“验登合一”，建设单位申请项目竣工规划用地核验时可同步申办不动产首次登记。推行“税费同缴、后台清分”改革，全面开展不动产“带押过户”。

18. 提高文物勘探效率。深化文勘领域审批制度改革，创新工作方式方法，提高文物勘探效率。探索国有土地“先考古，后出让”机制。

19. 持续用好重大项目和招商引资周“解扣”工作机制。聚焦项目谋划、落地、建设过程中的制约因素，定期召开周“解扣”会议，统筹调度项目进度、现场交办任务、解决具体问题，推进项目科学谋划、快速落地、尽早开工、如期建成。

（三）构建群众办事全流程服务体系

20. 推进政务服务标准化。以通过全国第七批社会管理和公共服务综合标准化试点验收为契机，全面做好标准化体系的优化和实施应用工作，制定印发《政务服务质量控制规范》《线上政务服务规范》《线上政务服务大厅建设规范》等市级地方标准，申报并发布一批省级和地方标准，充分释放地方标准在优化政务服务、线上线下联动、推进治理能力现代化等方面的成效。

21. 打通信息系统壁垒。各级政府部门围绕提高营商环境的具体业务需求，通过全省一体化政务数据共享交换平台，查找、获取和使用所需的共享类政务数据，推动政务数据跨地区、跨部门、跨层级、跨系统、跨业务共享利用，持续提高部门信息孤岛打通率。

22. 强化政府诚信履约践诺。加大政府失信线索发现和处置力度，畅通违约失信投诉渠道，做好违约失信行为认定。探索制定本地政务失信惩戒措施，督促失信主体及时纠正失信行为，协调督促指导失信主体做好信用修复。

23. 简化证明事项。编制公布依法保留的证明事项清单，深化拓展证明事项告知承诺制，加强告知承诺事中事后核查，完善虚假承诺信用惩戒机制。

24. 全面提升 12345 热线服务质效。优化 12345 政务服务热线工单办理流程，强化对重点难点诉求办理情况的跟踪督办，定期通报企业和群众诉求办理情况，推动解决群众急难愁盼问题。

25. 持续用好服务群众周“解忧”工作机制。紧盯民生领域政策落地、群众反映强烈的民生诉求、重大复杂矛盾纠纷化解等方面“堵点”“痛点”“难点”问题，定期召开专题“解忧”会，交办议定事项，全面保障人民群众合法权益。

（四）构建产业发展全链条服务体系

26. 推动产业政策精准落实。按照行业对中小微企业实施分类指导，精准施策。依托“陕企通”平台，完善涉企政策知识库，建立健全政策发布、解读、宣传机制，加强政策精准推送，促进政策直达快享。

27. 优化涉企服务机制。鼓励有条件的政务服务中心建设涉企服务专区、涉企服务窗口，深化金融、法律、帮办代办等相关服务。探索涉企政务服务增值化改革。

28. 加强知识产权保护。引导企业和高校院所加强高价值发明专利创造，健全知识产权公共服务体系，持续查处商标侵权行为和假冒伪劣产品，严厉打击侵犯知识产权的违法犯罪行为。

29. 强化招才引智政策支持。深化“圣地英才计划”，全方位引进、培养、用好人才，加强教育、医疗、住房、科研等配套支持，不断优化人才发展环境。

30. 促进跨境贸易便利化。优化出口审批、备案流程，推广应用国际贸易“单一窗口”、“互联网 + 海关”等线上方式，用好“跨境电商通关服务平台”等特色应用，压缩整体通关时间。

31. 完善公共服务配套。持续改善城市生态环境，强化基本公共服务供给，加快配套完善教育、医疗、社会保险等公共服务，优化园区物业服务，以高品质人居环境吸引更多市场主体和人才来延投资兴业。

（五）构建优化营商环境全方位保障体系

32. 强化组织保障。持续加强营商环境突破年组织领导，用好“月调度、季点评、年考核”工作机制，根据重点任务建立任务、问题、工作推进“三张清单”，持续推动营商环境突破年各项任务落实见效。

33. 强化诉求响应。牢固树立“有解思维”，进一步畅通线上线下全覆盖的问题反映渠道，健全直派即办、转办督办和问题线索移交处置机制，形成“发现问题、整改落实、反馈问效”工作闭环。

34. 强化典型引领。按照“集成突破”的要求，积极学习借鉴先进地区典型经验，大力开展复制推广工作，建立健全总结一批、推广一批、谋划一批典型经验工作机制，以典型引领激发创新实践。

35. 强化宣传引导。牢固树立“人人都是招商环境、人人都是营商环境”理念，加大对营商环境改革创新的宣传力度，增进社会公众对优化营商环境的了解支持。充分发挥营商环境体验官作用，广泛听取各类市场主体意见建议，形成全社会参与营商环境建设的良好格局。

三、工作要求

（一）提高认识，夯实责任

各县（市、区、管委会）、市级各有关部门单位要加强营商环境突破年组织领导，聚焦“三个突破”，进一步树牢服务项目、服务企业、服务群众、服务产业导向。牵头部门主要负责同志要当好“第一责任人”，靠前指挥，亲自调度，主动作为；各相关部门单位要各负其责，凝聚工作合力，推动各项改革任务快速实施、落地见效。

（二）细化任务，推动落实

各县（市、区、管委会）、市级各有关部门单位要围绕《工作方案》确定的五方面 35 项重点任务，建立任务清单、问题清单和推进清单，确保各项重点任务落实落细。市发改委要坚持月调度、季点评、年考核机制，推动工作任务全面落实。

（三）加强督导，确保成效

各县（市、区）、市级各有关部门单位要及时梳理总结突破年各项任务完成情况，每月 15 日前将工作进展情况报送市发改委。市发改委要发挥好牵头抓总、统筹协调作用，定期赴各县（市、区）、市级各部门单位开展督查检查，对工作进展缓慢、任务落实不到位的单位要加强督促指导，确保营商环境突破年取得实实在在的成效。

07

榆林市营商环境六个新突破专项行动方案

为深入贯彻落实党中央、国务院关于优化营商环境的决策部署和省委、省政府继续推进营商环境突破年建设的工作安排，深入实施《优化营商环境条例》和《陕西省优化营商环境条例》，充分发挥营商环境改革对经济社会高质量发展的牵引作用，真正把优化营商环境融入抓项目、兴产业、强服务、促招商全过程，结合榆林实际，制定本方案。

一、总体要求

坚持以习近平新时代中国特色社会主义思想为指导，全面贯彻落实党的二十大和习近平总书记历次来陕考察重要讲话重要指示精神，深入贯彻省委十四届五次全会和市委五届六次全会精神，将优化营商环境工作作为“一把手”工程，聚焦企业群众全生命周期服务，对标先进地区典型经验，以“红蓝章”审批、常态化联审联批、大厅之外无审批、帮办代办、数据壁垒打通、民营企业“三进一带”为抓手，在加快项目落地、部门协同联动、主动服务项目、政务服务效能提升、“一网通办”、民营经济高质量发展等 6 个方面取得新突破，以政府有为促进市场有效，以重点突破带动整体提升，践行“有需必应、无事不扰”服务理念，推动营商环境出新出彩，激发市场主体活力，增进市场预期信心，持续打造“审批不见面、办事不求人”的营商环境。

二、重点任务

（一）以“红蓝章”落地见效推进项目审批取得新突破

1. 全面推行“红蓝章”审批。2024 年 3 月底前发布市级“红蓝章”审批模式事项清单，进一步明确蓝章、红章阶段材料清单、办理时限。各县市区、园区于 2024 年 4 月底前出台本级实施方案，符合条件的项目审批事项 100% 应用“红蓝章”审批模式，对立项用地规划许可阶段、工程建设许可阶段、施工许可阶段涉及的项目核准（备案）、建设用地规划许可、建设工程规划许可、施工图审查（含特殊建设工程消防设计审查）、工程质量安全监督、建筑工程施工许可等主流程事项并行开展“蓝章”预审服务，在项目取得土地使用权后，将蓝章预审结果“零时差”转为“红章”正式审批结果。

2. 系统破解项目落地堵点。提前完成园区总体规划修编，依法依规开展规划环评审查、水资源论证、土壤污染状况调查等，做好省级化工园区认定和扩区工作，为项目落地奠定基础。建立通报制度，对因总规修编、规划环评、化工园区认定等前置因素不具备条件而影响项目落地的，在全市营商环境季度点评会上进行通报。

3. 协同推进重点项目精准选址选线。持续开展“多规合一”控制线检测服务，高效为项目落地提供辅助决策。项目拟选用地范围意向明确后，可申请发改、资源规划部门提供国土空间分析、实地勘验、政策咨询等服务并出具国土空间“一张图”分析报告。项目拟选址位于园区的，由园区提前完成区域评估并为项目提供区域评估成果，为重大项目选址做好准备。

4. 全面清理规范投资审批管理事项。全面统一投资审批管理事项名称，逐项清理所有投资审批管理事项的申请材料，明确提供单位、适用情形，每一项材料必须明确依据，无法律、法规和规章依据的一律取消，“其它”类材料必须明确。2024 年 4 月底前完成清理，分别在投资项目在线审批监管平台、工程建设项目审批平台、政务服务平台统一公布，并在市县两级政务服务大厅项目审批专区窗口全面推行。

5. 规范提升涉审中介服务品质。2024 年 3 月底前出台《投资项目中介服务机构星级评价管理办法（试行）》，对项目审批相关的中介服务机构及服务事项从服务态度、服务效率、服务质量等角度进行全方位评价，做到中介服务事项“一事一评”，按季度公开涉审中介机构星级，构建“一处评价、多处应用、共享互认、联合奖惩”的部门共享机制，促进涉审中介机构良性竞争发展。

6. 持续推进“标准地 +”落地见效。加快完善省级园区生态环境评价、水土保持评估、矿产资源压覆评估、地质灾害危险性评估、文物考古评价、地震安全性评价“6+X”区域评估体系，充分应用区域评估成果。建立资源规划部门确定规划指标，发改部门确定控制性指标，生态环境部门落实污染物排放标准，园区统筹负责的工业用地“标准地”指标体系，将控制性指标纳入土地出让条件，同步建立健全相应投资监管机制。省级以上园区新增工业用地全部推行“标准地”供应。

7. 切实提高文物勘探效率。推行国有土地“先考古、后出让”政策机制。推进考古前置，提高文物勘探效率，各产业园区实现在供地前完成考古调查、勘探和考古发掘工作，压缩建设项目前期手续办理时间。加强涉长城保护范围和建设控制地带项目管理，2024 年 4 月底前制定审批规程，建立提前服务机制、部门联动机制，进一步规范完善审批程序。稳步推进文物保护区域评估工作，创新工作方式方法，加快项目建设进度。

（二）以常态化联审联批推进部门协同取得新突破

8. 全面强化“审批大厅”职能。市级重点项目、财政评审、城市更新等联审联批会统一集中在市政务服务中心召开，建立项目审批信息互通机制，及时更新重点项目联审联批及建设进展，按照“集中汇总、限期办理、督促推进”的模式，主动对接、靠前服务、限时办结，协调解决项目推进中遇到的难点堵点问题。

9. 高效开展政策咨询“主题日”活动。建立部门联动的项目审批政策咨询机制，每季度在市政务服务中心开展 1 次政策咨询“主题日”活动，围绕企业投资项目关注的办理核准（备案）、环评、能评、稳评、安评、规划、用地、用林等前期手续以及落实项目开工条件等方面进行业务指导培训，解答企业关心的重点热点问题，推进项目顺利实施。

10. 分阶段细化推进联审联批。将投资项目开工前审批事项办理划分为选址立项许可、规划用地许可和施工许可 3 个阶段，明确选址立项许可阶段牵头部门为市发改委，规划用地许可阶段牵头部门为市资源规划局，施工许可阶段牵头部门为市住建局，于 2024 年 6 月底前制定各阶段实施方案，明确联审联批事项清单、流程等。

11. 推行建设工程设计方案和施工图综合审查。升级改造工程设计方案电子化图审系统，提供建设工程设计方案和施工图综合审查“一站式”服务。资源规划部门要加强建设工程项目规划许可后事中事后监管，第三方审图机构要严格审查与建设工程规划许可证不符的情形，住建部门要加强对设计单位、图审机构的监管，杜绝施工图与建设工程规划许可内容不一致。简化人防手续审查环节，只在办理建设工程施工许可一个环节审查，办理建设工程规划许可时不再审查人防审批手续。

12. 全流程打通“多测合一”。将“多测合一”改革从竣工验收阶段延伸到工程建设项目全生命周期，按照同一标的物只测一次原则，将项目审批中涉及的 17 个测绘事项整合归并为选址测绘、验线测绘、竣工测绘 3 个综合测绘项目。完善“多测合一”测绘成果汇交和互认机制，项目竣工阶段由资源规划部门组织统一测绘，同步形成土地核验与规划核实测量报告、房屋实测报告、消防工程竣工核实测量报告、人防竣工核实测量报告和绿地工程竣工核实测量报告等成果报告，通过“多测合一”系统向住建、人防等部门共享测绘成果，节约建设项目测绘成本，实现“一次委托、联合测绘、成果共享、平台共享”。

13. 创新实施“多证合一”。在建设用地批准书、建设用地规划许可证合并为建设用地规划许可证的基础上，将建设用地规划许可证与国有土地划拨决定书或国有建设用地使用权出让合同合并，实现“三证合一”。将交付土地确认书与不动产权证书（土地）合并，进一步提升“交地即交证”便利度。

14. 全面推行信息化项目评审“一件事一次办”。2024年5月底前制定并公布《榆林市政务信息化项目评审细则》，优化市级政务信息化项目评审管理，整合密码评审、方案评审等多次评审为一次信息化项目联合评审，切实提高评审质量和效率。

15. 全面推开工程建设项目联合验收。房屋建筑和市政基础设施工程建设项目全部实行竣工联合验收，2024年4月底前出台《工程建设项目联合验收实施细则》，推行分阶段、分期联合验收等新模式，将土地核验与规划核实、建设工程消防验收（备案）、建设工程（含地下管线工程）档案验收、竣工验收备案、人防工程或者兼顾人防需要的地下工程竣工验收备案等验收事项纳入联合验收范围。探索在民用建筑项目中开展建筑师负责制试点。

（三）以全流程帮代办推进主动服务取得新突破

16. 深化细化项目全流程帮办代办。全面推行代办总长统筹协调、部门协同的代办机制，北部县区投资5亿元以上项目、南部县区投资1亿元以上项目，开展重点项目从立项到开工的全流程帮办代办服务，按照项目开工时间倒排工期制定全程帮办代办工作计划，明确帮办代办事项、人员等，做到步步有跟进、事事有落实，确保项目建设不脱节、不断档。为省市重点项目分别配置“项目管家”，建立重点项目行政审批档案，推行“一项目一档案”管理模式。建立健全重点项目用地、用林报批“一对一”专人服务机制。

17. 切实提升环评审批服务效能。推行重点项目环评审批“一对一”专人服务，及时协调项目建设过程中的生态环境问题。对符合生态环境保护要求、具备受理审批条件的重大项目环评，及时受理审批率达到100%。实施产业园区“区域环评＋标准地”改革。推进环境影响评价与排污许可管理有效衔接，环评审批时限较法定缩短 50%。

18. 按需设立涉企服务专区。提升市政务服务中心企业“一站式”服务水平，支持县级政务服务大厅设立企业全生命周期综合服务专区（专窗），着力构建便利政企洽谈、企业间对接、涉企项目展示等开放式服务环境，打造专业化、综合性的为企服务人员队伍，提供咨询、会商、帮办、代办等“一站式”服务。

19. 大力开展“我陪群众走流程”“政务服务体验员”活动。各级政务服务大厅每半年邀请企业和群众开展 1 次体验政务服务活动，市级部门和县市区政府、园区管委会主要负责同志每半年至少开展 1 次走进政务大厅、登录办事平台等体验活动，看政策“懂不懂”、流程“通不通”、服务“优不优”、体验“好不好”，推动服务流程优化、体验提升。

20. 深化拓展营商“体验官”活动。按月对企业闭门会、12345 热线、营商环境投诉举报等渠道收集的企业群众办事创业难点堵点问题进行汇总分析，反馈营商环境“体验官”团队开展深入体验；每季度至少全流程体验 1 个重点项目审批事项办理，从企业群众办事查找管理和服务漏洞；按季度开展暗访调研，建立问题清单管理制度，实行限期整改、闭环管理，推动营商环境持续改善。

（四）以数据壁垒打通推进“一网通办”取得新突破

21. 全面清理“僵尸”系统。在全面摸清政务信息系统现状底数的基础上，市级各部门在充分评估业务现状的前提下，2024 年 5 月底前完成本部门、本行业内业务流程单一、办件数量稀少、功能可被其他系统替代、资源长期空闲、运维更新停滞的“僵尸”政务服务信息系统清理，停用原老旧业务系统。各单位保留并需与一体化政务服务平台打通的政务信息系统，由市审批局统一审核后报市智慧局。

22. 加快完善数据标准体系。整理汇总国家、我省相关标准规范，结合我市实际，2024 年 6 月底前制定全市数据共享交换接口规范，形成数据标准和技术标准规范体系，推进部门自建政务信息系统整合、对接，为跨部门、跨层级、跨系统数据共享提供标准化保障。

23. 统筹整合自建政务系统。市级部门负责将内部分散、独立的政务信息系统整合为互联互通、业务协同、信息共享的统一“大系统”。2024 年 9 月底前，试点在 2 个市级部门实现内部多个自建系统的业务协同、数据同源，形成部门政务服务“数据仓”。

24. 全面打通部门政务信息系统。市级部门按照标准规范进行数据接口开发，完成与市数据共享交换平台的对接打通，2024 年 11 月底前实现市级部门自建政务信息系统与市一体化政务服务平台的互联互通、业务协同和数据融合，通过全市统一的数据共享交换平台实现跨部门、跨区域、跨层级的数据共享。

25. 全面归集“四电”数据。按照“应归尽归”的原则，2024 年 7 月底前全面归集涉及政务服务事项的各类电子签名、电子印章、电子证照和电子档案等数据，建立完善全市统一可信的电子证照库和办事材料库，启动企业电子印章库建设，助推更多政务服务事项实现“全程网办”。

26. 加强地理空间信息等数据服务。由各行业部门梳理本部门基础地理空间信息、审批和管理数据，统一汇交至市工程建设项目审批系统和国土空间基础信息平台，扩展国土空间基础信息平台的数据资源，为各行业部门提供高质量基础地理信息服务。

27. 加快推进“一次认证、全网通办”。市级各部门利用一体化政务服务平台的身份认证功能，按照标准建设完善可信凭证和单点登录系统，2024 年 9 月底前解决企业和群众办事在多个系统重复注册验证等问题。

28. 集中推送部门“数据仓”。市级各部门按照市数据共享交换平台数据标准，通过接口、库表对接等方式，在形成部门政务服务“数据仓”的基础上，2024 年 10 月底前实现本部门政务服务“数据仓”中的相关数据向市数据共享交换平台、一体化政务服务平台实时推送。

29. 持续深化数据治理。按照“一数一源、多元校核”的原则，市智慧局牵头开展数据治理工作，对多种数据源的数据进行治理。工程建设领域数据信息、证照证明等统一载明资源规划部门提供的不动产单元代码，实现建设工程全生命周期数据的“一码关联”。数源部门落实本单位数据归集责任，按照数据标准规范向市数据共享交换平台推送数据；市数据共享交换平台集中对各单位推送的数据进行质检，并将问题数据及时反馈回数源部门进行整改。质检合格数据在基础库、专题库、主题库中进行沉淀，2024 年 12 月底前形成全市统一、实时、准确、权威的“数据资源池”，进一步提高数据治理的时效性、精准度和数据质量。

30. 健全数据分析应用机制。真正发挥 12345 热线解难帮困、改进作风的作用，加强企业群众关心关注的急难愁盼和热点问题数据分析研究，查找政务服务优化、效能提升的薄弱环节，对苗头性、典型性、集中性问题提前研判，推动破解问题的关口前移，每月召开 1 次新闻发布会，回应企业群众关切，以民生“小切口”撬动政务服务能力“大提升”。

（五）以“三进一带”推进民营经济发展取得新突破

31. 推动民营企业高质量发展。开展民营企业“三进一带”活动，定期组织民营企业走进中科院榆林洁净能源创新研究院、走进榆林民营企业家队伍建设培训基地、走进现代煤化工和制造业等重点产业链上下游企业，加强民营企业家队伍建设，推进产学研协同创新，拓展民营企业发展路径。充分发挥国有企业带动民营企业共同发展的重要作用，实行“国企 + 民企”一对一、一对多的结对带动模式，2024 年 6 月底前发布第一批“国企 + 民企”的合作带动名单。深化“小升规”“专精特新”“单项冠军”企业培育，支持企业做大做强做优做久。

32. 搭建产业链企业交流共享平台。每季度通过沙龙、座谈等形式，组织链主企业与民营企业开展交流活动，推进产业链上下游企业之间强化产业配套、深化对接合作，打通本土供需“内循环”，为企业做大做强创造良好条件。

33. 推行“一把手”出庭应诉。有被诉案件的县市区、园区、市级部门主要负责同志年内至少要出庭应诉 1 次，推动出庭应诉成为“一把手”的习惯和责任，提高行政机关依法行政水平，实质性化解行政争议，稳步提高行政机关负责人出庭应诉率。

34. 大力开展拖欠企业账款专项行动。加强拖欠企业账款问题梳理排查，加强投诉处理，无分歧欠款化解率达 100%。建立法院账款拖欠案件快立、快审、快执“绿色通道”，对重大拖欠违纪违法案件进行通报，对恶意拖欠等行为予以曝光。全面落实施工过程结算制度，政府和国有投资工程不得以审计机关的审计结论作为工程结算依据，建设单位不得以未完成决算审计为由，拒绝或拖延办理工程结算和工程款支付，不得将审计结果作为办理项目竣工决算的前置条件。

35. 推广应用“陕企通”平台。畅通企业家沟通机制建设，建立与 12345 热线的协同机制，加快完善从企业诉求收集、受理、转办，到跟踪、反馈、评价的全程工作闭环，着力打造“一站式”涉企服务总平台。依托“陕企通”平台，推动国家、省、市、县（市、区）四级涉企政策统一发布，完善涉企政策知识库，建立健全政策发布、解读、宣传机制，促进政策直达快享。

36. 从快从细办理涉企案件。建立简易破产案件快速审理机制，压缩破产案件平均审理时间。开展民商事案件审判智能化和简单案件要素式审判。健全民商事案件律师在线查询涉案信息等机制，进一步提升诉讼便利度。设立破产审判援助资金，及时办理资金发放审核、审批手续，强化破产管理人履职保障。

37. 加快实行政策兑现全程网办。2024 年 6 月底前上线运行政策兑现平台，并探索建立政策兑现平台与“陕企通”平台政策发布的联动互通机制。系统梳理现行有效的惠企政策，明确政策兑现申报的标准化办事流程，提供涉企政策全程在线兑现服务，打造“一网通办”“一站式服务”的企业政策申报兑现模式。法律、法规规定应当由本人到场申请或者提交纸质材料的，原则上到各级政务服务大厅政策兑现综合窗口办理，保持线上线下申请材料、办理流程一致。

38. 不断提升精准服务水平。持续推行项目警长、税务管家、工业科技特派员等精准服务措施，及时解决企业在减税降费政策享受、项目推进、科技创新等方面的问题，对重点项目建设推进过程中涉及征地拆迁、环境保护、工程施工、劳资纠纷等各类阻滞因素，提出化解处置的对策措施。开展人社工作进园区活动，促进人力资源高效开发利用。

39. 深化推进“最多查一次”改革。2024 年 2 月底前，梳理发布市县两级跨部门综合监管事项清单，并实施动态更新管理。2024 年 4 月底前，统筹制定跨部门综合监管检查计划及工作细则，建立“一业一册”告知制度，按领域制定合规经营指南，一次性告知市场主体，在煤炭企业、危化企业等涉及监管部门多、管理难度大、风险隐患突出的领域深入推行“综合查一次”改革，大幅降低涉企检查频率。

（六）以“大厅之外无审批”推进政务效能取得新突破

40. 持续深化“大厅之外无审批”。全面实现行政许可、便民服务事项进驻政务服务大厅，2024 年 3 月底前制定大厅之外无审批负面清单，清单以外事项坚持线上线下“应进必进”。持续推进综合窗口改革，巩固“受审分离”改革成果，无差别“综合窗口”和分领域“综合窗口”比例达到 80% 以上，全面推行“前台联合受理、后台限时办结、统一窗口出件”，开展星级政务服务大厅（窗口）创建活动，坚持双休日、节假日“延时服务”改革，不断提升政务服务水平。

41. 推进“高效办成一件事”改革。从企业和群众视角出发，围绕企业从设立到注销、工程建设项目从立项到竣工验收、个人从出生到身后的重要阶段，将需要多个部门办理或跨层级办理，关联性强、办理量大、办理时间相对集中的多个事项集成办理，为企业和群众提供“一件事一次办”、“一类事一站办”服务。在完成企业和个人“高效办成一件事”重点事项清单基础上，结合实际拓展不少于 10 项市县权限内的“高效办成一件事”套餐式服务，实现相关业务数据实时互通共享。

42. 试行“超时默认、自动用印”模式。对政务服务平台提档升级，除国垂、省垂以及涉及安全、保密的事项外，对于超过公开承诺时限的，试行默认受理、默认许可、自动用印。超时默认引发的不良后果及法律责任由审批职能部门承担。2024 年 6 月底前发布第一批“超时默认、自动用印”的事项清单。

43. 进一步推动政务服务标准化。在同一政务服务事项基本要素“四级四同”的基础上，全面实现受理条件、办理流程、申请材料、办结时限、办理结果等要素统一，2024 年 5 月底前实现市、县（市、区）、镇（街）级事项目录同源、标准一致。制定标准化办事指南，线上线下统一业务实施规范。实行行政许可和行政备案事项清单管理制度，动态调整事项清单，编制完善行政许可实施规范。

44. 大力推进机关内部“最多跑一次”改革落地。2024 年 6 月底前创新推出公职人员入职、退休业务“一件事”，市委组织部、市人社局分别围绕公务员、事业单位人员职业生涯全周期，对业务流程、办理要素、申报方式、受理方式、联办机制、结果运用等进行全面优化，实现多个事项“一次告知、一表申请、一套材料、一窗受理”，对事项、流程进行全面梳理再造，着力破解机关内部多次跑、多头跑、环节多等问题。

45. 深化完善“办不成事”反映窗口。全面提升市县两级政务服务大厅“办不成事”反映窗口服务水平，提供兜底服务，解决企业和群众办事过程中遇到的疑难事项和复杂问题。2024 年 3 月底前建立“办不成事”问题线索与 12345 热线、帮办代办服务的协同联动机制，不能现场解决的问题统一通过 12345 热线进行转办、督办，实现线上线下“办不成事”反映、帮办、整改闭环管理。

46. 强化政务服务满意度评价。强化政务服务反馈机制和政务服务“好差评”制度，严格推行政务服务“一次一评”、“一事一评”工作规范，以离场评价和线上评价为主，落实前台与后台、大厅窗口（含园区）与职能部门“好差评”评价确责要求；实行评价和回复公开，落实“差评”和投诉问题调查核实、整改和反馈，加强“差评”问题整改，提升政务服务水平。

47. 持续推进办税服务便利化。落实缴纳税费综合申报改革要求，按照“非接触式”办税缴费服务要求，除个别特殊、复杂事项外，基本实现企业办税缴费事项可网上办理，个人办税缴费事项可掌上办理；推行税务证明事项告知承诺制，减轻纳税缴费负担；加强政策宣传辅导，实行税收优惠政策“云”直达，对符合规定条件的企业实现增值税增量留抵退税政策“应享尽享”。各县市区新时代“枫桥式”税务所建设实现“全覆盖”，设立“税费争议咨询调解中心（室）”和调解团队，推动税费争议及时化解。

48. 全链条规范招标投标。推进 CA 数字证书互认，深化全流程电子化招标投标、不见面开标、远程异地评标等改革，全面推广保函（保险）代替保证金，降低企业招标投标成本。落实在招标投标活动中招标人主体责任保障机制，构建招标投标领域全链条监管机制。

49. 实质性提升政府采购效率。鼓励在政府采购活动推广不收取投标保证金，以责任承诺书的方式替代投标保证金。健全政府采购行政裁决机制，畅通供应商维权渠道。稳步提高中小企业政府采购合同金额。

50. 切实优化群众出行便利。在交通违法处理、驾驶证业务、居住证、临时身份证明等群众高频业务，推行“一站式”办理。“新车上牌”“人才落户“车辆报废”“校车标牌核发”“驾驶证期满换证”

等实行“一件事一次办”。

三、保障措施

（一）加强组织实施

各级各部门要把营商环境突破年行动作为“一把手”工程来抓，落实主要负责同志优化营商环境第一责任制度，以企业群众满意作为第一标准，加强组织实施，密切协同配合，严格责任落实，确保各项政策措施落地见效。各级各部门要结合实际和工作职能，在本方案印发后 1 个月内制定详细的工作举措，明确时间表、路线图，力求取得突破性、标志性成效。

（二）加强创新示范

鼓励有条件的县市区（园区）创建省级营商环境创新示范区，支持榆阳、府谷两个省级营商环境创新示范区和榆林高新区陕西自贸试验区协同创新区出台一批改革创新举措，更好发挥示范引领作用。鼓励支持各级各部门发挥首创精神，加大改革力度，积极探索有益经验。深化典型经验复制推广机制，各县市区政府、园区管委会和市级牵头单位年内要有 1 项以上先进地区优化营商环境典型案例和经验做法在本行业本领域复制推广，形成持续改革创新的浓厚氛围。

（三）加强督导考核

强化考核指挥棒作用，将营商环境突破年各项任务落实情况纳入年度目标责任营商环境专项考核。强化乡镇（街道）在重点项目阻工问题协调等方面的主体责任，未及时协调解决问题数量最多的乡镇（街道），主要负责同志在全市营商环境季度点评会上表态发言；连续两个季度有乡镇（街道）表态发言的县市区，主要负责同志要在全市营商环境季度点评会上表态发言。审计、督查等部门要加强与营商环境主管部门的工作衔接，充分发挥营商环境体验官、监督员作用，完善营商环境问题反馈和督办解决闭环机制。按季度公布市场主体营商环境满意度调查结果，持续深化营商环境领域问题专项治理。

（四）加强宣传推介

将营商环境宣传推介纳入全市宣传工作重点，加大对营商环境改革创新的宣传力度，增进社会公众对优化营商环境的了解支持。通过采访座谈、新闻发布会、节目访谈等多种形式提升宣传效果，在榆林日报等媒体开设“营商环境突破年”专栏，编发营商环境突破年工作简报，及时宣传报道典型经验。持续推进营商环境宣传工作通报机制。各级各部门要及时总结工作成效、亮点，每月 20 日前通过营商环境任务调度平台上报工作进展情况。

08

汉中市深化营商环境突破年行动方案

营商环境是推动高质量发展的重要基石。为扎实贯彻落实全省优化营商环境工作决策部署，持续深化营商环境突破年活动，制定如下行动方案。

一、总体要求

坚持以习近平新时代中国特色社会主义思想为指导，全面贯彻落实党的二十大精神，贯通落实习近平总书记历次来陕考察重要讲话重要指示精神，深入落实习近平总书记来汉中考察重要指示精神，认真落实中央经济工作会议部署，扎实落实省委十四届五次全会暨省委经济工作会议和市委六届六次全会暨市委经济工作会议精神，按照全省和我市深化“三个年”活动暨招商引资推进会安排，巩固拓展主题教育成果，落实“五个再深化”要求，坚持大抓改革、大抓服务、大抓效能，学习借鉴省内外先进经验和世界银行营商环境成熟度评价标准，深化政务、政策、要素、法治、政商“五个环境”建设，提升“三个服务”、降低“六个成本”，以政府有为促进市场有效，以重点突破带动整体提升，加快打造市场化、法治化、国际化一流营商环境，激发市场主体活力，增进市场预期信心，助力经济社会高质量发展，为努力建设环境优美、绿色低碳、宜居宜游的生态城市，奋力谱写中国式现代化建设的汉中新篇章提供有力保障。

二、工作目标

以深化“三个年”活动牵引高质量发展现代化建设实现新突破，继续深化政务、政策、要素、法治、政商“五个环境”建设，提升产业全链条、企业全周期、人才全方位“三个服务”、降低时间、融资、用人、经营、机会、求助“六个成本”，推动企业群众办事更便利、项目服务保障更高效、产业发展生态更优化，全力打造政府最诚信、企业最舒心、办事最高效“三张名片”，经营主体满意度位居全省前列。

企业群众办事更便利。企业开办、不动产登记、企业纳税等事项办理流程进一步优化、质效进一步提升。数字政府建设取得质的突破，加快推进数据共享互通，开展政务服务“一窗通办”综合窗口改革，推出更多“高效办成一件事”的经验做法。

项目服务保障更高效。实行重点项目审批协同服务市县一体化运行，进一步优化联合审图、联合验收等并联审批协同机制，社会投资工业、住宅和政府投资房屋建筑等工程建设项目审批流程持续优化。省级以上开发区80%以上新增工业用地实现“标准地”供应。重大项目环评审批时间持续压缩。

产业发展生态更优化。持续加强知识产权保护力度，招标采购更加规范高效，跨境贸易便利化水平稳步提升，实际使用外资持续增长。企业融资渠道更加畅通，融资成本不断下降。推动入库科技型中小企业、有效期高新技术企业数量持续增加，力争在新增上市企业方面取得新突破。

三、重点任务

（一）聚焦企业全周期，强市场激活力

1. 进一步提升企业开办和注销便利度。持续用好实名认证系统，支持企业名称依法转让，规范企业正常迁移，为经营主体提供更加安全、规范、便利的登记注册服务。深化企业开办注销改革，推进市场监管领域“证照联办”，营造更加便利高效的市场准入和退出环境。

2. 全面推进公平市场准入。严格落实市场准入负面清单制度，持续破除市场准入壁垒，严禁以备案、注册、年检、认定、认证、指定、要求设立分公司等形式设定或变相设定准入障碍。坚持对各类所有制企业一视同仁、平等对待，强化制止滥用行政权力排除限制竞争的反垄断执法。

3. 健全政府诚信履约机制。加快社会信用体系建设，健全失信惩戒和信用修复机制，引导企业诚信守法经营，着力营造诚实守信的良好社会氛围。建立健全政务信用记录、失信案件通报、守信激励和失信惩戒等政务诚信长效机制，对拒不整改的政务失信治理对象依法依规进行问责和失信惩戒，清理失信问题存量，严防失信问题发生和增长。加大政府失信线索监测发现力度，及时挂牌督办，持续跟踪办理情况。

4. 优化完善行政执法工作机制。推进行政执法公示制度、执法全

过程记录制度、重大执法决定法制审核制度全面落实。依法健全以信用监管为基础的新型监管机制，规范涉企行政检查，推广行政执法检查“白名单”制度，完善联合检查、“双随机、一公开”监管、非现场执法等工作机制，推动监管信息共享互认，避免多头执法、重复检查。积极融入“一带一路”国际商事法律服务示范区建设。

5. 深化跨部门综合监管。对涉及多个部门、管理难度大、风险隐患突出的监管事项，建立市县两级跨部门综合监管事项清单并实施动态更新管理。加强行业监管，探索建立综合监管“一业一册”告知制度。推进“综合监管一件事”、“综合查一次”、“一业一查”等改革，进一步提升监管效能。

6. 深入推进拖欠企业账款专项治理行动。加强拖欠企业账款问题梳理排查，强化投诉处理力度，通过法院建立账款拖欠案件快立、快审、快执“绿色通道”，切实维护企业合法权益。加强约束惩戒，对重大拖欠违纪违法案件进行通报，对恶意拖欠等行为予以曝光。

7. 持续深化涉企乱收费乱罚款乱摊派专项整治行动。进一步加大市场监管工作力度，在交通物流、水电气暖、地方财经、金融、行业协会商会等重点领域，开展涉企乱收费乱罚款乱摊派自查自纠、联合检查，及时进行“回头看”，举一反三巩固整治成果，切实减轻企业负担。

8. 规范招标投标。严格推行全省公共资源交易平台CA数字证书共享互认工作，加大网络共享数字证书应用宣传推广力度，深化全流程电子化招标投标、不见面开标、远程异地评标等改革，全面推广保函（保险）代替保证金，切实降低企业招标投标成本。认真落实招标人主体责任保障机制，进一步强化招标投标活动组织管理，保证项目质量，提高经济效益。

9. 进一步提升政府采购服务水平。全面推行“互联网 + 政府采购”模式，推进政府采购电子化交易。支持鼓励在政府采购活动中以支票、汇票、本票、保函等非现金形式提交投标保证金。公开透明开展政府采购，健全完善政府采购行政裁决机制，畅通供应商投诉维权渠道。落实支持中小企业有关政策，稳步提高中小企业政府采购合同金额。

10. 持续优化办税缴费体验。加强全国统一新电子税务局的宣传推广应用。推进全面数字化的电子发票无纸化报销、入账、归档等工作。推动乐企直连。健全税费服务诉求解决机制。进一步落实动态“信用 + 风险”监管。

11. 加强中小投资者权益保护。畅通“12368”诉讼服务热线，提供常见法律咨询及诉讼指引服务。提升“一站式”多元解纷和诉讼服务体系综合效能。强化诉前调解机制，推进案件繁简分流，提供便捷高效的司法服务。推进金融纠纷多元化解机制建设，推动银行保险领域纠纷源头化解。加大涉金融案件执行工作力度，开展“护企暖心・2024”专项执行行动。优化涉企法律服务，深入推进“万所联万会”和“服务实体经济律企携手同行”专项行动，帮助企业建立健全境外投融资风险防范、权益维护机制。

12. 高质效办理涉企案件。建立简易破产案件快速审理机制，进一步压缩破产案件平均审理周期。推进民商事案件审判智能化，开展简单案件要素式审判。健全民商事案件律师在线查询涉案信息等机制，进一步提升诉讼便利度，提供优质高效的法律服务。推动政府设立破产审判援助资金，及时办理资金发放审核、审批手续，强化管理人履职保障。

13. 积极构建亲清政商关系。强化政企交流沟通，分行业、分层级定期召开企业座谈会、恳谈会、企业家沙龙和政企对接会，多渠道征询企业意见建议。建立市级领导干部定期听取企业意见工作机制，进一步密切地方党政领导与民营企业联系。严格落实政商交往“正面”清单和“负面”清单，把握政商交往界限，引导领导干部光明磊落地同企业家接触交往，主动作为、靠前服务，依法依规为企业和企业家解难题、办实事，守住交往底线，防范廉政风险，做到亲而有度、清而有为。

（二）聚焦项目全方位，强改革抓创新

14. 深化规划用地改革。推进规划用地“多审合一、多证合一”改革，探索建立建设工程规划许可豁免清单和告知承诺制。进一步优化业务流程，围绕各类建设项目，主动向前延伸不动产登记服务，提前介入对接，开展地籍调查，打通上游相关业务环节，实现土地供应、规划许可、不动产登记等并联办理，方便企业办理不动产登记和抵押融资。持续增强土地要素对优势地区高质量发展保障能力。

15. 深入推进“标准地”改革。扎实落实《陕西省“标准地”改革工作指引》和我市《深化“标准地”改革工作方案》，在“区域评估、多评合一”及“标准地 + 承诺制”改革等领域积极创新，推行告知承诺制、容缺受理等措施，进一步提高审批效率，加快企业建设项目落地投产。聚焦省级以上开发区，深化“标准地”改革，提高“标准地”质量，彰显改革成效。

16. 纵深推进“亩均论英雄”综合改革。深化“亩均论英雄”改革，完善亩均效益综合评价体系，持续开展年度亩均综合效益评价工

作，鼓励各级园区整合生产运营场所、推动“工厂上楼”，引导新建标准化厂房采取多层建设，实现集约节约发展，持续提升亩均综合效益。

17. 持续开展“十行千亿惠万企专项行动”。围绕特色工业园区，定期组织辖内金融机构开展形式多样的政银企对接活动。推动建立“四贷促进”金融服务站，优化拓展服务模式，加大惠企信贷产品推广力度。

18. 不断完善融资支持体系。健全银行、保险、担保、券商等多方共同参与的融资支持体系。持续加大融资产品创新力度，创新非抵押类信贷产品，拓宽抵质押物范围，鼓励金融机构依法合规开展知识产权质押贷款。常态化开展银企对接活动。提升境外来汉人员支付便利性。支持符合条件的民营中小微企业在多层次资本市场融资。

19. 支持企业上市和挂牌融资。对已上市、挂牌企业持续做好管理服务，对准备上市、挂牌企业因改制、重组、并购而涉及的土地手续完善、税费补缴、产权过户等事项，建立健全“绿色通道”、限时办结等制度，加强政策指导服务，协助企业妥善处理。积极指导企业获得股权登记、托管、转让和融资等综合金融服务。加大省级上市后备企业培育。支持完善私募股权和创业投资基金“募投管退”机制，鼓励投早、投小、投科技。

20. 有力提升环评审批服务效能。对省级和市级重点项目“一对一”高效精准开展服务，及时协调项目建设过程中的生态环境问题。对符合生态环境保护要求、具备受理审批条件的重大项目，环评按期办结率达到 100%。

21. 深入推进生态环境准入改革。探索开展规划环评与项目环评联动改革，鼓励符合条件的园区申报省级产业园区规划环评与建设项目联动试点。对除“两高”行业项目外满足“标准地”生态环境准入要求的编制环境影响报告书（表）项目探索施行环评告知承诺制审批。推进环境影响评价与排污许可管理有效衔接。

22.进一步提高文物勘探效率。深化文物勘探领域审批制度改革，严格基本建设工程文物考古前置审批，不断创新工作方式方法，提高文物勘探效率，确保土地储备、基本建设与文物保护协调发展。探索推行国有土地“先考古，后出让”政策机制。

23.强化劳动力市场监管。加强劳动保障监察，规范企业用工行为，持续深化劳动争议化解机制。全面推行人社事项“网上办”、“提速办”、“打包办”，实现50%以上服务事项即时办结。推进灵活就业人员参加企业职工基本养老保险、用人单位参加企业职工基本养老保险、失业保险和工伤保险等业务省内通办。

24.进一步推进工程建设项目“多测合一”。完善工程建设项目“多测合一”测绘成果汇交和互认机制，优化测绘成果资料提交、利用、共享流程，巩固提升“一站式”施工许可、综合竣工验收、“多测合一”等改革成效。

25.推进工程建设项目分阶段施工许可和联合验收。在符合安全生产及大气治理相关要求的前提下，依法依规加快推进分阶段施工许可。开展房屋建筑和市政基础设施工程项目联合验收，除住宅以外的工程项目，建设单位可申办单位工程竣工联合验收。

（三）聚焦产业全链条，强服务优机制

26.推动实现产业政策精准可及。按照行业性质和经营状况对中小微企业分类指导、精准施策。鼓励链上企业参与“揭榜挂帅”、产

业链项目、链主及配套企业奖励申报，对符合要求的进行支持。

27. 充分发挥“陕企通”平台作用。加强“陕企通”平台与各单位涉企平台集成互通、功能融合，不断拓宽企业诉求反映渠道，加快完善从企业诉求收集、受理、转办，到跟踪、反馈、评价的全程闭环工作机制，着力打造“一站式”涉企服务总平台，进一步提高企业知晓率、应用率。

28. 不断优化涉企政策服务机制。依托“陕企通”平台，推动市、县两级涉企政策统一发布，持续完善涉企政策知识库，建立健全政策发布、解读、宣传机制。实行政策分类梳理和标签化管理，实现及时主动精准推送，建立完善惠企政策直达快享、兑现评估监督机制，深入开展政策承诺不兑现专项整治，扩大“免申即享”“即申即享”范围，营造企业更满意的政策环境。

29. 加大优质企业培育力度。持续深化“小升规”“专精特新”“单项冠军”企业培育，支持企业做大做强做优做久，支持产业链龙头企业发展壮大，促进大中小企业融通创新。

30. 持续完善科技创新体制。直接对接秦创原总窗口推动汉中秦创原创新驱动平台“由势转能”，推动科技成果转化“三项改革”拓面扩量提质增效，深化科技型企业“登高、升规、晋位、上市”四大工程，积极申创省级秦创原未来（特色、新兴）产业创新聚集区，集聚创新型产业，不断推进区域创新。

31. 强化知识产权保护。以服务创新驱动发展为主攻方向，引导支持企业和高校院所等加强高价值知识产权创造，培育一批高价值发明专利密集型产业，促进专利转化运用。完善知识产权保护机制，健全知识产权交易和公共服务体系，严厉打击侵犯知识产权及制售假冒伪劣商品的违法犯罪行为。支持鼓励各县区建立知识产权纠纷人民调解委员会，积极开展知识产权纠纷诉前调解工作。积极推出知识产权金融产品。

32. 推进跨境贸易便利化。深化国际贸易“单一窗口”应用功能推广。积极宣传“跨境电商通关服务平台”等特色应用。实现本地特色农食产品查验“零等待”、出口“零延时”，对鲜活易腐农产品开通“绿色通道”、推行“7×24”小时预约查验制度，巩固压缩整体通关时间成果。

33. 促进外贸企业减负增效。持续开展“龙腾行动”。落实“企业协调员”机制，加强对中亚、东盟等“一带一路”沿线重要地区贸易分析，积极帮助外贸骨干企业纾困解难。持续深化“5+X”工作机制，打造“商务引领 + 通关便利 + 外汇管理 + 税务服务 + 金融支持 + 外贸企业”服务模式，助力外贸企业开拓国际市场。

34. 不断完善公共服务配套。持续改善城市生态环境，强化基本公共服务供给，降低企业用水、用电、用气等经营成本，加快配套完善教育、医疗、社会保险等公共服务，进一步优化物业服务，以高品质人居环境吸引更多市场主体和人才来汉投资兴业。

35. 降低企业运行成本。持续落实国家减税降费政策，强化对中小微企业、个体工商户等支持力度。大力推进物流降本增效，深入推进多式联运发展，优化调整运输结构。运用贷款市场报价利率（LPR）、结构性货币政策工具等进一步降低企业融资成本。

36. 全力营造更具吸引力的人才发展环境和良好产业发展生态。围绕秦创原、重点产业链发展关键岗位，坚持“引育留用”结合，拓展人才引进渠道，加强教育、医疗、住房、科研等配套支持，积极推进“高精尖缺”人才招引工作，推动我市成为创新的高水平人才聚集地，为经济社会发展提供智力支撑和人才保障。

37. 大力推进产业链招商。围绕打造装备制造、现代材料、特色农业、文旅、能源 5 个千亿级产业集群和重点产业链更新完善目标企业库和线索项目库，深化“领导带头抓招商”机制，精准开展产业链群招商，着力引进行业头部企业和延链补链项目。用好省、市两级平台，谋划举办春季主题招商周、丝博会系列活动等重点投促活动，常态化开展分队招商、项目路演，推动招商引资项目签约。扎实落实支持开放型经济高质量发展的优惠政策，量身定制重大项目“政策包”，保障招商引资项目落地见效。

（四）聚焦服务全流程，强质效增便利

38. 推动数据信息实时共享。依托省级政务服务平台网上统一受理端建设，推动办件信息实时共享、高频事项网上办、掌上办、一次办，实现办事申请“一次提交”、办理结果“多端获取”。全面推动政务服务信息化建设，优化升级汉中市大数据平台，加快解决“数据壁垒”和“信息孤岛”问题。

39. 加快政务服务标准化建设。在行政许可、行政备案等政务服务事项基本要素“四级四同”的基础上，逐步推进实现受理条件、办理流程、申请材料、办结时限、办理结果等要素统一，重构跨部门办理业务流程，优化前后置环节，推动政务服务平台事项标准统一、业务协同联动、服务同质高效。

40. 全面实行行政许可事项清单化管理。加快构建职责明确、依法行政的政府治理体系，将我市行政区域内全部行政许可事项纳入清单管理，清单之外一律不得违法实施行政许可。按照省级统一安排，

主动认领并动态调整《汉中市行政许可事项清单》，更新完善办事指南。

41. 积极建设涉企服务专区。持续营造重商亲商的浓厚氛围，鼓励支持有条件的政务服务中心建设涉企服务专区、涉企服务窗口，深化金融、法律、帮办代办等相关服务。认真分析各类经营主体关切事项，探索涉企政务服务增值化改革，为企业提供精准化、个性化衍生服务。

42. 优化完善“办不成事”反映窗口。全面推广政务服务“办不成事”反映窗口，规范办事流程，建立受理台账，跟踪办事结果，为企业群众提供兜底服务，解决办事过程中遇到的疑难事项和复杂问题，切实将“办不成事”变成“事能办成”。

43. 优化政务服务“好差评”机制。持续深化政务服务“好差评”工作，完善政务服务“一次一评”“一事一评”工作，积极拓展线上评价等方便服务对象的评价方式，不断提升评价率、满意率。加快推进评价和回复公开，健全“差评”问题和投诉问题调查核实、督促整改和反馈机制。

44. 建立健全政务服务堵点数据分析应用机制。加强针对办事堵点的数据分析研究，查找政务服务优化、效能提升的薄弱环节，对苗头性、典型性、集中性问题提前研判，推动破解问题的关口前移，为优化流程、创新服务等提供参考，实现通过解决一个诉求带动破解一类问题、优化一类服务，以民生“小切口”撬动政务服务能力“大提升”。

45. 深化拓展政务服务体验活动。持续深化“局长体验审批”和“同事项不同环节审批人员相互体验”“双体验”等活动，认真查找办事难点堵点，切实解决存在问题，全面提升政务服务质效。邀请企业和群众体验政务服务，看政策“懂不懂”、流程“通不通”、服务“优不优”、体验“好不好”，推动服务流程优化、体验提升。

46. 优化创新不动产登记服务。推行“交地即交证”模式，为符合条件的项目用地“一站式”办理土地交付和土地不动产权证。试行不动产首次登记的“验登合一”模式。实施联合验收，推行“交房即交证”模式。实行不动产登记、交易和缴纳税费“一网通办”，推行“税费同缴、后台清分”改革，全面开展不动产“带押过户”。免费提供不动产登记信息网上和现场自助查询服务。做好历史遗留问题导致的不动产“登记难”日常化解工作，依法维护企业群众合法权益。

47. 规范 12345 政务服务热线运行管理。优化各级政务服务热线工单办理流程，健全跟踪督办机制，推动政务服务热线高效运转，全力提升热线“回复率、解决率、满意率”。按照省级工作要求，推进落实政务服务热线与“陕企通”平台系统对接。

48. 持续简化证明事项。动态调整证明事项承诺制清单。深化拓展证明事项告知承诺制。强化告知承诺事中事后核查。完善虚假承诺信用惩戒机制。

49. 优化市政公用基础设施接入联合服务。建立水电气暖信联合报装机制和联合服务“一支队伍”，上线联办服务专区，设置联办服务专窗，实现“一表申请、一网通办”。对市政接入工程涉及的建设工程规划、绿化、涉路施工等事项，实行“一口受理、并联审批、限时办结”。对同一路段涉及多个接入工程施工，综合优化选线方案及道路开挖计划，避免同一路段重复开挖。

50. 进一步提升公安业务质效。推进身份证业务“全程网办”、户籍业务“跨省通办”，推行交通违法处理、驾驶证业务等高频事项“一站式”办理，推进出入境证照办理便利化。推动户政、交管等各警种业务向派出所延伸，切实便利企业群众就近办理公安业务，推进警务工作更体民情、合民意。在重大节假日和旅游高峰期间，对乱停车等轻微违法行为积极推行劝导式、说理式柔性执法，对涉及游客被侵害案事件快侦、快办，进一步提升外地游客来汉体验。

四、保障措施

（一）加强组织实施

各级各部门要巩固拓展主题教育成果，促进“三个年”成效相互转化运用，工作任务一体推进落实。要加强组织实施，密切协同配合，严格责任落实，确保各项改革举措落地见效。司法行政部门要加大行政规范性文件合法性审查力度，及时推动有关地方性法规规章、行政规范性文件的立、改、废、释。市级各牵头部门要充分发挥统筹协调作用，会同相关配合部门深入分析研究，细化工作举措，出台配套措施，形成任务清单，力求取得突破性、标志性成效。市级各配合部门要增强工作主动性，形成工作合力，确保各项工作无缝衔接、精准落实。各县（区）、各园区要积极改革创新、突破发展，推动本区域营商环境突破年活动深入开展、取得实效。

（二）加强创新示范

各级各部门要加快推动保护市场主体、维护市场环境、提升政务服务、规范监管执法、强化法治保障等领域改革迭代升级，更好发挥先进示范引领作用。对标陕西省营商环境评价指标体系，参考借鉴世界银行营商环境成熟度指标，发扬首创精神，持续加大改革力度，在法治框架内积极探索有益经验，推出一批营商环境牵引性、关键性、标志性改革。要深化典型经验复制推广学习借鉴，及时将先进经验在本行业、本区域复制推广，形成持续改革创新的浓厚氛围。汉台、城固要持续深化省级营商环境创新示范区建设，以点带面促进全市营商环境持续优化提升。

（三）加强督导考核

各级各部门要积极开展调研督导，多措并举督促相关任务落实，对发现的问题积极推动整改，加大负面典型案例通报力度。审计、督查等部门要加强与营商环境主管部门工作衔接，共同推进营商环境工作落实。“陕企通”平台、12345 政务服务热线主管部门要加强营商环境领域问题线索收集分析，及时转办督办，强化跟踪问效，确保事事有回应、件件有落实。市营商环境突破年工作专班要发挥好牵头抓总、统筹协调作用，认真开展营商环境突破年专项考核，强化激励约束效应，不断推动营商环境建设迈上新台阶。

（四）加强总结宣传

各级各部门要牢固树立“人人都是营商环境、人人都是招商环境”理念，及时总结工作成效亮点，充分利用各级各类主流媒体、新兴媒体、自媒体等舆论宣传平台，多层次、多渠道、全方位宣传我市营商环境改革创新成果，增进经营主体和广大群众对营商环境建设的认可支持。充分发挥营商环境特约监督员作用，广泛听取社会公众意见建议，形成全社会共建共享营商环境的良好格局。市级各牵头部门、各县（区）、各园区每月 12 日前将工作进展情况报送市营商环境突破年工作专班。

09

安康市深化营商环境突破年行动方案

为进一步打造“营商环境最安康”名片，持续深化营商环境突破年活动，优化提升安康市营商环境，根据省上安排，结合安康实际，制定如下行动方案。

一、总体要求

坚持以习近平新时代中国特色社会主义思想为指导，按照省委十四届五次全会暨省委经济工作会议、全省深化“三个年”活动暨招商引资推进会精神，巩固拓展主题教育成果，落实“五个再深化”要求，坚持大抓改革、大抓服务、大抓效能，借鉴省内外先进经验和世界银行营商环境成熟度评价标准，以政府有为促进市场有效，以重点突破带动整体提升，建设市场化、法治化、国际化一流营商环境，激发经营主体活力，为加快建设汉江生态经济带重要节点城市，聚力建设幸福安康提供有力支撑。

二、行动目标

以深化营商环境突破年为抓手，全力推动企业群众办事更便利、项目服务保障更高效、产业发展生态更优化，实现经营主体满意度保持在 90% 以上，打造“营商环境最安康”品牌。

企业群众办事更便利。企业开办、不动产登记、企业纳税等事项办理流程进一步优化，办理效率进一步提升。数字政府建设取得质的突破，数据共享加快推进，推出更多“高效办成一件事”的好做法。

项目服务保障更高效。加强部门协同，进一步优化联合审图、联合验收等并联审批协同机制，社会投资工业、住宅和政府投资房屋建筑工程建设项目等工程建设项目审批流程持续优化。省级以上开发区 80% 以上新增工业用地实现“标准地”供应。

产业发展生态更优化。知识产权保护力度持续加强，招标采购更加公平高效，跨境贸易便利化水平加快提升，实际使用外资持续增长。企业融资渠道更加畅通，融资成本稳步下降。

三、重点任务

（一）聚焦激发企业活力强市场促公平

1. 持续提升企业开办和注销便利度。做好实名认证相关工作，支持企业名称依法转让，规范企业正常迁移。持续深化企业开办注销改革，推进市场监管领域“证照联办”，营造更加便利的市场准入和退出环境。

2. 推进公平市场准入。全面落实市场准入负面清单制度，持续破除市场准入壁垒，严禁以备案、注册、年检、认定、认证、指定、要求设立分公司等形式设定或变相设定准入障碍。

3. 激发民间投资活力。积极向民间资本推介重大项目，鼓励民间资本参与盘活国有存量资产，引导民间资本参与基础设施和公共服务建设等领域项目，促进民间投资稳定增长。积极引导“信易贷”融资，扩大制造业项目中长期贷款，大力培育科技型企业，推动科技型项目和企业融资。

4. 完善政府诚信履约机制。加快社会信用体系建设，引导企业诚信守法经营。加强信用信息共享，落实失信惩戒和信用修复机制，加大政府失信线索监测发现力度，及时挂牌督办，持续跟踪办理情况。

5. 完善行政执法工作机制。规范涉企行政检查，推广行政执法检查“白名单”制度，完善联合检查、“双随机、一公开”监管、非现场执法等工作机制，将企业信用风险分类管理与“双随机、一公开”监管相结合，推动监管信息共享互认，避免多头执法、重复检查。

6. 深入推进跨部门综合监管。对涉及多个部门、管理难度大、风险隐患突出的监管事项，建立完善市、县（市、区）两级跨部门综合监管事项清单并实施动态更新管理。加强行业监管，探索建立综合监管“一业一册”告知制度。推进“综合监管一件事”“综合查一次”“一业一查”等改革。

7. 深化拖欠企业账款专项治理行动。加强拖欠企业账款问题梳理排查，加强投诉处理，通过法院建立账款拖欠案件快立、快审、快执“绿色通道”，对重大拖欠违纪违法案件进行通报。严格执行《政府投资条例》，防止边清边欠、前清后欠。进一步落实国务院《保障中小企业款项支付条例》，深化防范和化解拖欠中小企业账款专项行动，加大清偿存量欠款工作力度。

8. 开展涉企乱收费乱罚款乱摊派专项整治行动。在交通物流、地方财经、金融、行业协会商会等领域，开展涉企乱收费乱罚款乱摊派自查自纠、联合检查，及时开展“回头看”，切实减轻企业负担。开展转供电专项治理行动，建立转供电长效监管机制，加大转供电违规收费案件查办力度。

9. 优化涉企法治服务。启动“法官联企、法治赋能”行动，开展“检察护企”专项行动，深化重点项目“警长制”，持续开展“三班法律服务”，提升涉企法律服务水平。

10. 优化供电供水供气服务。延伸城镇电力接入工程投资界面，实现城镇规划建设用地范围内的建设项目红线外电力接入工程不再由用户承担。优化涉电行政审批服务，对符合条件的低压短距离电力接入工程探索制定优化占挖掘道路审批相关政策。进一步规范水价收费管理，开展基本水价外违规收费排查整治，持续加大用水用气违规收费案件查办力度。

11. 规范招标投标，提高政府采购效率。深化全流程电子化招标投标、不见面开标、远程异地评标等改革，构建招标投标领域全链条监管机制。公开透明开展政府采购，畅通供应商维权渠道。稳步提高中小企业政府采购合同金额。

12. 优化办税缴费体验。加强全国统一新电子税务局的宣传推广。推进全面数字化的电子发票无纸化报销、入账、归档等工作。推进“枫桥式”税务所（分局、办税服务厅）建设。加强纳税信用管理，推动企业纳税信用修复及等级提升。健全税费服务诉求解决机制。进一步落实动态“信用 + 风险”监管。

（二）聚焦加快项目落地强改革抓创新

13. 持续深化规划用地改革。推动规划用地“多审合一、多证合一”改革，探索建立建设工程规划许可豁免清单和告知承诺制。优化业务流程，实现土地供应、不动产登记等并联办理。增强土地要素对优势地区高质量发展保障能力。深化“标准地”改革，提高“标准地”质量。

14. 完善融资支持体系。健全银行、保险、担保、券商共同参与的融资支持体系，加强融资产品创新，鼓励金融机构依法合规开展知识产权质押贷款，创新非抵押类信贷产品。持续组织开展银企对接活动。提升境外来安人员支付便利性。

15. 支持企业上市和挂牌融资。推进市级上市后备企业资源库和“近期、中期、远期”三清单建设，形成梯度推进格局。积极开展“登门服务”“资本市场发展服务年”活动，制定“一企一策”服务方案，做好企业上市跟踪服务。制定落实多层次资本市场奖励办法，鼓励企业通过挂牌上市、发行债券等方式获取更多融资，提高直接融资占比。

16. 提升环评审批服务效能。对省级和市级重点项目高效精准开展服务，及时协调项目建设过程中的生态环境问题。对符合生态环境保护要求，具备审批条件的重大项目，环评按期办结率达到 100%。全面启用全国建设项目环评统一申报和审批系统，持续压缩环评审批时限至 30 个工作日、15 个工作日。

17. 深化生态环境准入改革。在省级高新技术开发区、经济技术开发区试点开展规划环评与项目环评联动改革。对除“两高”行业项目外满足“标准地”生态环境准入要求的编制环境影响报告书（表）

项目探索施行环评告知承诺制审批。

18. 有效提高文物勘探效率。深化文勘领域审批制度改革，创新工作方法，提高文物勘探效率。落实《陕西省“标准地”改革工作指引》，加大土地出让和建设工程文物考古事前事中事后协调和监管。

19. 深化劳动力市场监管。加强劳动保障监察，规范企业用工行为，持续深化劳动争议化解机制。全面推行人社事项“网上办”“提速办”“打包办”，实现 50% 以上服务事项即时办结。

20. 推行工程建设项目“多测合一”。完善工程建设项目“多测合一”测绘成果汇交和互认机制，优化测绘成果资料提交、利用、共享流程，巩固提升一站式施工许可、综合竣工验收、“多测合一”等改革成效。

21. 推进分阶段施工许可和联合验收。在符合安全生产要求前提下，依法依规探索推进分阶段施工许可。开展房屋建筑和市政基础设施工程项目联合验收，除住宅以外的工程项目，建设单位可申办单位工程竣工联合验收。

22. 深化“项目管家”帮办代办工作机制。持续推进重点项目“帮办代办”全覆盖，组建“项目管家”团队，实行审批事项全要素统筹，以小分队形式包联重点项目，实时对接、上门服务，加速重点项目落地投产。健全重点产业链项目全生命周期行政审批事项清单，建立重点项目审批联合调度机制，推进“帮办代办审批协同服务”。

（三）聚焦产业链群建设强服务优机制

23. 实现产业政策精准可及。按照行业对中小微企业实施分类指导，精准施策。鼓励链上企业参与“揭榜挂帅”、产业链项目、链主及配套企业奖励申报，对符合要求的进行支持。用好用活市级绿色工业倍增专项资金，积极引导骨干工业企业申报中省专项项目资金，确保政策红利直达快享。

24. 优化涉企政策服务机制。依托“陕企通”平台，推动市县涉企政策发布，完善涉企政策知识库，建立健全政策发布、解读、宣传机制，加强政策精准推送，促进政策直达快享。加速跟踪办理“陕企通”平台收集转办的企业问题诉求。

25. 加强知识产权保护。引导企业和高校院所加强高价值知识产权创造，健全知识产权交易和公共服务体系，不断提高知识产权服务水平，严厉打击侵犯知识产权的违法犯罪行为，持续查处商标侵权行为和假冒伪劣产品。积极推广知识产权金融产品。

26. 促进跨境贸易便利化。积极探索推进设立安康海关，鼓励企业开展海关 AEO 认证，持续推广国际贸易“单一窗口”功能应用。

27. 完善公共服务配套。持续改善城市生态环境，强化基本公共服务供给，降低企业用电、用水成本，加快配套完善教育、医疗、社会保险等公共服务，建设综合物流、交通体系，以高品质人居环境吸引更多经营主体和人才来安投资兴业。

28. 营造更具吸引力的人才发展环境和良好产业发展生态。围绕秦创原、重点产业链发展关键岗位，拓展人才引进渠道，加快实施创新人才攀登计划，支持高层次人才围绕全市重点产业链开展研发攻关，加强教育、医疗、住房、科研等配套支持。统筹解决好以毛绒玩具为重点的新社区工厂用工、稳岗等问题。在全社会营造尊才、重才、爱才、惜才的良好氛围。

（四）聚焦高效政务服务强质效增便利

29. 推动信息实时共享。依托全省一体化政务数据共享枢纽，推动办件信息实时共享、高频事项网上办、掌上办、一次办，实现办事申请“一次提交”、办理结果“多端获取”。

30. 推进政务服务标准化。在政务服务事项基本要素“四级四同”的基础上，逐步推进实现受理条件、办理流程、申请材料、办结时限、办理结果等要素统一，重构跨部门办理业务流程，优化前后置环节，推动政务服务平台事项标准统一、业务协同联动、服务同质高效。

31. 建设涉企服务专区。建设完善涉企服务专区、涉企服务窗口，深化金融、法律、帮办代办等相关服务。探索涉企政务服务增值化改革。

32. 创新不动产登记服务。推行“交地即交证”模式，为符合条件的项目用地“一站式”办理土地交付和土地不动产权证。实施“验登合一”，建设单位申请项目竣工规划用地核验时可同步申办不动产首次登记。推行“税费同缴、后台清分”改革，全面开展不动产“带押过户”。

33. 规范政务服务热线管理。规范 12345 政务服务热线工单办理流程，健全跟踪督办机制，提高办理质效。配合做好与“陕企通”平台系统对接。充分发挥 12345 营商环境专席作用，每月收集营商环境典型问题线索。

34. 简化证明事项。编制公布依法保留的证明事项清单。深化拓展证明事项告知承诺制。加强告知承诺事中事后核查。完善虚假承诺信用惩戒机制。

35. 推进诉源治理。引导基层群众选择人民调解等非诉讼方式，切实把矛盾纠纷解决在基层、化解在诉前。广泛引导和发动社会各方面力量参与矛盾纠纷化解，促进矛盾纠纷有效分流、及时调处。提高调解协议自动履行率，保证调解协议效力，促进矛盾纠纷就地实质化解。

36. 开展市政公用基础设施接入联合服务。建立水电气网市政公用基础设施联合报装机制和联合服务“一支队伍”，设置联办服务专窗，实现“一表申请、一网通办”。对市政接入工程涉及的建设工程规划、绿化、涉路施工等事项，实行“一口受理、并联审批、限时办结”。

37. 涉公安业务办理便利化。全面开通居民身份证“跨省通办”，进一步做好户口迁移、开具户籍证明“跨省通办”，做好居民身份证损坏换领“全程网办”，推行交通违法、驾驶证业务、预约检车等高频业务一站式办理。

四、保障措施

（一）加强组织实施

要高度重视，强化组织保障，夯实各方责任，密切协同配合，抓好政策落地，严格时限任务，确保工作取得实效。要结合实际和工作职能，细化工作举措，坚决清理废止不合理规定，出台本地区本部门优化营商环境具体措施，形成改革任务清单，力求取得突破性标志性成效。

（二）支持创新示范

各部门要加强工作指导，参考借鉴世界银行营商环境成熟度指标，支持有条件的县（市、区）和开发区发挥首创精神，在法治框架内积极探索原创性、差异化的优化营商环境具体措施，建立健全总结一批、推广一批、谋划一批典型经验的工作机制。

（三）营造浓厚氛围

各县（市、区）、各部门要及时总结工作亮点，加大对营商环境改革创新的宣传力度和舆论引导，常态化通报负面典型案例，强化激励约束效应，营造“人人都是招商环境、人人都是营商环境”浓厚氛围。市营商办要发挥好牵头抓总、统筹协调作用，对工作进展缓慢、打不开局面的单位要加强督促指导。各县（市、区）、各部门每月 15 日前将营商环境突破年工作进展情况报市营商办。

10

商洛市深化营商环境突破年工作方案

为认真贯彻落实省委、省政府关于深化营商环境突破年的安排部署，根据《陕西省深化营商环境突破年行动方案》，结合我市工作实际，制定如下工作方案。

一、总体要求

坚持以习近平新时代中国特色社会主义思想为指导，全面学习贯彻党的二十大和习近平总书记历次来陕考察重要讲话重要指示精神，认真落实省委十四届五次全会、全省深化“三个年”活动暨招商引资推进会、市委五届五次全会安排部署，对标省内外先进经验和世界银行营商环境成熟度评价标准，从市场主体需求出发，进一步解放思想、改革创新、担当实干，以更高标准、更优服务、更实举措、更强机制推进营商环境持续优化提升，着力营造市场化、法治化、国际化一流营商环境，为谱写商洛高质量发展现代化建设新篇章提供有力支撑。

二、行动目标

以深化“三个年”活动牵引高质量发展现代化建设实现新突破，大抓改革、大抓服务、大抓效能，推动企业群众办事更便利、项目服务保障更高效、产业发展生态更优化，确保经营主体满意度位居全省前列，全力在打造营商环境最优区上做示范。

企业群众办事更便利。企业开办时间全面实现 0.5 个工作日办结，不动产登记全面实现 2 个工作日内办结，企业年均纳税时间压减到 65 个小时以内。数字政府建设取得质的突破，数据共享加快推进，“一件事一次办”事项全面落实。

项目服务保障更高效。加强部门协同，进一步优化联合审图、联合验收等并联审批协同机制，社会投资工业、住宅和政府投资房屋建筑等 3 类工程建设项目审批时间平均压减至 85 个工作日。省级以上开发区 80% 以上新增工业用地实现“标准地”供应。

产业发展生态更优化。知识产权保护力度持续加强，入库科技型中小企业 600 家，落地科技成果转化项目 10 个。中小企业政府采购合同占合同总额的 85% 以上，实际使用外资增长 3% 以上。

三、重点任务

（一）打造公平有序的市场环境

1. 提升企业开办和注销便利度。持续深化企业开办和企业简易注销“一件事一次办”改革，全面实现企业开办 0.5 个工作日办结。支持企业名称依法转让，规范企业正常迁移。推行吊销未注销企业强制注销。深化“证照分离”改革，推进市场监管领域“证照联办”，营造更加便利的市场准入和退出环境。

2. 推进公平市场准入。严格落实市场准入负面清单制度，对市场准入负面清单所列许可准入事项，指导市场主体依照准入条件和准入方式合规进入。负面清单以外的行业、领域、业务等，各类市场主体皆可依法平等进入。严禁以备案、注册、年检、认定、认证、指定、要求设立分公司等形式设定或变相设定准入障碍。及时对违背市场准入负面清单情况进行案例归集和自查整改。

3. 加快诚信体系建设。推进信用修复程序化便利化，缩短企业信用修复申请审核时间，对符合修复条件的市场主体及时办理信用修复。落实政务失信记录和惩戒制度，将机关、事业单位的违约毁约、拖欠账款、拒不履行司法裁判等失信信息纳入全国信用信息共享平台。

4. 强化公平竞争审查。推进公平竞争审查全覆盖，及时纠正妨碍限制竞争的政策措施。加大反垄断和反不正当竞争力度，预防和制止市场经济活动中的垄断行为、不正当竞争行为以及滥用行政权力排除、限制竞争的行为。

5. 推进跨部门综合监管。对涉及多个部门、管理难度大、风险隐患突出的监管事项，建立市县两级跨部门综合监管事项清单，并实施动态更新管理。加强行业监管，探索建立综合监管“一业一册”告知制度。推进“综合监管一件事”“综合查一次”“一业一查”等改革。

6. 持续清理拖欠企业账款行为。完善拖欠账款台账数据信息，加强拖欠企业账款问题梳理排查，加强投诉处理。对拖欠台账不实、瞒报漏报、清欠举措不力、清偿协议到期后无法落实等情况加强督促检查。

7. 深化涉企乱收费乱罚款乱摊派专项整治行动。在交通物流、水电气暖、地方财经、金融、行业协会商会等领域开展涉企乱收费乱罚款乱摊派自查自纠、联合检查，及时开展“回头看”，切实减轻企业负担。

8. 提升招标投标和政府采购水平。推行全流程电子化招标投标、不见面开标、远程异地评标等交易模式，实现招标投标领域全链条式监管。公开透明开展政府采购，畅通供应商维权渠道。稳步提高中小企业政府采购合同金额。

9. 提升企业办税缴费体验。加强全国统一新电子税务局的宣传推广。推进全面数字化的电子发票无纸化报销、入账、归档等工作。推行“一站式服务、专业化援助、多元化调解”的税费争议解决机制。进一步落实动态“信用 + 风险”监管。

（二）打造优质完善的要素环境

10. 深化规划用地改革。推动规划用地“多审合一、多证合一”改革，探索建立建设工程规划许可豁免清单和告知承诺制。优化业务流程，实现土地供应、不动产登记等并联办理。增强土地要素对优势地区高质量发展保障能力。推进“标准地”改革，省级以上开发区80% 以上新增工业用地实现“标准地”供应。

11. 开展常态化政银企对接。加强与银行、融资担保公司等金融机构的沟通交流，组织重点骨干企业、有融资需求的中小微企业，定期召开政银企对接会，解决银企之间信息不对称问题，提升金融机构推介金融服务产品的针对性。优化完善融资产品创新，鼓励金融机构依法合规开展知识产权质押贷款。

12. 强化环评要素服务保障。持续提高环评、排污许可审批服务水平，对省市重点项目，高效精准开展服务，及时协调项目建设过程中的生态环境问题。全面实现排污许可“一网通办”“无纸化”办理，2024 年度省、市重点项目环评受理审批率达到 100%。

13. 有效提高文物勘探效率。将考古勘探审批流程前置，在规划许可阶段即提前告知建设单位进行文勘，施工许可阶段进行审批，为建设单位推进考古勘探争取充足时间，将考古勘探平均时间缩减至 40 天以内。

14. 优化劳动力市场监管。完善劳动关系协商协调机制，加强灵活就业和新就业形态劳动者权益保障。健全劳动保障监察执法和劳动人事争议调解仲裁机制，扎实推进省级示范调解组织建设和“一站式”劳动人事争议调解中心建设。全面推行人社事项“网上办”“提速办”“打包办”，实现 50% 以上服务事项即时办结。

15. 推行工程建设项目“多测合一”。落实工程建设项目“多测合一”测绘成果汇交和互认机制，优化测绘成果资料提交、利用、共享流程，巩固提升一站式施工许可、综合竣工验收、“多测合一”等改革成效。

16. 推进分阶段施工许可和联合验收。在符合安全生产要求前提下，依法依规加快推进分阶段施工许可。开展房屋建筑和市政基础设施工程项目联合验收，除住宅以外的工程项目，建设单位可申办单位工程竣工联合验收。

（三）打造友好便利的投资环境

17. 推动产业政策精准可及。按照行业对中小微企业实施分类指导，精准施策。指导链上企业参与“揭榜挂帅”、产业链项目、链主及配套企业奖励申报，对符合要求的积极争取中央和省级支持。

18. 用好“陕企通”服务平台。宣传推广“陕企通”一站式涉企服务平台，依托平台为企业提供惠企政策精准推送服务，促进政策直达快享。建立诉求办理快速响应机制，对平台反馈企业诉求及问题及时受理、转办和反馈全过程畅通无阻。

19. 加强知识产权保护。推动知识产权公共服务体系建设，为中小微企业提供知识产权维权援助。动员企业和高校加强高价值知识产权创造。依法查处违法使用商标行为，严厉打击恶意注册商标行为和假冒伪劣产品。积极推出知识产权金融产品，帮助企业通过知识产权质押获得融资。

20. 提升跨境贸易服务。大力推广国际贸易“单一窗口”和“跨境电商通关服务平台”应用，加强与行政审批部门合作，为“多证合一”企业开辟绿色通道，为企业申请海关资质实行“容缺受理”，确保进出口货物通关顺畅。

21. 完善公共服务配套。不断改善城市生态环境，强化基本公共服务供给，降低企业用电、用水成本，加快配套完善教育、医疗、社会保险等公共服务，以高品质人居环境吸引更多市场主体和人才来商投资兴业。

22. 优化人才发展环境。围绕“一都四区”建设和全市重要领域、重点产业链发展关键岗位，遴选一批创新创造能力强的优秀人才，引进一批一流创新创业团队。加强教育、住房、科研等配套支持，落实各项优惠政策，提供优质医疗服务，推动更多高层次人才来商洛发展。

（四）打造高效便捷的政务环境

23. 推动信息实时共享。加强与省级政务服务平台网上统一受理端数据对接，推动办件信息实时共享、高频事项网上办、掌上办、一次办，实现办事申请“一次提交”、办理结果“多端获取”。

24. 推进政务服务标准化。在政务服务事项基本要素“四级四同”的基础上，逐步推进实现受理条件、办理流程、申请材料、办结时限、办理结果等要素统一，重构跨部门办理业务流程，优化前后置环节，推动政务服务平台事项标准统一、业务协同联动、服务同质高效。

25. 建设涉企服务专区。在市、县两级具备条件的政务服务中心建设涉企服务专区、涉企服务窗口，深化金融、法律、帮办代办、跨域通办等相关服务。依托线上线下政务服务渠道，探索打造定制化、套餐式、模块化的涉企增值服务，为企业提供精准化、个性化的优质衍生服务。

26. 优化不动产登记服务。推行“交地即交证”模式，为符合条件的项目用地“一站式”办理土地交付和土地不动产权证。试行“验登合一”，建设单位申请项目竣工规划用地核验时可同步申办不动产首次登记。推行“税费同缴、后台清分”改革，全面开展不动产“带押过户”。

27. 提升 12345 热线服务质效。进一步完善 12345 热线运行机制，优化提升平台功能，加强热线数据统计分析，强化诉求办理跟踪回访，定期通报热线办理情况，推动解决企业和群众的急难愁盼问题。

28. 简化证明事项。公布市、县两级依法保留的证明事项目录和告知承诺制清单，及时动态调整目录清单，统一制定告知承诺书格式，在部门网站和政务服务大厅窗口公示目录清单和承诺书文本。加强和规范告知承诺事中事后监管、分批定期核查，最大限度降低实行告知承诺制的风险。完善虚假承诺信用惩戒机制。

29. 开展市政公用基础设施接入联合服务。建立水电气暖网联合报装机制和联合服务“一支队伍”，设置联办服务专窗，实现“一表申请、一网通办”。对市政接入工程涉及的建设工程规划、绿化、涉路施工等事项，实行“一口受理、并联审批、限时办结”。

（五）打造稳定透明的法治环境

30. 推行包容审慎监管。对新技术、新产业、新业态、新模式实行“沙盒监管”“触发式监管”等包容审慎监管。细化行政处罚裁量权，落实市场主体轻微违法违规行为免罚清单，提高执法人员在执法过程中对免罚情形的把握能力。对于不予行政处罚的，除责令改正外，通过批评教育、指导约谈等措施，促进经营者依法合规开展经营活动。

31. 规范行政执法行为。规范涉企行政检查，推广行政执法检查“白名单”制度，完善联合检查、“双随机、一公开”监管、非现场执法等工作机制，推动监管信息共享互认，避免多头执法、重复检查。

32. 提升商业纠纷审判执行质效。加大案件繁简分流识别精准度，缩短案件审理平均周期。完善执行工作机制，综合运用各种强制执行措施，及时有效维护胜诉中小微企业权益，提升涉民营企业案件执行到位率。深化“1+N+1”多元解纷机制，帮助企业在诉前化解矛盾、解决问题，减少涉企诉讼案件、降低企业维权成本。

33. 强化法治意识和契约精神。开展送法进企业活动，对民营企业进行普法宣传，引导民营企业诚信经营、守法经营，提高企业人员用法治方式、法治思维化解矛盾、维护自身合法权益的水平。积极开展普法活动，引导全社会增强法治意识和规则意识，落实“谁执法谁普法”“谁管理谁普法”“谁服务谁普法”普法责任制。

34. 开展营商环境领域问题专项治理。着力解决行政执法单位涉企违规收费、高频次检查、“天价”乱罚款、随意责令停工，增加企业负担等问题；着力纠治审批服务过程中多头审批、重复审批、变相审批，招商服务过程中重招商轻落地、轻服务等问题。

35. 狠抓行风政风建设。严肃查处相关部门和人员玩忽职守不作为、任性用权乱作为，为群众办事推诿扯皮、吃拿卡要甚至收受贿赂等问题，适时公布一批营商环境负面典型案例。

四、保障措施

（一）加强组织实施

各县（区）、商洛高新区（商丹园区）、商洛经开区和市级各部门单位要巩固拓展主题教育成果，促进“三个年”成果相互转化运用，工作任务一体推进落实。要加强组织实施，密切协同配合，严格责任落实，确保各项政策措施落地见效。要结合实际和工作职能，细化工作举措，坚决清理废止不合理规定，出台具体措施，形成改革任务清单，力求取得突破性标志性成效。

（二）加强改革创新

各县（区）、商洛高新区（商丹园区）、商洛经开区和市级各部门单位要参考借鉴世界银行营商环境成熟度指标，强化改革力度，大胆探索创新，发挥首创精神，在法治框架内积极探索原创性、差异化的优化营商环境具体措施。要加强营商环境典型经验的复制推广和学习借鉴工作，制定本年度复制推广及特色亮点打造任务清单并抓好落实。要注重挖掘发现和提炼总结优化营商环境“小切口”改革先进典型，力争推出一批在全省、全国可推广的典型案例。

（三）加强宣传总结

各县（区）、商洛高新区（商丹园区）、商洛经开区和市级各部门单位要及时总结成功经验做法，加大对营商环境改革创新成果宣传力度和舆论引导，营造“人人都是招商环境、人人都是营商环境”浓厚氛围。市营商办要发挥好牵头抓总、统筹协调作用，对工作进展缓慢、打不开局面的单位通报推进。要落实月调度工作机制，每月 18 日前将重点任务台账和进展情况报市营商办。

11

杨凌示范区深化营商环境突破年行动方案

营商环境是推动高质量发展的硬基础。开展营商环境突破年活动是示范区党工委、管委会立足杨凌实际，扭住要害发力、提振预期信心的重要举措。为持续深化营商环境突破年活动，制定如下行动方案。

一、总体要求

以习近平新时代中国特色社会主义思想为指导，全面贯彻落实党的二十大和习近平总书记历次来陕考察重要讲话重要指示精神，认真落实中央经济工作会议部署要求，按照省委十四届五次全会暨省委经济工作会议和全省、示范区深化“三个年”活动暨招商引资工作会议安排部署，巩固拓展主题教育成果，落实“五个再深化”要求，坚持大抓改革、大抓服务、大抓效能，借鉴省内外先进经验和世界银行营商环境成熟度评价标准，以政府有为促进市场有效，以重点突破带动整体提升，建设市场化、法治化、国际化一流营商环境，激发市场主体活力，为示范区高质量发展提供有力支撑。

二、行动目标

紧扣省委“1535”目标任务，全力打造营商环境政府最诚信、企业最舒心、办事最高效三张名片，聚力在政务环境更优质高效、要素环境更齐全有力、法治环境更公平稳定、政商环境更亲清统一等方面实现新突破，推动企业群众办事更便利、项目服务保障更高效、产业发展生态更优化，经营主体满意度不低于 95%，便利度不低于 87 分，新登记经营主体增长率不低于 12%，打造“农业硅谷、投资沃土”品牌。

企业群众办事更便利。企业开办时间全面实现 0.5 个工作日内办结，不动产登记全面实现 3 个工作日内办结，企业年均纳税时间压减到 65 个小时以内。数字政府建设取得质的突破，数据共享加快推进，新增 13 件事实现“高效办成一件事”。

项目服务保障更高效。加强部门协同，进一步优化联合审图、联合验收等并联审批协同机制，社会投资工业、政府投资房屋建筑等工程建设项目审批时间分别压减至 65 和 85 个工作日。新增工业用地 85% 以上实现“标准地”供应。

产业发展生态更优化。知识产权保护力度持续加强，招标采购更加公平高效，跨境贸易便利化水平加快提升，实际使用外资 800 万美元。企业融资渠道更加畅通，融资成本稳步下降。

三、重点任务

（一）聚焦激发企业活力强市场促公平

1. 持续提升企业开办和注销便利度。升级改造实名认证系统，支持企业名称依法转让，规范企业正常迁移。持续深化企业开办注销改革，推进市场监管领域“证照联办”，营造更加便利的市场准入和退出环境。

2. 推进公平市场准入。全面落实市场准入负面清单制度，持续破除市场准入壁垒，严禁以备案、注册、年检、认定、认证、指定、要求设立分公司等形式设定或变相设定准入障碍。

3. 完善政府诚信履约机制。加快社会信用体系建设，引导企业诚信守法经营。健全失信惩戒和信用修复机制，加大政府失信线索监测发现力度，及时挂牌督办，持续跟踪办理情况。

4. 完善行政执法工作机制。规范涉企行政检查，推广行政执法检查“白名单”制度，完善联合检查、“双随机、一公开”监管、非现场执法等工作机制，推动监管信息共享互认，避免多头执法、重复检查。

5. 深入推进跨部门综合监管。对涉及多个部门、管理难度大、风险隐患突出的监管事项，建立示范区、杨陵区两级跨部门综合监管事项清单，并实施动态更新管理。加强行业监管，探索建立综合监管“一业一册”告知制度。推进“综合监管一件事”“综合查一次”“一业一查”等改革。

6. 深化拖欠企业账款专项治理行动。加强拖欠企业账款问题梳理排查，加强投诉处理，并通过法院建立账款拖欠案件快立、快审、快执“绿色通道”。对重大拖欠违纪违法案件进行通报。

7. 深化涉企乱收费乱罚款乱摊派专项整治行动。在交通物流、水电气暖、地方财经、金融、行业协会商会等领域开展涉企乱收费乱罚款乱摊派自查自纠、联合检查，及时开展“回头看”，切实减轻企业负担。

8. 规范招标投标，提高政府采购效率。深化全流程电子化招标投标、不见面开标、远程异地评标等改革，构建招标投标领域全链条监管机制。公开透明开展政府采购，畅通供应商维权渠道。稳步提高中小企业政府采购合同金额。

9. 优化办税缴费体验。加强全国统一新电子税务局的宣传推广。推进全面数字化的电子发票无纸化报销、入账、归档等工作。健全税费服务诉求解决机制。进一步落实动态“信用 + 风险”监管。

（二）聚焦加快项目落地强改革抓创新

10. 持续深化规划用地改革。推动规划用地“多审合一、多证合一”改革，建立健全工程规划许可豁免清单和告知承诺制。优化业务流程，实现土地供应、不动产登记等并联办理。增强土地要素对高质量项目建设的保障能力。深化“标准地”改革，提高“标准地”质量。

11. 完善融资支持体系。健全银行、保险、担保、券商共同参与的融资支持体系，鼓励金融机构依法合规开展知识产权质押贷款、信用贷款等产品创新。持续组织开展银企对接活动。提升境外来杨人员支付便利性。

12. 提升环评审批服务效能。对示范区重点项目，高效精准开展服务，及时协调项目建设过程中的生态环境问题。对符合生态环境保护要求、具备受理审批条件的重大项目，环评按期办结率达到 100%。

13. 深化生态环境准入改革。试点开展规划环评与项目环评联动改革。对除“两高”行业项目外满足“标准地”生态环境准入要求的编制环境影响报告书（表）项目探索施行环评告知承诺制审批。

14. 有效提高文物勘探效率。深化文勘领域审批制度改革，创新工作方式方法，提高文物勘探效率。探索国有土地“先考古、后出让”政策机制。

15. 深化劳动力市场监管。加强劳动保障监察，规范企业用工行为，持续深化劳动争议化解机制。全面推行人社事项“网上办”“提速办”“打包办”，实现 50% 以上服务事项即时办结。

16. 推行工程建设项目“多测合一”。完善工程建设项目“多测合一”测绘成果汇交和互认机制，优化测绘成果资料提交、利用、共享流程，巩固提升一站式施工许可、综合竣工验收、“多测合一”等改革成效。

17. 推进分阶段施工许可和联合验收。在符合安全生产要求前提下，依法依规加快推进分阶段施工许可。开展房屋建筑和市政基础设施工程项目联合验收，除住宅以外的工程项目，建设单位可申办单位工程竣工联合验收。

（三）聚焦产业链群建设强服务优机制

18. 实现产业政策精准可及。按照行业对中小微企业实施分类指导，精准施策。鼓励指导链上企业参与“揭榜挂帅”、产业链项目、链主及配套企业奖励申报，对符合要求的进行支持。

19. 强化“陕企通”平台应用推广。加强“陕企通”平台应用与推广，拓宽企业诉求反映渠道，加快完善从企业诉求收集、受理、转办，到跟踪、反馈、评价的全程工作闭环。梳理、归集示范区惠企相关政策，及时更新涉企信息，加强政策精准推送，促进政策直达快享，提高政策知晓率。

20. 加强知识产权保护。引导企业和高校院所加强高价值知识产权创造，健全知识产权交易和公共服务体系，严厉打击侵犯知识产权的违法犯罪行为，持续查处商标侵权行为和假冒伪劣产品。积极推出知识产权金融产品。

21. 促进跨境贸易便利化。推广国际贸易“单一窗口”应用功能。建设跨境农业综合服务平台，依托自贸区、综保区叠加优势，促进国际产能合作，形成以农业领域产品、技术、服务为核心的外贸竞争新优势。

22. 完善公共服务配套。持续改善城市生态环境，强化基本公共服务供给，降低企业用电、用水、用气成本，加快配套完善教育、医疗、社会保险等公共服务，以高品质人居环境吸引更多市场主体和人才来杨投资兴业。

23. 营造更具吸引力的人才发展环境和良好产业发展生态。围绕秦创原农业板块、重点产业链发展关键岗位，拓展人才引进渠道，加强教育、医疗、住房、科研等配套支持，完善“后稷人才”示范区认定标准，努力将人才强区转化为创新的高水平人才聚集地。

24. 建立“零距离问企”沟通机制。打造“营”在环境、“商”在当下——周四下午茶、“三问四送”遍访“五上企业”、“农科金融沙龙”等政企联动“品牌”活动。进一步密切与辖区市场主体的沟通联系，构建企业办事最舒心政务环境。

（四）聚焦高效政务服务强质效增便利

25. 推动信息实时共享。加强政务服务平台二期建设，推动办件信息实时共享、高频事项网上办、掌上办、一次办，实现办事申请“一次提交”、办理结果“多端获取”。

26. 推进政务服务事项标准化。在政务服务事项基本要素“四级四同”的基础上，逐步推进实现受理条件、办理流程、申请材料、办结时限、办理结果等要素统一，重构跨部门办理业务流程，优化前后置环节，推动政务服务平台事项标准统一、业务协同联动、服务同质高效。

27. 建设涉企服务专区。在政务服务中心建设涉企服务专区、涉企服务窗口，深化金融、法律、帮办代办等相关服务。探索涉企政务服务增值化改革。

28. 创新不动产登记服务。推行“交地即交证”模式，为符合条件的项目用地“一站式”办理土地交付和土地不动产权证。试行“验登合一”，建设单位申请项目竣工规划用地核验时可同步申办不动产首次登记。推行“税费同缴、后台清分”改革，全面开展不动产“带押过户”。

29. 规范政务服务热线管理。优化政务服务热线工单办理流程，健全跟踪督办机制，提高办理质效。加强“12345”热线与“陕企通”平台系统对接。

30. 简化证明事项。编制公布依法保留的证明事项清单。深化拓展证明事项告知承诺制。加强告知承诺事中事后核查。完善虚假承诺信用惩戒机制。

31. 开展市政公用基础设施接入联合服务。建立水电气网联合报装机制和联合服务“一支队伍”，设置联办服务专窗，实现“一表申请、一网通办”。对市政接入工程涉及的建设工程规划、绿化、涉路施工等事项，实行“一口受理、并联审批、限时办结”。

四、保障措施

（一）加强组织实施

杨陵区政府、示范区各有关部门要持续巩固拓展主题教育成果，促进“三个年”成果相互转化运用，推进各项工作任务一体落实。要结合工作实际和职能，细化工作举措，坚决清理废止不合理规定，出台优化营商环境具体措施，形成改革任务清单，力求取得突破性标志性成效。要密切协同配合，严格责任落实，确保各项政策措施落地见效。

（二）支持创新示范

积极参考借鉴世界银行营商环境成熟度指标，学习推广省内各市区先进经验和典型性做法，在法治框架内积极探索原创性、差异化的优化营商环境具体措施。对标营商环境评价指标体系，建立健全总结一批、推广一批、谋划一批典型经验做法的工作机制。

（三）加强调查走访

营商办要按季度开展市场主体满意度调查，每季度调查对象不低于 1000 家市场主体，跟踪监测市场主体满意度情况，及时向各部门反馈调查结果。要持续开展常态化领导干部包企业、包项目、解难题活动，收集企业诉求和意见建议，形成企业诉求清单，为企业和项目纾困解难。

（四）营造浓厚氛围

杨陵区政府、示范区各有关部门要及时总结成功经验做法，每月不少于 1 篇报营商办汇总。宣传部门要加大对营商环境改革创新成果宣传力度和舆论引导，持续强化激励约束效应，营造“人人都是招商环境、人人都是营商环境”的浓厚氛围。两级营商办要发挥好牵头抓总、统筹协调作用，常态化通报负面典型案例，对工作进展缓慢、打不开局面的单位要加强督促指导。杨陵区政府、示范区各有关部门每月 18 日前将工作进展情况报送示范区营商办，示范区营商办以专报形式报党工委、管委会有关领导及省营商办。

12

省发展改革委深化营商环境突破年实施方案

按照全省深化“三个年”活动暨招商引资推进会安排部署，根据《陕西省深化营商环境突破年行动方案》（陕字〔2024〕34号），结合工作职能，制定本方案。

一、指导思想

以习近平新时代中国特色社会主义思想为指导，按照省委十四届五次全会暨省委经济工作会议和全省深化“三个年”活动暨招商引资推进会安排部署，巩固拓展主题教育成果，落实“五个再深化”要求，坚持大抓改革、大抓服务、大抓效能，以政府有为促进市场有效，以重点突破带动整体提升，打造政府最诚信、企业最舒心、办事最高效“三张名片”，建设市场化、法治化、国际化一流营商环境，为奋力谱写中国式现代化建设的陕西新篇章提供有力支撑。

二、重点工作

1. 全面落实市场准入负面清单制度。对国家通报的市场准入负面清单典型案例做到借鉴整改、举一反三。发挥市场准入壁垒长效排查机制，一体化推进市场准入壁垒和不当干预全国统一大市场建设行为排查清理。

2. 推进守信激励和失信惩戒。更新完善全省公共信用信息目录和失信惩戒措施清单。指导更多行业领域建立健全信用监督、评价和奖惩机制，依法依规实施守信激励和失信惩戒。

3. 加强信用建设宣传。利用各类媒体和平台，加大社会信用体系建设宣传力度，组织省、市各级信用建设主管部门和相关部门开展信用宣传活动。

4. 加强政务诚信建设。常态化开展政务诚信监测，持续开展全省政务诚信评价，及时落实政务失信问题线索，持续跟踪办理进度。

5. 深化涉企乱收费乱罚款乱摊派专项整治行动。持续指导督促各地开展“三乱”专项整治自查自纠，会同省级有关部门组织联合检查，持续开展“三乱”专项整治“回头看”，做好总结提高工作。

6. 规范招标投标。加快推进全流程电子化，持续提升智能评标水平，规范 CA 证书互认服务和收费，持续深化评标专家资源整合共享。

7. 积极推进线上招标。鼓励常态化开展不见面开标和远程异地评标，配合住建部门积极开展房建工程招标“评定分离”试点。

8. 完善招标投标监管。加大信用监管和数字化监管等新型监管方式的应用，持续完善公共资源交易全省一网大监管模式。

9. 做大做强氢能产业链。鼓励中小微企业和链主企业加快燃料电池系统、电堆、核心零部件、有机液体储氢、液氢装备、输氢管道等领域的产业化进程。

10. 持续降低用水用电成本。完善峰谷分时电价政策。实施煤电容量电价机制。督促指导各地从严核定供水价格。

11. 加大虚假承诺惩戒。指导相关部门将虚假承诺行为列入行业领域信用监管制度，进一步明确虚假承诺行为的惩戒措施。

12. 加强项目建设跟踪调度。按月调度“四个一批”开工类项目，对重点项目进行“红、黄、绿”分类标识，加强偏离度监测管理和项目跟踪调度。

13. 优化投资项目审批流程。在西咸新区、延安高新区、榆林高新区、榆神工业园区实质性推开企业投资项目“告知承诺 + 并联审批 + 事中事后监管”审批制度改革试点。

14. 加强营商环境创新示范区建设。聚焦企业群众关切的政务服务、监管执法、政策兑现等方面，探索开展营商环境“小切口”改革试点，更好发挥示范引领作用。

15. 加强典型经验复制推广。及时梳理总结省内外典型经验做法，供各地各部门学习借鉴、复制推广。

16. 通报一批影响营商环境典型案例。加强营商环境问题线索核实督办，按季度通报影响营商环境的典型案例。

17. 开展经营主体满意度调查。以企业感受为第一感受，按季度开展经营主体满意度调查，持续提升企业获得感满意度。

18. 制定营商环境突破年具体事项清单。围绕《陕西省深化营商环境突破年行动方案》确定的重点任务，进一步细化具体举措，明确责任部门，推动任务落实。

三、保障措施

（一）加强组织领导

在省发展改革委党组的统一领导下，调整完善委营商环境突破年活动专班，专班组长由委副主任刘迎军担任，成员由相关处室负责同志组成。专班办公室设在省营商办，统筹推进实施方案各项任务落实。

（二）强化工作落实

省营商办会同驻委纪检监察组加强营商环境突破年各项任务督导，及时掌握各项工作进展情况，实行项目化管理、清单化落实。各有关处室每月 20 日前将工作进展情况报省营商办。

（三）营造浓厚氛围

充分发挥主流媒体、新兴媒体、自媒体等各类舆论宣传机构作用，完善营商环境突破年宣传专栏，持续加大营商环境突破年工作推进情况、亮点工作、典型做法等宣传报道，营造浓厚的工作氛围。

13

省司法厅司法行政机关助力深化营商环境突破年活动实施方案

为深入贯彻习近平总书记关于优化营商环境的重要论述，打造稳定公平透明、可预期的法治化营商环境，根据《陕西省深化营商环境突破年行动方案》，结合司法行政工作职能，制定如下实施方案。

一、总体要求

坚持以习近平新时代中国特色社会主义思想为指导，全面贯彻落实党的二十大、二十届二中全会和习近平总书记历次来陕考察重要讲话重要指示精神，以省委、省政府“三个年”活动为契机，以支持经营主体稳定经营为目标，充分发挥法治引领保障作用，提供优质法律服务，促进矛盾纠纷化解，强化行政执法协调监督，以高质量法治保障高质量发展，更好地保护经营主体和人民群众合法权益，维护公平竞争和市场秩序。

二、重点任务

（一）精准施策，为经营主体提供公平公正法治保障

1. 推进重点领域立法。认真落实省人大常委会、省政府 2024 年度立法计划，严格审查修改《陕西省民营经济发展促进条例》《陕西省工会劳动法律监督条例》等法规规章。督促指导省市场监管局、省人社厅等部门推进《陕西省反不正当竞争条例》《陕西省企业集体合同条例（修订）》《陕西省行政执法证件管理办法（修订）》等法规规章的调研、起草等工作。组织开展涉行政处罚和涉及不平等对待企业规章、行政规范性文件清理工作。

2. 充分发挥政府法律顾问作用。通过邀请省政府法律顾问参与法律事务论证、合法性审查、列席省政府有关会议等方式，为省政府重大决策提供法律意见建议。认真落实《陕西省党政机关法律顾问工作暂行规定》，制定出台《党政机关法律顾问工作考核评价办法》，推动省市县乡四级法律顾问发挥作用，为各级政府依法决策、依法推进重大项目提供法律服务。

3. 强化行政规范性文件审核审查力度。制定行政规范性文件合法性审核事项清单（责任清单），明确初审、专项审、全面审各环节审核事项，压实各方审核责任，加速提升行政规范性文件质量，努力打造更优法治化营商环境。

（二）精准对接，为经营主体提供优质高效法律服务

4. 打造线上线下法律服务平台。开展“公共法律服务实体平台提质增效”行动，支持引导在高新区、自贸区、工业园区设立公共法律

服务中心（站），打造“半小时公共法律服务圈”。充分发挥12348法律服务热线与12345政务热线双号并行优势，指导各市级平台设立涉企专席，全时段提供专业服务。优化陕西法律服务网涉企业务申办功能，建强国际商事法律服务线上平台。

5.提升涉企公证和司法鉴定服务质量。开展“公证减证便民提速”活动，进一步精简证明材料，压缩出证时限，拓展便民事项，提高服务质效。推动实现“涉外公证＋领事认证”“公证＋不动产”联办模式，鼓励支持具备涉外商事法律服务能力的公证机构同省内重点外贸企业“一对一”结对帮扶。扩大海外远程视频公证试点范围，为企业“走出去”提供高效便捷的公证服务。开展司法鉴定机构能力提升行动，加强专业化司法鉴定机构建设。鼓励支持高等院校、科研单位在高新区、自贸区、港务区设立司法鉴定机构。

6.优化法律援助便民措施。贯彻落实法律援助高质量发展若干措施，开展法律援助质量提升年活动，推进法律援助进企业、进园区、进厂房。建立企业员工法律援助“绿色通道”，简化法律援助审查程序，为困难职工群体提供便捷普惠的法律援助。深化“法援惠民生、助力农民工”活动，优化农民工讨薪等群体性案件服务机制，积极引导申请人依法理性维权，为经营主体发展创造平安稳定的社会环境。

7.深入推进“服务实体经济律企携手同行”专项行动。联合省工信厅、省通信管理局深入相关企业、律所开展调研，深化细化推进举措，切实强化“律企携手”实际效果。开展“一起益企”中小微企业服务行动，助力中小微企业提振信心、焕发活力、增强实力。深化“万所联万会”活动，推进健全律师与商会磋商机制，引导律所与商会、工商联开展对接，保障企业合法权益，助力企业依法发展。围绕打造“知识产权强省”目标，积极发挥律师职能作用，推动促进我省知识产权保护能力和水平整体提升。

（三）精准发力，促进经营主体矛盾纠纷化解

8. 强化营商环境领域矛盾纠纷排查化解。充分利用各级各类调解组织、基层法律服务工作者、村（居）法律顾问、乡村“法律明白人”等力量，加强劳资关系、征地拆迁、讨薪讨债、投资融资等营商环境领域的矛盾纠纷排查化解，最大限度把矛盾纠纷化解在基层，消除在萌芽状态。推进商事调解组织建设，鼓励设立具有独立法人地位的商事调解组织，推动商事调解组织公正高效化解企业在贸易、投资、保险、知识产权等领域的矛盾纠纷。

9. 充分发挥仲裁在化解商事纠纷中的独特作用。积极参与西安“一带一路”国际商事法律服务示范区建设，指导西安市加快西安仲裁委员会改革进程。指导仲裁机构走访企业，联合其他部门和商会、协会举办仲裁普法宣传活动，增强仲裁服务经济社会发展效果，推动商事纠纷“便捷快省”结解。

10. 加大涉企行政复议案件办理力度。坚持依法审查、有错必纠，实质性化解涉企行政争议。坚持和发展新时代“枫桥经验”，坚持能动复议理念，认真落实行政复议法关于调解和解的规定，充分发挥行政复议化解涉企行政争议效能，督促行政机关自行纠错、先行化解，依法保护民营企业产权和企业家权益，增强企业法治获得感。

（四）精细监督，不断提升行政执法行为规范化水平

11. 全面贯彻落实《提升行政执法质量三年行动计划（2023—2025 年）》。开展行政执法专项整治和监督行动，指导行政执法机关梳理本部门执法领域突出问题清单，开展专项整治。2024 年 6 月底前，

对各行政执法机关专项整治情况进行专项检查。推进行政裁量权基准的制定、管理和落实工作，将行政裁量权基准制定情况纳入年度行政执法质量考评。

12. 建立省市县乡四级行政执法协调监督工作体系。建立推进行政执法协调监督工作体系建设会商机制，推动 2024 年底前建立省市县乡四级全覆盖行政执法协调监督工作体系。研究起草《陕西省行政执法监督工作办法》，完善《陕西省行政执法监督条例》配套制度。建立行政执法监督员制度，规范行政执法行为，提升行政执法质效。

13. 开展行政执法专项监督和行政执法质量考评。开展营商环境领域行政执法专项监督，严格规范罚款实施，强化罚款监督，着力解决影响法治化营商环境行政执法领域突出问题，深化拓展“三个年”活动。开展全省年度行政执法质量考评工作，优化细化指标体系，推进证明事项告知承诺制，深化减证便民，维护经营主体合法权益。

三、组织保障

（一）要提高政治站位

牢固树立“法治是最好的营商环境”理念，从讲政治的高度，深刻认识、准确把握打造法治化营商环境的重大意义。发挥司法行政职能，把打造一流法治化营商环境作为重点工作推进，定期研究分析工作进展情况，主动加压赋能、提质增效。

（二）要创新方式方法

要将推进法治化营商环境工作纳入年度重点工作，不断探索符合我省特色的法治化营商环境建设新举措、新方法、新路径。聚焦企业群众关心关切，突出重点难点，进一步细化量化工作措施，坚持项目化推进、清单式管理、台账式落实，推动各项任务落实落地。

（三）要强化宣传引导

进一步强化品牌意识，注重挖掘典型、总结经验、凝练亮点，打造法治化营商环境亮点品牌。要加强对法治化营商环境建设工作的宣传推广，充分运用各类媒体平台，开展全方位、立体式的宣传报道，努力营造法治护航企业发展的浓厚氛围。

14

省商务厅落实深化营商环境突破年实施方案

根据《中共陕西省委、陕西省人民政府关于印发〈陕西省深化高质量项目推进年行动方案〉〈陕西省深化营商环境突破年实施方案〉〈陕西省深化干部作风能力提升年实施方案〉的通知》（陕字〔2024〕34号）要求，结合我厅职能分工提出如下实施方案，请厅各相关处室认真抓好贯彻落实。

一、总体要求

坚持以习近平新时代中国特色社会主义思想为指导，全面贯彻落实党的二十大和习近平总书记来陕考察重要讲话重要指示精神，认真落实中央经济工作会议部署，按照省委十四届五次全会暨省委经济工作会和全省深化“三个年”活动暨招商引资推进会安排，结合我省内外贸发展实际，加快打造商务领域市场化、法治化、国际化一流营商环境，激发市场主体活力，为奋力谱写陕西商务工作高质量发展新篇章提供有力支撑。

二、工作目标

以深化“三个年”活动牵引我省商务领域营商环境建设实现新突破，认真落实中、省有关优化营商环境相关文件精神，持续推动企业群众办事更便利，出台相关措施服务企业，促进企业降本提效。强化口岸通关便利化措施，深化数字政府建设，加快推进数据共享和国际贸易“单一窗口”建设。支持企业进行国际市场开拓，确保实际使用外资持续增长，推动全省跨境贸易和投资便利化整体水平加快提升。

三、任务分工

（一）提高认识

1. 要深入学习领会习近平总书记关于优化营商环境的重要论述精神，认真学习中省有关营商环境工作文件，及时安排厅党组会、党组中心组集体学习认真贯彻落实，确保涉及商务领域有关营商环境工作任务落地落细。

2. 将营商环境工作任务完成情况纳入厅机关年度考核，激发干部担当作为的主动性。

（二）加强要素保障

3. 整合优化资金支持方向。对各类专项资金支持方向进行优化整合，提高资金使用效率，扩大因素法管理范围。简化项目审核和资金拨付流程及环节。

4. 加强与中信保陕西分公司和各金融机构的对接联系，向企业宣传惠企政策，帮助解决中小外贸企业金融需求。

（三）提升政务服务水平

5. 修订完善相关审批管理制度，优化业务流程，加强机关业务培训和工作指导，扩大政策知晓面。

6. 建设统一对外的集内外贸、招商引资、境外投资管理、自贸区建设、口岸服务等各业务模块于一体的陕西省数字商务综合信息服务平台，打造以服务对象为中心的数字政府商务领域综合信息服务体系。

（四）打造高质量开放平台

7. 印发陕西省省级经开区年度综合发展水平考核评价办法，对省级经济技术开发区年度综合发展水平进行考核评价。

8. 制定中国（陕西）自由贸易试验区实施提升战略行动方案；推动在全省复制推广自贸试验区第七批改革试点经验；总结陕西自贸试验区第四批改革创新成果在全省复制推广；出台《陕西自贸试验区关于优化营商环境的若干措施》。

9. 研究制订陕西省促进综合保税区建设提升若干措施，推动综合保税区统筹发展、特色发展；利用跨区域及境内外经济合作活动，组织全省综合保税区管理部门积极参与招商引资活动，力争综合保税区对省域外贸贡献度位于全国前列。

（五）提升跨境贸易便利度

10. 落实国家外商投资准入特别管理措施（负面清单）和自由贸易试验区外商投资准入特别管理措施（负面清单）。

11. 加强与 RCEP、CPTPP、共建“一带一路”国家和地区经贸规则对接，加大境外展会支持力度，支持企业开拓国际市场。

12. 建立健全陕西“单一窗口”建设运维保障机制，加强与西安海关、省税务局、省外汇管理局等部门单位的联系沟通，进一步完善陕西“单一窗口”航空物流公共信息平台功能。

13. 出台我省外贸扶持政策，鼓励我省跨境电商、海外仓、二手汽车出口企业加速发展。

14. 积极开展贸易救济工作，设立应对贸易摩擦工作站，及时发布产业预警、贸易壁垒、法律服务信息，帮助企业应对贸易摩擦。

（六）提升法治环境和投资吸引力水平

15. 压缩审批时限，提升审批服务质量和效率。

16. 严格执行行政执法公示、执法全过程记录、重大执法决定法制审核制度（简称“三项制度”），运用信息化平台开展“双随机一公开”执法监管。

17. 发挥好国家特色服务出口基地、省级服务贸易创新试点及示范园区的示范引领作用，聚焦服务贸易新模式、新业态为企业营造良好的发展环境，推动一批特色鲜明、创新能力强的企业聚集发展、融合发展。

（七）构建亲清政商关系

18. 充分发挥重点外贸企业“一对一”联系制度作用，建立省市县三级外经贸企业全覆盖服务机制，创新方式方法，进一步提高服务企业质量水平。

19. 发挥外资企业圆桌会议制度作用，广泛倾听外资企业提出意见建议，建立外资企业反映问题清单台账，切实解决外资企业发展诉求。

20. 加强外经企业调研工作，每季度主动对接一次重点外经企业，了解企业境外项目进展和存在的困难，协调帮助解决问题。坚持“一对一”做好企业境外安全风险预警工作。

四、保障措施

（一）加强组织实施

各相关处室要召开专题会议，就推进营商环境突破年工作进行安排部署，明确联系人、确定责任人，严格责任落实，确保各项政策措施落地见效。

（二）做好工作落实

口岸处负责牵头抓总，紧盯全省商务领域优化营商环境问题，把情况掌握准、把原因研究透，分类精准施策，扎实推进中、省优化营商环境各项工作任务落实落细，圆满完成。

（三）营造浓厚氛围

充分发挥厅机关网站、公众号、省级融媒体等各类舆论宣传机构作用，加强营商环境突破年宣传报道和舆论引导，及时宣传各处室实施营商环境突破年工作推进情况、亮点工作、典型做法等，营造“人人都是招商环境、人人都是营商环境”的浓厚氛围。各相关处室每月17日前将工作进展情况报口岸处。

15

省人力资源社会保障厅深化营商环境突破年实施方案

为贯彻落实《陕西省深化营商环境突破年行动方案》，结合我厅实际，制定如下实施方案。

一、总体要求

坚持以习近平新时代中国特色社会主义思想为指导，全面贯彻党的二十大精神，贯通落实习近平总书记历次来陕考察重要讲话重要指示，巩固拓展主题教育成果，全面落实省委深化“三个年”部署要求，认真落实“抓党建、强机关，抓落实、促发展，抓安全、守底线”工作要求，以开展“人社工作进园区”为总抓手，深化拓展营商环境突破年活动，落实落细“深化劳动力市场监管、完善社保公共服务配套、营造更具吸引力的人才发展环境和良好产业发展生态”工作任务，加强劳动保障监察，规范企业用工行为，深化劳动争议化解机制，提升人社政务服务水平和人才服务保障工作质效，为建设市场化、法治化、国际化一流营商环境贡献人社力量。

二、重点任务

（一）深化劳动力市场监管

加强劳动保障监察，规范企业用工行为，持续深化劳动争议化解机制。全面推行人社事项“网上办”“提速办”“打包办”，实现 50% 以上服务事项即时办结。

（二）完善公共服务配套

加快配套完善社会保险等公共服务。

（三）营造更具吸引力的人才发展环境和良好产业发展生态

围绕秦创原、重点产业链发展关键岗位，拓展人才引进渠道，加强配套支持，努力将人才大省转化为创新的高水平人才聚集地。

三、细化改革举措

（一）加强劳动保障监察

持续拓宽劳动保障举报投诉渠道，方便劳动者举报投诉。按照人社部统一安排部署，开展清理整顿人力资源市场秩序专项行动，及时查处各类扰乱市场秩序的违法违规行为。

（二）规范企业用工行为

加强劳动用工法律法规政策宣传。实施劳动关系和谐企业、和谐园区创建活动。配合省邮政管理局，开展快递行业推进劳动合同制度专项行动。

（三）深化劳动争议化解机制

开展基层劳动人事争议调解组织建设行动。完善并推动落实劳动人事争议调解仲裁案件追踪回访制度。

（四）提升人社政务服务效能

实施“高效办成一件事”，动态调整和落实办理个人事项和企业事项清单，优化政务服务、提升人社服务效能。丰富完善秦云就业、陕西省政务服务网等公共服务渠道功能，优化服务体验。加强与人社部和省政府办公厅数据共享，为人社业务经办提供数据共享共用支撑。进一步完善我省人社数据管理平台，提高业务经办数据校验效率。

（五）优化社保经办服务

加大宣传引导力度，不断完善系统功能，提高“陕西社会保险”APP 下载使用率，陕西省企业职工养老保险网上服务平台使用率达 95% 以上。简化优化社会保险关系转移接续流程。

（六）制定紧缺人才目录

联合省文旅厅、农业农村厅，围绕我省文化旅游 7 条和农业 9 条重点产业链人才需求，编制发布《急需紧缺人才目录》。

（七）加大人才保障力度

实施新一批享受政府特殊津贴人员选拔项目。举办第三届陕西省博士后创新创业大赛。对标博士后工作站和创新基地建设标准，为符合条件的企业、科研院所、研发机构等提供“一对一”服务保障，力争更多博士后平台落地建成。

（八）提升人才服务水平

通过民营企业服务月、百日千万、金秋招聘月等公共就业服务专项活动，发布秦创原、重点产业链发展关键岗位，以“现场招聘 + 网

络招聘 + 直播带岗招聘”的形式，有针对性地开展招聘活动。发挥省高层次人才网上服务平台系统作用，为我省五类高层次人才提供网上服务窗口和绿色办理通道。

四、保障措施

（一）加强统筹协调

厅营商环境突破年专项工作组牵头负责营商环境突破年各项任务统筹推进，建立工作台账，加强统筹协调，强化调度督导。督促各相关单位按照时间节点高质量完成各项任务。于每月 20 日前向省营商办报送营商环境突破年工作进展。

（二）强化责任担当

各责任单位要对照目标任务，细化工作举措，狠抓工作落实，确保任务到人、责任到人。承担重点任务的各责任单位应于每月 15 日前，向厅营商环境突破年专项工作组报送工作进展情况（包含工作进展、存在问题、下一步打算）。

（三）营造良好氛围

立足厅“一网两微”和营商环境宣传专栏，依托报纸、电视、广播等主流媒体，加强营商环境人社领域创新性举措、亮点工作、典型做法宣传报道和舆论引导，在全省人社系统营造“人人都是招商环境、人人都是营商环境”的浓厚氛围。各责任单位于每月 15 日前向厅营商环境突破年专项工作组报送省本级及 1—2 个市（区）的营商环境宣传稿，由厅营商环境突破年专项工作组审核后同步报送省营商办和厅宣传中心。

16

省自然资源厅深化营商环境突破年实施方案

为深入贯彻省委、省政府关于深化营商环境突破年的安排部署，进一步落实《陕西省深化营商环境突破年行动方案》要求，切实提升全省自然资源系统营商环境水平，制定本实施方案。

一、总体要求

（一）指导思想

以习近平新时代中国特色社会主义思想为指导，全面贯彻党的二十大和习近平总书记历次来陕考察重要讲话重要指示精神，认真落实省委十四届五次全会暨省委经济工作会议和全省深化“三个年”活动暨招商引资推进会安排部署，立足自然资源部门“两统一”职责，围绕全省高质量发展大局，坚持目标导向与问题导向相结合、统筹推进与重点突破相促进，大抓改革、大抓服务、大抓效能，借鉴省内先进经验，以重点领域突破带动整体效能提升，建设企业群众办事更便利、项目服务保障更高效、产业发展生态更优化的自然资源营商环境，为奋力谱写中国式现代化建设的陕西新篇章提供有力支撑。

（二）工作目标

到 2024 年底，规划用地“多审合一、多证合一”改革取得实质性进展，省级以上开发区 80% 以上新增工业用地实现“标准地”供应。全面推广“交地即交证”，交地与交证“双同步、零时差”。试行“验登合一”改革，全面开展不动产“带押过户”，服务企业和群众“高效办成一件事”。项目用地审批做到“三周清零”。对内实现自然资源数据集成管理，对外与相关政府部门共享国土空间规划“一张图”，促进我省自然资源管理工作提速增效，推动自然资源营商环境再上新台阶。

二、重点任务

（一）高质量完成省委、省政府确定的重点任务

1. 持续深化规划用地改革。推动规划用地“多审合一、多证合一”改革，探索建立建设工程规划许可豁免清单和告知承诺制。增强土地要素对优势地区高质量发展保障能力，优先满足先进制造、现代能源、战略性新兴产业集群土地要素需求，对列入 2024 年省级重点项目计划的建设项目，在符合“三区三线”划定成果和国土空间规划管控要求的前提下，直接配足新增建设用地计划指标。深化“标准地”改革，聚焦省级以上开发区加快推进区域评价，合理设定控制性指标，提高“标准地”质量。推动条件较好的国家级开发区，围绕“事先做评价、事前定标准、事中作承诺、事后强监管”，不断完善“标准地”改革工作体系，形成改革引领示范效应。

2. 推行工程建设项目“多测合一”。联合省测绘局开展调查研究，

探索测绘成果汇交和互认机制，优化测绘成果资料提交、利用、共享流程，积极推进我省工程建设项目“多测合一”工作。

3. 优化不动产登记服务。推行“交地即交证”模式，为符合条件的项目用地“一站式”办理土地交付和土地不动产权证。试行“验登合一”改革，开展建筑工程竣工验收备案和不动产登记办理工作并联审批，实现建设单位申请项目竣工、规划用地核验和不动产首次登记同步申办。大力推广税费“一次收缴、自动清分”入账（库），探索“登记金融总对总”“总对总”查封登记等举措，全面开展不动产“带押过户”，服务企业和群众“高效办成一件事”。

（二）强化政策引导，提升项目要素保障水平

4. 实施规章规范审查，发挥政策引导作用。落实《陕西省优化营商环境条例》，将涉及市场准入、产业发展、招商引资、招标投标、政府采购、经营行为规范、资质标准等有关市场主体经济活动的政府规章、规范性文件、其他政策性文件及“一事一议”政策措施，全部纳入公平竞争审查范围，做到公平竞争审查全覆盖。组织开展不符合《陕西省优化营商环境条例》的政策措施文件清理。开展政策宣讲活动，积极发挥用地用矿政策在招商引资和项目实施过程中的引导作用。

5. 加强规划引领，统筹落实保耕地、保生态、保发展责任。以《陕西省国土空间规划（2021—2035）》为指导，加快市、县（区）规划研究审查和乡镇级规划编制，有序推进城市国土空间详细规划编制实施，扎实推进我省省级和西安市国土空间规划实施监测网络建设试点工作，为各级各类开发保护建设活动提供“底图、底数、底板”的空间支撑。按照“统一底图、统一标准、统一规划、统一平台”的

要求，进一步完善国土空间基础信息平台和国土空间规划“一张图”实施监督系统，实现数、线、图一致和规划编制审批实施监督全过程管理，与发改、交通、能源、水利等有关部门共享国土空间“一张图”，主动为基础设施建设项目的选址选线提供合规性分析等支撑性服务。

6. 持续提升项目要素保障水平。通过保障重大项目规划空间、强化自然资源要素支撑、激发自然资源要素市场活力、优化提升审批服务效能等政策举措，促进重点项目落地。坚持精细化管理、动态化掌握、跟踪化督办，靠前参与建设项目选址选线，深入项目用地现场上门问需，加强项目组件人员业务培训，面对面帮助解决问题，做到快报快审快批。对保障性住房、城中村改造、平急两用公共基础设施项目用地实报实销。以西安市低效工业用地为重点，摸清底数、完善措施，推动低效工业用地盘活利用。加快办理采矿许可证，保障生产煤矿矿权手续全部有效。

7. 持续推进矿产资源审批管理改革。落实《自然资源部关于深化矿产资源管理改革若干事项的意见》，严格限制矿业权协议出让情形，对能够市场化出让的矿业权，一律采用市场化出让。划分省市县三级自然资源矿业权管理权限，下放油页岩、锰、银等 10 个矿种的登记管理权限，进一步规范矿业权出让秩序。做好出让收益新旧政策衔接，实现煤炭矿业权出让与产业发展联动，推动代持矿业权处置取得实质性进展。研究大型整装井田、边角零星资源、深部资源等不同类型的出让区块，在严守政策的前提下，充分考虑不同区块的差异性，高质量推动市场出让工作。进一步巩固深化矿产资源储量改革成果、做好矿产资源储量评审备案，持续开展评审质量监督指导和统计质量监控工作。

（三）聚焦基础服务，推动政务效能再上台阶

8. 加快“数字赋能”，推进智慧国土建设。以全面提升自然资源信息化服务能力为导向，充分应用云计算、大数据、人工智能、视联网、物联网等新一代信息技术，2024 年建成全省自然资源“一张网、一张图、国土空间基础信息平台”，逐步实现底线守护、格局优化、绿色低碳、权益维护四大主题应用场景建设，实现算力资源高效利用、数据资源共融共享、平台应用智能开放、场景服务敏捷协同、线上线下安全可靠，支撑自然资源全业务数字化、智能化转型。积极支持科研院所和企事业单位立项制定和推广使用自然资源系统相关标准，依托自然资源陕西省卫星应用技术中心为各行各业提供优质卫星应用技术服务，利用陕西省自然资源科技管理信息系统加强对相关科技成果及科学实验设备的推广应用和信息共享。

9. 优化流程，提升审批事项服务效能。出台落实《自然资源部关于进一步改进优化能源、交通、水利等重大建设项目用地组卷报批工作的通知》的实施细则，缩小用地预审范围，细化先行用地办理流程。实施厅领导包抓重点项目制度，实行双周报告、台账管理。对省市重点项目开通用地审批“绿色通道”，随报随受理、即报即审，坚持“三周清零”机制。推进用地报件文本格式标准化建设，指导市县政府不断提高建设用地组件的质量和水平，避免项目用地报批“走弯路”，最大限度减少补正率，全面提升用地审批质量和效率。落实“白名单”制度，持续推进特定区域压覆重要矿产资源评估工作。优化建设项目压覆重要矿产资源管理，出台建设项目压覆重要矿产资源（不作压覆处理）分类处置的意见。建立矿山地质环境保护与土地复

垦方案延用期到期提醒制度，提前 6 个月提醒相关矿山企业及时修编下一轮矿山地质环境与土地复垦方案。政务网站受理网民咨询、处理投诉回复在规定处理时限内办结率达到 100%。

10. 为基层减负，推动许可审批事项网上办理。落实自然资源部《城乡规划编制单位资质管理办法》，修订城乡规划编制单位乙级资质认定服务指南，资质审批实行全流程网上办理。涉地审批方面，依托“陕西省国土空间用途管制监管系统”，所有建设项目用地预审、农用地转用和土地征收等审批（审查）事项统一在系统平台进行审批，坚决做到“平台之外无审批”。涉矿审批方面，出台《陕西省自然资源厅矿业权登记工作规程》，进一步精简登记材料，优化登记流程，提高登记效率，压减矿业权人办理登记时间。完善优化矿业权查询系统，全面推行“阳光审批”，公开审批依据、申请资料、审批程序，实现矿权办理过程实时查询。进一步完善《陕西省地质灾害防治单位资质审批和监督管理实施细则（试行）》，升级“陕西省地质灾害防治单位资质审批管理系统”，完善在线审批流程、资质审批数据库，持续开展资质审批“全程网办”。

（四）精准高效监管，规范自然资源市场秩序

11. 严守法律和安全底线。严守耕地和永久基本农田保护、城镇边界线、生态保护等红线底线管控，提前介入项目选址，依据国土空间规划和“三区三线”等空间管控要求，精准指导项目用地单位科学选址选线，落实节约集约用地要求，不占、少占耕地，合理避让永久基本农田、生态保护红线、历史文化保护红线和灾害风险区，更好统筹发展和安全，更好协调保护与开发。

12. 提升监管服务力度。优化拓展土地二级市场交易平台功能，

与全国信息平台做好衔接，指导市县全面应用土地二级市场交易平台并完善和维护好交易数据。坚持“双随机、一公开”监管规范化、常态化，扎实开展探矿权人年度勘查信息公示、采矿权人年度开采信息公示、地质灾害单位资质检查等事项随机抽查检查。组织开展城乡规划资质批后核查，实行城乡规划乙级资质审批与批后核查联动。

13.规范执法行为。建立健全行政裁量基准制度，细化量化行政裁量标准，规范裁量范围、种类、幅度，明晰监管执法边界，压缩自由裁量空间。完善行政处罚调查取证、告知、罚没收入管理等制度。畅通投诉举报渠道，坚持公平、公正、文明执法和行政执法信息依法依规公示。全方位、全流程、常态化、长效化组织开展行政执法监督，防止任性执法、同类案不同罚、过度处罚现象发生。加强全系统执法监督检查人员和基层办案人员教育培训，提高办案人员能力素质，提升执法办案水平。

三、保障措施

（一）加强组织领导

在厅党组统一领导下，深化营商环境突破年活动，推动各项改革任务落地。牵头处室及时召开专项会议统筹推进有关工作，协调解决重点问题，研究部署重点任务，推动各项任务落实落地。各任务牵头处室（局）和单位要切实发挥牵头作用，加强顶层设计，敢于突破制度性藩篱，其他相关处室（局）和单位要主动衔接，积极参与，扎实做好配合工作。各市（区）自然资源主管部门要提高站位，切实扛起责任，逐项抓好落实。

（二）强化工作机制

建立完善跟踪督导机制。各牵头处室（局）和单位要实行任务清单化管理，加强督导检查及时掌握工作进展情况并及时提醒，充分发挥服务协调作用。厅分管领导，厅机关任务牵头处室（局）和各市（区）局主要负责同志每半年参加1次“坐窗口、走流程、跟执法”活动，现场查找办事堵点，解决存在问题。在完善复制推广机制方面，持续加强自然资源系统营商环境典型经验的学习借鉴和复制推广工作，建立健全总结一批、推广一批、谋划一批典型经验的工作机制，以复制推广引领营商环境改革创新。强化评价考核机制，对营商环境突破年各项任务落实不力的，在年度目标责任考核中予以扣分，切实发挥考核指挥棒作用。

（三）注重宣传引导

加强宣传报道和舆论引导，在厅门户网站“营商环境突破年系列报道”专栏及时宣传深化营商环境突破年工作推进情况、亮点工作、典型做法等，营造“人人都是招商环境、人人都是营商环境”的良好氛围。承担省委、省政府确定的重点任务的牵头处室（局）每月报送信息不少于1篇，并于每月15日前将工作进展情况及宣传工作情况一并报厅综合处；各市（区）自然资源主管部门、其他相关处室（局）和单位每季度报送信息不少于1篇，重要进展及存在问题随时报送。将优化营商环境工作信息报送和采用情况纳入厅年度政务信息考核目标管理，其中被省营商办采用的政务信息，比照省委、省政府、自然资源部采用标准赋分。

各市（区）自然资源主管部门根据本实施方案，制定具体贯彻落实措施。

17

省生态环境厅深化营商环境突破年行动方案

营商环境是推动高质量发展的硬基础。开展优化营商环境突破年活动是省委、省政府立足陕西实际，扭住要害发力、提振预期信心的重要举措。为持续深化生态环境领域营商环境突破年活动，制定如下行动方案。

一、总体要求

以习近平新时代中国特色社会主义思想为指导，全面贯彻党的二十大和习近平总书记历次来陕考察重要讲话重要指示精神，认真落实中央经济工作会议部署，按照省深化“三个年”活动暨招商引资推进会安排部署，巩固拓展主题教育成果，落实“五个再深化”要求，坚持大抓改革、大抓服务、大抓效能，借鉴省内外生态环境领域优化营商环境先进经验，着力推进行政审批便利化、污染治理精准化、执法监管规范化，打造政府最诚信、企业最舒心、办事最高效“三张名片”，建设市场化、法治化、国际化生态环境领域一流营商环境，为奋力谱写中国式现代化建设的陕西新篇章提供有力支撑。

二、工作目标

以深化“三个年”活动牵引高质量发展现代化建设实现新突破，推动企业群众办事更便利、项目服务保障更高效、环境执法监管更柔性。

企业群众办事更便利。深入实施《优化营商环境条例》，进一步提升办事便利化水平、项目保障服务水平、污染治理精准化水平、监管服务创新水平，持续加强全省生态环境部门诚信履约机制建设，以群众满意为第一标准、市场评价为第一评价、企业感受为第一感受。

项目服务保障更高效。持续优化市场准入准营的环境条件，配合开展政策掐架、擅设门槛、审批互为前置等问题专项整治。不断压缩审批时间，专人服务重大投资项目，创新环评审批方式，进一步推行告知承诺制审批，提高政务服务效率。

环境执法监管更柔性。持续推行生态环境监督执法正面清单管理制度，最大程度减少对企业正常生产经营活动的影响。深化生态环境行政处罚自由裁量权运用，推行首违不罚、轻微免罚等柔性执法手段，坚持教育与处罚相结合的原则，指导和帮助违法企业改正环境违法行为。

三、重点任务

（一）提高政务服务便利化水平

1. 实行政务服务清单管理。建立由基本目录、实施清单、办事指南构成的政务服务事项清单，将依法设定的行政权力事项和公共服务事项全部纳入清单管理，清单之外一律不得违法实施行政许可，不得额外增加或变相增加办理环节及申请资料。大幅提升行政许可标准化水平，推进同一事项在不同地区和层级同要素管理、同标准办理。

2. 提升审批服务效能。对国家和省级重点项目高效精准开展服务，及时协调项目建设过程中的生态环境问题。对符合生态环境保护要求、具备受理审批条件的重大项目，环评按期办结率达到 100%。持续优化审批流程，缩短审批时间。实行项目审批即受理即评估、评估审查同步、不见面审批，对排污许可、排污口审批、辐射安全许可、危险废物经营许可、环境影响报告书（表）审批等事项，在法定办理时间基础上，明确承诺办结时间。取消审批前置条件，简化项目审批要件，进一步压缩报批材料。

3. 深化生态环境准入改革。在省级高新技术开发区、经济技术开发区试点开展规划环评与项目环评联动改革。纳入试点的产业园区内符合相关要求的项目，可开展同类项目环评“打捆”审批，通过登记表豁免、告知承诺审批、打捆审批以及简化环评内容等措施，缩短入园项目环评审批时间。

（二）提升生态环境执法质效

4. 完善行政执法工作机制。配合省人大出台《关于加强生态环境监测服务监督管理的决定》，加强对生态环境第三方服务机构监管。规范涉企行政检查，落实生态环境监管执法正面清单管理制度，完善联合检查、“双随机、一公开”监管、非现场执法等工作机制，不断优化执法方式。

5. 创新精准有效监管。配合推进跨领域跨部门跨行业综合执法，实现线索互联、执法互通、结果互认。充分利用卫星遥感、热点网格、无人机巡查、走航监测、污染源自动监控、用能监控、视频监控等“互联网 + 大数据”科技手段，采取“非现场”监测、“非接触”执法、“信息化”远程监管等方式，提高生态环境监管智能化精准化高效化水平。强化事中事后监管，不断提升排污许可证核发质量，督促和指导企业全面落实排污许可事项和管理要求。

6. 深化柔性环境执法。开展“送法入企”活动，举办生态环境守法培训，加强“以案释法”和以案育企，通过公开曝光典型案例等手段引导企业自觉守法。提倡柔性执法，坚持教育与处罚相结合的原则，指导和帮助违法企业改正生态环境违法行为。严格禁止“一律顶格处罚”“一律关停”“先停再说”等简单粗暴行为。严肃查处吃拿卡要、牟取私利等违法违规行为。

7. 全面推行行政执法“三项制度”。持续落实《陕西省生态环境系统全面推行行政执法公示制度执法全过程记录制度重大执法决定法制审核制度实施方案》，做到执法信息公开规范、执法全过程留痕、执法决定合法有效，落实行政执法法制审核全覆盖，实现生态环境行政执法行为被纠错率明显下降，生态环境行政执法社会满意度显著提高。

（三）提升项目服务保障水平

8. 大力支持小微企业发展。对位于已完成规划环评并落实要求的园区，且符合相关生态环境准入要求的小微企业，项目环评可直接引用规划环评结论，简化环评内容。

9. 积极助企纾难解困。持续开展环评服务走基层活动，深入市县为政府部门、建设单位和环评单位答疑解惑，力争把问题解决在一线，不断提高助企纾难解困工作质量。

（四）持续改善生态环境质量

10. 深入打好蓝天保卫战。以 PM2.5 控制为主线，大力推动氮氧化物和挥发性有机物减排，强化源头管控、多污染物协同控制和区域污染协同治理。着力打好重污染天气消除、臭氧污染防治和柴油货车污染治理攻坚战。

11. 深入打好碧水保卫战。坚持“三水统筹”，提升重点流域综合治理成效。继续开展“一断一策”精准治理，推动水生态环境保护项目实施。持续推进入河排污口排查整治，逐步完善入河排污口监督管理机制。全面开展工业园区水污染整治，加强化工园区污水治理和风险管控。深入实施城市（含县城）黑臭水体整治，有序推进城镇环保基础设施提质增效。

12. 深入打好净土保卫战。坚持预防为主、风险管控、水土共治，强化土壤污染源头防控，加强“一住两公”建设用地生态环境监管，强化地下水环境质量管理，完成地下水污染防治重点区划定，推进农村生活污水和黑臭水体治理。

（五）营造公平竞争市场环境

13. 严格公平竞争审查。全面落实市场准入负面清单制度，清理市场准入隐形壁垒，清理废除妨碍公平竞争的规定和做法。推动公平竞争审查制度全面落实，加强公平竞争审查业务培训，加大《中华人民共和国反垄断法》《陕西省优化营商环境条例》等公平竞争政策宣传力度，出台涉及市场主体的文件必须落实合法性审查和公平竞争审查，切实保障市场主体公平竞争。

14. 拓宽政务公开渠道。聚焦服务企业群众，打通政策落地“最后一公里”，持续加强政策解读，讲好政策“简”而告之、广而告之。

多渠道做好政务公开，通过在“陕西生态环境”微信公众号推送、新闻媒体宣传报道等途径，让企业和公众及时获知最新政策，第一时间享受政策红利。

15. 推进生态环境信用监管。按照依法依规、以评促建、深化应用、保护权益的原则，持续落实《陕西省企事业单位生态环境信用评价办法（试行）》，对纳入生态环境监管且对生态环境保护有重要影响的企事业单位全面实施生态环境信用评价。

16. 健全营商环境投诉举报机制。落实《陕西省营商环境投诉举报处理办法（试行）》，充分发挥 12345 政务服务便民热线作用，汇集生态环境领域营商环境问题线索，及时转办督办，畅通市场主体和群众反映问题渠道。

四、保障措施

（一）强化组织领导

全省生态环境系统要进一步巩固拓展主题教育成果，促进“三个年”成果相互转化运用，协同各项工作任务一体推进落实。厅“三个年”活动领导小组统一领导生态环境领域营商环境突破年活动开展，由工作专班负责贯彻落实领导小组决策部署，做好具体组织、协调、推进工作。各市（区）生态环境部门要提高站位、扛起责任，参照本方案结合实际情况自主抓好本单位优化生态环境领域营商环境工作，为企业应享快享尽享政策提供优质服务。

（二）强化工作机制

工作专班要加强对营商环境突破年各项任务的督导，及时掌握工作进展情况，推广成熟典型经验做法。建立月调度、年考核工作机制，各项任务牵头单位每月 15 日前将突破年工作进展情况报送电子邮箱 fgc6212@126.com，任务落实情况纳入年终目标任务考核，切实发挥考核指挥棒作用。各市（区）生态环境部门参照本方案落实相应工作，每月 15 日前报送工作进展情况。

（三）强化宣传引导

充分发挥各类宣传平台作用，加强营商环境突破年宣传和舆论引导，在厅网站搭建营商环境突破年宣传专栏，及时宣传全省各级生态环境部门营商环境突破年工作推进情况、亮点工作、典型做法，营造营商环境人人在干、人人突破的良好氛围。

18

省住房和城乡建设厅深化营商环境突破年实施方案

为贯彻落实省委省政府“深化营商环境突破年”活动部署，打造“政府最诚信”“企业最舒心”“办事最高效”三张名片，努力营造住房城乡建设领域（以下简称住建领域）服务项目、服务企业、服务产业的优质环境，根据《陕西省深化营商环境突破年行动方案》（陕字〔2024〕34号）要求，制定住建领域深化营商环境突破年活动方案如下：

一、总体要求

坚持以习近平新时代中国特色社会主义思想为指导，全面贯彻党的二十大、习近平总书记来陕考察重要讲话重要指示精神，落实中央经济工作会议、省委十四届五次全会和全省深化“三个年”活动暨招商引资推进会要求，坚持大抓改革、大抓服务、大抓效能，推动企业群众办事更便利、项目服务保障更高效、产业发展生态更优化，着力破解企业办事难、要素获得难问题，打造住建领域办事更高效的政务环境、保障更有力的要素环境、管理更规范的政策环境，实现住建领域营商环境再突破再提升。

二、重点任务

（一）聚焦加快项目落地强改革抓创新

1. 推行工程建设项目“多测合一”。按照住建部工程建设项目审批管理系统数据交换标准，完成审批系统升级改造工作，加强系统维护和数据统计分析。

2. 推进分阶段施工许可。在符合安全生产要求前提下，依法依规加快推进分阶段施工许可。全省复制推广自贸区建筑工程施工许可分阶段办理新模式，建设单位可自主选择三阶段（基坑、地下室、地上）、两阶段（地下、地上）或一阶段申请办理施工许可证，有效缩短项目建设周期。

3. 加强联合验收。加快推进施工图数字化审查，开展房屋建筑和市政基础设施工程建设项目联合验收及验收备案，除住宅以外的工程建设项目，建设单位可申办单位工程竣工联合验收。

4. 加快入陕备案登记。积极推动建立统一开放的、竞争有序的建筑市场，对外省建设工程企业进陕登记事项全程网办，进一步提升办理效能。

（二）聚焦产业链群建设强服务优机制

5. 完善公共服务配套。提高用水、用气服务能力，持续优化办理流程，通过手机客户端、微信公众号等方式及时公布办理流程、办理时限、收费标准和相关政策，降低企业用水用气成本，为市场主体提供安全、便捷、稳定和价格合理的服务。

6. 加强重点突破，发挥改革创新引领作用。持续推进绿色建材产品推广应用，鼓励在绿色建筑、装配式建筑等工程建设项目中优先采用绿色建材，城镇新建建筑全面执行绿色建筑标准。

7. 优化城市管理和服务水平。指导各地严格按照《城市户外广告和招牌设施技术标准》相关规定对户外招牌设施进行管理检查，做好开办“餐饮店一件事”服务工作。不断规范城市管理执法队伍行政执法行为，推动行政执法“三项制度”落实。

（三）聚焦高效政务服务强质效增便利

8. 开展市政公用基础设施接入联合服务。推动水电气网联合报装“一件事”，推动与企业群众生产生活密切相关的水电气网等公用事业领域高频办理的服务事项纳入政务服务中心、接入政务服务平台，推动水电气网接入外线工程联合审批。对市政接入工程涉及的建设工程规划、绿化、涉路施工等事项，实行“一口受理、并联审批、限时办结”。

9. 做好企业信息核查服务。针对企业破产、上市合法合规等信息核查，进一步优化业务流程，实现企业房产信息核查“一件事一次办”。加快对企业城市管理领域、住房、工程建设领域无违法违规信息核查，进一步提升服务企业、服务群众能力，提升企业开办、注销便利度。

10. 开展住房公积金领域各项服务。推进“住房公积金企业缴存登记变更”“企业人员住房公积金缴存信息核查（企业上市和企业破产信息核查）”“离休、退休提取住房公积金”4 项事项实现“高效办成一件事”，为群众提供便捷优质服务。

（四）聚焦维护市场环境推进综合监管

11. 燃气综合管理。事项是对燃气经营许可证取得情况、燃气安全生产运营管理情况的行政检查；对象是燃气经营企业；检查方式是“双随机、一公开”、实地核查；层级是省市县。

12. 建筑市场综合监管。监管事项是对建筑起重机械的租赁、安装、拆卸、使用的监督管理；监管对象是租赁、安装、拆卸、使用建筑起重机械的单位；检查方式是“双随机、一公开”、信用监管、实地核查；监管层级是省市县。加强市场监管，维护市场秩序，根据职责权限和分工查处在工程建设中弄虚作假，转包、违法分包等危害建筑市场秩序的违法行为。推行信息技术与现场管理深度融合的市场监管模式。

13. 自建房综合监管。监管事项是对经营性自建房结构安全的监督检查，对房屋安全鉴定市场、房屋安全鉴定机构的监督管理；监管对象自建房相关主体；检查方式是“双随机、一公开”、实地核查；监管层级是省市县。

14. 树牢“人人都是营商环境，事事关系营商环境”意识。厅机关负责的工程项目审批制度改革、法治政府示范创建、政府信息公开、信息化建设、作风建设、营商环境工作宣传等都是事关营商环境重要工作，要不断完善已有工作责任机制，着重抓好落实。同时注重与其他单位的协调配合，齐心协力共同做好营商环境的具体工作。

19

省水利厅深化营商环境突破年行动方案

为贯彻落实省委、省政府营商环境突破年活动部署安排，持续优化涉水营商环境，根据《陕西省深化营商环境突破年行动方案》，结合水利工作实际，制定如下行动方案。

一、总体要求

坚持以习近平新时代中国特色社会主义思想为指导，深入学习贯彻党的二十大和习近平总书记历次来陕考察重要讲话重要指示精神，认真贯彻落实省委十四届五次全会暨省委经济工作会议和全省深化“三个年”活动暨招商引资推进会各项决策部署，巩固拓展主题教育成果，落实“五个再深化”要求，坚持大抓改革、大抓服务、大抓效能，以建设市场化、法治化、国际化一流营商环境推动陕西水利高质量发展迈出新步伐。

二、行动目标

紧紧围绕全省水利高质量发展“1426”总体工作思路，按照“单位建设规范化、业务工作标准化、管理执法制度化、落实工作闭环化、评价考核精准化”工作要求，推动企业群众办事更便利、项目服务保障更高效、产业发展生态更优化，努力营造“人人都是招商环境、人人都是营商环境”的浓厚氛围。

三、重点任务

1. 优化用水报装服务。加强对“水电气网一窗化”小切口改革试点单位业务指导和政策支持，建立水电气网联合报装机制和联合服务“一支队伍”，设置联办服务专窗，实现“一表申请、一网通办”，降低企业用水成本。

2. 提升涉水行政审批服务效能。编制完成省级水行政许可办事指南，进一步优化审批流程，压减审批时限、提升审批效率，落实好重大行政审批事项集体研究审议制度。

3. 加大重点项目报批服务指导。建立重点项目涉水许可审批台账，对国家和省级重点项目主动对接、高效精准开展服务，针对项目建设过程中的问题，专人负责、跟踪办理，及时协调推进解决。

4. 推进公平市场准入。落实市场准入负面清单制度，动态调整市场准入负面清单涉水事项，持续破除市场准入壁垒。开展妨碍统一市场和公平竞争政策措施清理，营造公平畅通的市场准入环境。

5. 加强社会信用体系建设。加强水利建设市场信用信息管理，进一步完善“双公示”工作机制，建立“双公示 " 信息台账，做好信息报送、异议信息处理、信用修复等工作。

6. 推进“高效办成一件事”改革。加强对企业水资源保护领域违法违规信息数据共享应用，做好企业上市合法合规信息核查“一件事”。

7. 完善行政执法工作机制。进一步完善省级水行政执法事项清单，修订行政处罚裁量基准和裁量权适用规则，严格行政执法程序，规范涉企行政检查，加强“双随机、一公开”监管工作，推动监管信息共享，避免多头执法，重复检查。

8. 深化拖欠企业账款专项治理行动。加强拖欠企业账款问题梳理排查，畅通和规范企业投诉、举报渠道，依法及时受理和处理。

9. 深化涉企乱收费乱罚款乱摊派专项整治行动。围绕水电气暖、水利行业协会等领域，开展涉企乱收费乱罚款乱摊派自查自纠和监督检查，切实减轻企业负担。

10. 加强项目招标投标管理。加大水利项目招标投标电子化监管，依托省公共资源平台推进水利项目交易、辅助评标、不见面开标，构建招标投标领域全链条监管机制。

11. 充分发挥“陕企通”平台作用。进一步梳理水利惠企便民政策，推动水利涉企政策统一一发布，做好政策发布、解读和宣传。积极推动企业诉求闭环管理和全程响应，切实提升诉求响应率、问题办结率和企业满意率。

12. 推进政务服务标准化。在政务服务事项基本要素“四级四同”的基础上，逐步推进实现受理条件、办理流程、申请材料、办结时限、办理结果等要素统一，推动政务服务平台事项标准统一、业务协同高效、服务同质高效。

13. 加强政务服务渠道建设。畅通群众问题反应渠道，依托“12345”和水利部“12314"服务平台，推进线下办事“只进一门”、线上办事“一网通办”、企业和群众诉求“一线应答”，切实为企业群众办事实、解难题。

14. 深入落实《陕西省优化营商环境条例》。加强条例学习宣传，纳入年度普法计划重点内容，按照条例分工方案及任务台账要求，认真抓好各项重点任务落实。

四、保障措施

各处室要加强组织实施，密切协同配合，严格责任落实，建立工作台账，明确责任人和完成时限，细化工作举措，确保各项任务落地见效。要及时总结工作推进中好的经验做法或案例，加大对营商环境改革创新成果宣传力度和舆论引导，持续营造优化涉水营商环境浓厚氛围。

20

省市场监管局2024年深化营商环境突破年行动方案

2024年，省市场监管局坚持以习近平新时代中国特色社会主义思想为指导，深入学习贯彻党的二十大和习近平总书记历次来陕考察重要讲话重要指示精神，认真落实中央经济工作会议部署要求，按照省委十四届五次全会暨省委经济工作会议和全省深化“三个年”活动暨招商引资推进会安排部署，为进一步激发主体活力、提高监管效能、提振市场信心，发挥市场监管职能作用，打造政府最诚信、企业最舒心、办事最高效“三张名片”，坚持大抓改革、大抓服务、大抓效能，建设市场化、法治化、国际化一流营商环境，制定本方案。

一、深化准入准营改革行动

1. 持续优化企业开办服务，深化“一件事一次办”集成改革。探索实施个体工商户设立、企业信息变更登记、企业注销登记、开办餐饮店“一件事一次办”。

2. 深化“证照分离”改革，高效推进“证照联办”，探索将经营主体登记和市场监管领域许可事项办理纳入联办事项，积极推动“准入即准营”工作。

3. 拓展电子营业执照跨区域、跨部门、跨行业互通共享应用，持续降低企业制度性交易成本。

4. 规范集成注册行为，明确集中登记地认定和管理，引导集中登记地经营主体守法经营。

5. 优化“三品一械”广告审批，缩短办结时效，及时推送审批数据，提升广告审批规范化水平。

6. 深化食品经营许可证改革，对在我省取得食品经营连锁总部许可证的企业，其直营连锁门店在办理食品经营许可时，探索推行免于现场核查，当日作出许可决定。

二、加强监管执法增效行动

7. 探索推进服务型执法。探索建立“预防为主、轻微免罚、重违严惩”的服务型执法模式，推行约谈告诫、行政指导、责令改正等执法方式，开展柔性执法，指导经营主体主动纠正违法行为。

8. 牵头推进跨部门综合监管，全面建立省市县三级跨部门综合监管事项清单，实施动态更新管理。探索建立综合监管“一业一册”告知制度。推进“综合监管一件事”“综合查一次”“一业一查”等改革。

9. 完善信用评价和分级分类监管机制，实行差异化监管措施。强化企业信用风险分类结果与“双随机、一公开”监管有机融合，提升监管效能。

10. 深入开展民生领域“铁拳”行动，围绕校园食品安全、食品非法添加、涉老幼用品等民生重点问题，严厉查办一批性质恶劣的违法案件。

11. 强化涉企收费专项执法，大力查处涉企违规收费行为，持续推动各项降费政策落到实处。

12. 开展知识产权执法专项行动，加强商业秘密保护创新试点工作。

13. 优化经营者集中反垄断审查试点，提高审查效能和质量。

14. 开展滥用行政权力排除、限制竞争执法质效提升行动，依法纠正指定交易、限制商品要素自由流通、阻碍异地经营、妨碍公平竞争等行为，坚决破除地方保护和市场分割。

15. 聚焦转供电环节违规加价行为，持续加大整治力度，有效降低数字基础设施综合运营成本。

16. 开展网络市场监管专项行动，着力整治网络禁限售、直播营销乱象、刷单炒信等网络市场突出问题。

三、开展企业服务提升行动

17. 加快推进“信陕贷”项目建设，建立经营主体增信评价体系，提升个体工商户金融可得性、普惠性。

18. 全面推进个体工商户分型分类精准帮扶，制定分型分类标准，建立分型分类名录库，加大选优和拔尖培养力度。

19. 推动解决“个转企”直接登记难点堵点问题，支持个体工商户转型升级企业。

20. 持续推进质量基础设施“一站式”服务，深入开展“一站式”

服务提升行动。

21. 持续推进民营经济标准创新工作，开展民营企业标准建设“百千行动”，为我省民营企业免费提供标准化技术支撑。

22. 研究制定《科技成果评估服务规范》《专利申请前评估规范》，发挥标准助力加速释放科技领域创新活力。

23. 开展网络交易主体质量提升帮扶，推广网络交易监管与示范区典型模式，开展“三个一批”创建活动。

24. 开设“办不成事窗口”，对申请人无法办理的疑难问题事项设置专门“汇诊”窗口，把“办不成”事项变成“怎么办”事项。

25. 持续开展“监管护棉”三年质量提升行动，促进我省棉花质量稳中向好。

四、探索市场协同共治行动

26. 监管合规引导，制订食品、工业产品、广告、互联网经营等行业合规指引（包括反垄断、价格等行为合规指引），引导企业完善内部管理流程和加强自我监督。

27. 全面开展地方标准清理工作，组织对妨碍统一市场和公平竞争的各种规定和做法应改尽改、应废尽废。

28. 纵深推进“一圈两区”和丝路沿线西北省区市场监管执法协作机制，有序有效落实执法协作协议内容，探索建立政企联动执法协作新模式，共同营造良好的区域市场环境。

29. 在新材料、新能源、节能减排、环境保护等新兴产业领域聚集的园区设立计量服务站，联合重点产业链“链主”企业建立计量测试实验室，全力打通计量服务企业“最后一百米”。

30. 常态化开展市监“三问厅”活动，协调解决经营主体的困难问题，了解掌握市场监管领域普遍性问题，听取经营主体意见建议，向经营主体求计问策。

第四篇 典型案例

一

政务服务标准化

ZHENGWU FUWU BIAOZHUNHUA

案例一

西安市以优质高效审批代办服务保障重点项目快速开工建设

西安市坚持把服务保障重点项目作为推进西安高质量发展的重要抓手，统筹推进高质量项目推进年、营商环境突破年行动，全面推行重点项目审批无偿代办服务，有效提升项目审批手续办理效率，推动重点项目加速落地建设。截至 2024 年 6 月，全市代办机构共代办市、区级重点项目 1710 个，其中市级重点项目 810 个，平均占年度市级在建重点项目的 84.9%，重点项目各阶段审批事项办理时间总体压缩 40% 以上。

一、强化统筹、建章立制。按照全市代办“一盘棋”工作思路，注重从市级层面统筹抓总，加强组织领导，完善制度建设。一是建立标准规范。制定出台《西安市投资建设项目审批代办服务实施办法》《关于优化完善市区两级联合代办服务工作机制的实施意见》《西安市投资项目代办服务工作考核办法》等制度文件，从设置服务范围、规范代办流程、建立市区联动、制定监督考核等方面对项目审批代办服务进行标准化、规范化管理。二是组建专业队伍。建成市、区（县、开发区）两级代办服务机构，组建 230 余人专职代办员队伍，形成全市“两级机构、一体服务”的代办服务体系。三是强化上下联动。推行市区两级联动、分工协作、接力服务、协同推进的服务模式，实施跨层级审批事项无差别办理，确保了文物勘探审批、消防审查、穿越轨道、国家安全等跨层级审批事项高效顺畅办理。四是抓好横向协同。代办机构与各审批部门建立常态化沟通协作机制，形成由代办员和审批人员组成的项目协同服务小组，对项目审批中各类具体问题可随时通过微信群联络并解答，做到无缝衔接。

二、紧盯需求、精准服务。坚持把项目需求作为审批代办的着力点，提供精准化服务。一是提前谋划。每年底结合项目储备情况，提前谋划下一年度项目代办服务重点任务，年初印发《关于做好全市重点建设项目代办服务工作的通知》，明确年度目标任务，组织新开工项目单位开展集中培训。比如，2023、2024 年初，针对用地、立项、工程规划、施工许可、环评、能评、人防、消防等报审手续，组织 190 余家新开工项目的报建员进行专题培训辅导。二是精准问需。编制项目代办服务手册，组织市、区两级代办员主动对接项目单位，介绍代办服务政策、工作流程，逐一了解审批手续办理现状，对有需求的及时介入代办，对无需求的持续关注、定期对接沟通。截至 2024 年 6 月，对 1488 个市级重点项目先后对接 4500 余次，新增委托代办事项 350 余个。三是跟踪推进。建立代办服务台账，及时跟进审批进度，实时动态更新，每月主动与未办结审批手续的项目单位沟通，多轮征询代办需求，精准掌握项目审批需求和存在问题。安排专人负责，实行一企一策，结合项目计划开工时间，倒排审批时间节点，制定报批计划，为项目提供专业细致、合规高效的代办服务。

三、提前介入、辅导协助。紧盯项目报审前期关键节点，做好企业政策咨询、审前辅导、审批模式选择等服务。一是加强辅导。编制建设项目代办服务指南，开展“一对一”精准辅导，解读惠企政策，帮助企业最大限度享受政策优惠红利，降低运营成本。二是跟进提醒。为项目单位定制报批计划，精准计算各阶段审批事项报审时间节点，提醒各时间段的报审事项和提前准备的事项，缩短报审材料准备时间。截至 2024 年 6 月，全市代办机构为工业和基础设施建设类项目协助制定报批计划 489 份。三是协助报建。帮助企业梳理报审材料和操作程序，明确材料易错点和注意事项，提高报审一次性通过率。将代办服务的重点项目全部纳入“绿色通道”办理，实行快捷办、优先办，加快审批进程。

四、流程再造，提升效能。推行审前辅导、审中协调、审后跟踪回访的代办服务模式，提升服务效能。一是推行“告知承诺制”。明确工程建设许可、施工许可阶段可承诺内容和标准，在具备基本条件和关键材料、缺少非关键性材料的前提下，协调审批部门先行受理审核，企业在承诺时间内补齐材料后出具办理结果，大幅缩短审批时限。二是实施分阶段并联审批。从立项用地到规划许可、施工许可、竣工验收四个阶段，梳理部门间能够联合或者合并办理的事项，实行一揽子事项集成代办、分阶段并联审批，相关审批部门协同推进，缩短材料准备时间，提升办事便利度。比如，对美光半导体芯片封测项目涉及的“建筑工程施工许可”“开设临时出入口”“挖掘占用城市道路施工许可”“建筑垃圾处置”等业务进行打包服务，办理提速 80% 以上。三是试行“提前预审”。对已立项且取得规划条件的重大产业项目，在报地和拿地的窗口期，提前开展设计方案联审、施工图技术审查等预审批，待土地手续完善后同步核发用地规划许可证、工程规划许可证、施工许可证，缩短审批周期，实现“拿地即开工”。

五、聚焦问题，排忧解难。充分发挥全市代办机构桥梁纽带作用，加强与审批部门、项目单位通力协作、解决问题。一是集中力量提效率。针对项目特殊要求或审批手续办理中遇到的困难问题，通过部门联席会、专题协调会等形式，共同研讨解决办法，量身定制服务方案，实施部门集中联合预审，提升手续办理效率。比如，针对西安雁塔区“保回迁”等 51 个项目，市代办中心组织资源规划、住建、城管、轨道等部门召开联席会议专题研讨，一次性协调解决相关问题。二是跟踪反馈抓进度。代办员对重点项目审批进度进行实时跟踪，对推进缓慢的事项进行催办，将审批相关问题及时反馈项目单位，确保审批顺畅推进。三是实地上门解难题。对问题复杂、推进缓慢的重点项目，深入项目现场，实地了解企业实际困难，针对性提出解决方案。对涉及面广、协调难度大的疑难问题，上报市重点项目领导小组专题研究，推动问题解决。截至 2024 年 6 月，市、区两级共为代办项目上门开展现场服务 400 余次，协调解决审批疑难问题 977 个。

案例二

咸阳市坚持惠民利企 优化营商环境 提升政务公开效能助推高质量发展

咸阳市以深化“三个年”活动为总抓手，多措并举持续提升政务公开效能，全力推进政务公开工作不断向纵深发展，努力打造公开化、透明化、法制化一流营商环境，助推高质量发展。

从信息公开上硬着力，夯实惠民利企“新基础”。梳理汇总发布县、镇两级征地补偿、义务教育、生态环境等 31 个领域基层政务公开事项标准目录 3 万余条。通过政府网站、政务新媒体及各类线下渠道，年均主动公开政策文件、行政执法、重点项目建设等 12 个方面信息 13.98 万余条，平均增长率 9.34%。制定咸阳市政府信息依申请公开答复《示范文本》，严格规范依申请公开办理回复工作流程，扩展在线平台、邮件快寄、专区提交等申请途径，促使企业群众获取政府信息渠道进一步畅通。

从服务公开上再加码，助力服务效率“加速度”。加强省、市、县、镇、村五级网上政务服务体系建设，推动 40188 个政务服务事项网上公开，全面公开事项办理地点、办理时限、申请材料、办理流程等要素，市、县两级政务服务事项平均办理时限缩短四分之三，95% 以上事项办理实现“最多跑一次”；宣传推广“秦务员”一体化政务服务平台，办理事项超过 14 万件；上线运行“咸企通”惠企平台，完成企业入驻 1976 家，上传更新政策 377 条，政策短信精准推送域内规上企业 890 家，全网用户累计达 10350 人（次）。与西咸新区签订“跨区通办”合作协议，涉及社保、公积金、养老、企业投资等共 290 项政务服务高频事项实现跨区通办，基本解决了企业群众异地办事“多地跑、折返跑”难题。

从工作机制上求突破，激发政务公开“新活力”。制定出台政策解读《内部机制》《质量标准》《流程规范》，年均累计发布图文表格、动漫视频等形式解读材料 38 篇、解读率 100%，创新开展“老韩说事会”、“政策会客厅”、“书记讲文件”、“新闻发布会”等多类型且通俗易懂的政策解读活动。打通各级政府网站、政务新媒体政民互动渠道，畅通群众参政议政、诉求表达窗口，年均回复各类在线咨询建议 2 万多条，做到有问必有答、事事有回应。在涉及国土空间规划、土地征收补偿、气象灾害预警等社会关切、群众关心的重大决策出台前，广泛征集社会群众意见建议，合理引导社会预期、提振发展信心。制定出台咸阳市政务公开专区标准化规范化建设《工作方案》，在全国率先提出“六统一、三规范”建设标准，按照“试行试点一全面推行—总结推广”实施步骤全面推进市、县、镇（街办）、村（社区）“四级”政务公开专区建设，让政务公开触角延伸到最基层。

从平台管办上狠发力，构建公开载体“新格局”。建成运行以市、县两级 14 家政府网站为主体的全市政府网站集约化平台，打破行业地区数据壁垒，为企业群众提供“无缝式”公开服务，全年访问量超过 627 万人（次）。整合优化微信公众号、微博、抖音视频号等政务新媒体 278 个，以企业群众喜闻乐见的形式传递政府权威声音。制定出台咸阳市政府网站与政务新媒体《管理办法》，建立以市政务公开办、市大数据管理局、市行政审批局为监管主体，运用“全国政府网站信息报送系统”“全国政务新媒体信息报送系统”“陕西省政府网站与政务新媒体监管平台”、“咸阳市政府网站云检测平台”，通过日监测、周反馈、月检查、季通报、年评估（即“3十4+5”监管体系），实施常态化监管。

从组织保障上寻提升，打好新时代政务公开“主动仗”。成立市、县、镇三级政务公开工作领导小组，各成员单位配备专职工作人员2—3人，明确主要领导负总责、分管领导具体抓和主管单位（科室）统筹推进、相关单位（科室）分工落实的工作机制。实施一月一指导、一季一培训、半年一小结、一年一总结的培训提升制度，围绕新时代政务公开工作重心，邀请上级领导、行业专家、部门负责同志，全方位、全员化、多角度开展业务培训提升。将政务公开纳入全市年度目标责任、营商便利度考核的重要项目，制度化实行政务公开年度绩效评估。由市政府办公室牵头，会同市大数据管理局、市行政审批服务局下沉各级各单位，开展政务公开半年检查督办、第三方年度业务绩效评估和年终全面总结。

案例三

渭南市“四减一优”高效办成投资项目

渭南市按照国务院优化政务服务提升行政效能推动“高效办成一件事”的指导精神，不断挖掘和推广，深化投资项目审批制度改革，在制定印发《渭南市市级投资项目“容缺 + 承诺制 + 并联审批 + 全程帮办代办”审批办法》（以下简称《办法》）的基础上，多措并举提升项目审批服务方式，探索推行“减材料、减时限、减环节、减跑动、优服务”服务方式，推动项目审批高效办成。连续 4 年市级重点项目市域内手续在一季度全部办结，特别是 2024 年渭南市 418 个市级重点项目市域内手续于 3 月 15 日全部办结，比往年提前半个月，助推营商环境进一步优化提升。

容缺承诺减材料。一是在《办法》中列明了容缺审批中的主审材料和容缺材料名单，其中容缺材料 27 份，精简 22.3%。二是容缺材料不会对审批结果产生实质性影响的、可以通过事后监管纠正的，手续办理部门快速完成审批；容缺材料可能会对审批结果产生实质性影响的，手续办理部门出具初审意见，其它部门将该初审意见作为本部门审批依据。三是明确是否采取容缺审批由项目单位提出申请并做出书面承诺，审批后 30 个工作日内补齐所有容缺材料。不能补齐或者补齐的容缺材料不符合规定的，原审批文件作废，重新办理审批手续，确保审批资料符合规定。

并联审批减时限。一是赋码预审。手续办理部门在“陕西省投资项目在线审批监管平台”1个工作日内完成预审，赋予项目代码。二是统一接件。综合窗口一次性接收项目单位网上上传或者现场递交的全部申报材料，对材料齐全、要件合格的马上受理并分发相关部门，对不齐全、不合格的一次性告知项目单位补充完善。三是分类办理。手续办理部门同步审查申报材料，在规定时限内完成本部门手续办理工作。对涉及手续办理部门多、协调难度大的项目，市行政审批局开辟“绿色通道”，以会商会议的方式进行联审。四是办结回复。手续办理部门在手续办结后1个工作日内通知项目单位现场领取或通过政务专递递送办理结果，实现时限压缩20%。

简易审批减环节。一是对列入相关发展规划、专项规划和区域规划的项目以及总投资在3000万元（含）以下且不涉及新增建设用地的非跨县（区）工程建设类项目，不再要求审批项目建议书。二是对总投资3000万元以下且不涉及新增建设用地和用地、建设规划调整的非跨县（区）改扩建、老旧小区改造、管网建设、市政维护、以工代赈等项目，将项目建议书、可行性研究报告、初步设计合并为初步设计（代可行性研究报告）一次审批。三是为应对自然灾害、事故灾难、公共卫生事件等突发事件需要紧急建设的项目，简化环节，只审批初步设计（代可行性研究报告）一次。

全程网办减跑动。一是项目单位全程通过“陕西省投资项目在线审批监管平台”进行申报。二是强化信息资源共享，前期在平台提交过的代码证、营业执照等，进行数据共享，不再重复提交相关资料。三是不断拓展投资在线平台应用领域，归集项目信息和审批信息，运用大数据分析，建立反映投资审批问题的办理和反馈机制，梳理形成高频次咨询事项的统一答复口径，减少项目单位咨询跑动次数。

帮办代办优服务。一是超前培训。针对项目单位手续办理人员流动更换频繁、业务不熟练问题，围绕所需材料、平台流程、易漏易错事项等主要方面，市、县两级组织项目单位手续办理人员进行了 30 余场培训，较好地解决了资料准备慢、错情多的问题，确保资料一经上传即能受理、进入审批流程。二是一线服务。组织帮办代办人员 30 余次深入项目一线，开展上门问需和现场服务活动。三是现场帮办。在政务大厅设置帮办代办服务窗口，根据项目单位需要，一对一进行业务指导，协助准备申报材料，协调办理各项审批手续。

案例四

延安市着力构建“五全”服务体系
深化拓展营商环境突破年活动

2024 年延安市围绕服务企业、服务群众、服务项目、服务产业目标，聚焦“三个突破”持续发力，着力构建“五全”服务体系，全面深化拓展营商环境突破年活动。

着力构建企业生产经营全生命周期服务体系。持续深化企业开办和企业简易注销改革，全面清理市场准入壁垒，营造更加便利的市场准入和退出环境。深化水电气综合办理改革，建立水电气联合报装机制，实现“一表申请、一网通办”。优化办税缴费服务，企业年均纳税时间压减到 59 个小时以内。加大融资政策支持，充分发挥延安智慧金融服务平台作用，用活用好“四贷促进”金融服务站，加快破解融资难融资贵问题。深化不见面开标、远程异地评标改革，全年不见面开标率不低于 60%，远程异地评标数量同比提高 10%。不断提升政府采购效率，中小企业政府采购合同金额达到政府采购规模的 85% 以上。深入推进跨部门综合监管，完善联合检查、“双随机、一公开”监管、非现场执法等工作机制，强化劳动力市场服务，加快涉企案件办理，扎实开展拖欠企业账款专项治理行动和涉企乱收费乱罚款乱摊派专项整治行动，努力营造公平有序的市场环境。

着力构建项目建设全过程服务体系。推行规划用地“多审合一、多证合一、多测合一”改革，提高土地供应效率。持续深化工程建设项目开工许可“一次办”审批改革，将重大项目环评审批时间压缩至法定时间一半以上。创新不动产登记服务，全面推行“交地即交证”模式，扩大“标准地”供应，推进项目快速落地、尽早开工、如期建成。

着力构建群众办事全流程服务体系。制定印发《政务服务质量控制规范》《线上政务服务规范》《线上政务服务大厅建设规范》等市级地方标准，进一步简化证明事项，在更多领域更大范围实现“高效办成一件事”，全面提升政务服务标准化、规范化、便利化水平。推动政务数据跨地区、跨部门、跨层级、跨系统、跨业务共享利用，持续提高部门信息孤岛打通率。优化 12345 政务服务热线工单办理流程，强化对重点难点诉求办理情况的跟踪督办，用好服务群众周“解忧”工作机制，站稳人民立场，用心用情用力解决好群众“急难愁盼”问题。

着力构建产业发展全链条服务体系。优化涉企政策服务机制，依托“陕企通”“延企通”平台，完善涉企政策知识库，建立健全政策发布、解读、宣传机制，促进各类惠企政策直达快享。创新招才引智政策，深化“圣地英才计划”，全方位引进、培养、用好人才，加快完善教育、医疗、社会保险等公共服务配套，推动产业链人才链深度融合。加强知识产权保护，持续查处商标侵权行为和假冒伪劣产品，严厉打击侵犯知识产权的违法犯罪行为，营造良好的产业发展环境。

着力构建优化营商环境全方位服务保障体系。健全完善营商环境“月调度、季点评、年考核”工作机制，推动各项任务落实落细。树牢“有解思维”，健全“发现问题、整改落实、反馈问效”工作闭环，确保企业群众诉求“事事有回音，件件有着落”。加大营商环境政策宣传力度，充分发挥“营商环境体验官”作用，广泛听取各类市场主体意见建议，加快形成全社会参与营商环境建设的良好格局。

案例五

榆林市推行“红蓝章”审批模式保障服务项目建设

榆林市推行重点项目审批“红蓝章”模式，通过“蓝章”提前预审的模式，打破前置因素制约，实现“零条件”容缺受理，为企业项目审批时限压缩 60 天左右。

“零距离”提前服务。把“企业上门”变为“上企业门”，推行“红蓝章”审批的项目，在企业自愿承诺的基础上，在项目完成选址即可委托相关机构开展勘察设计等前期工作，各审批部门全面提前介入指导，重点对企业自行编制或第三方中介机构编制的报告进行提前把关，全方位提供咨询服务、“零条件”并联预审，用“蓝章”的形式将提前服务的成果进行固化。“蓝章”批复文件（预审意见）各部门间共享互认。

“零条件”容缺受理。将企业的“等地期”、部门的“决策期”变为“工作期”，企业投资项目在土地出让阶段并联开展工程规划许可、施工图审查（含特殊消防设计审查）、施工许可等开工前预审服务；政府投资项目在可研立项批复阶段并联开展用地预审和选址意见书、环境影响评价批复（备案）、社会稳定风险评估等预审服务。项目建设单位提交预审材料符合要求的，相关职能部门对项目相关图纸、意见、批复等加盖蓝章。蓝章（预审批）批复文件可作为该项目在市域内其他前期手续办理的支撑性材料，解决前置制约问题。

“零时差”及时转换。在企业取得土地使用权（完成土地摘牌、缴纳土地出让金、契税等程序）后，各审批部门依法立即办理预服务事项的红章（正式批复）文件，将相关“蓝章”批复转盖为“红章”。进行容缺办理的，在项目单位补齐容缺资料后 1 个工作日内印发红章（正式批复）文件。

案例六

西安市莲湖区构建“一中心一队伍、四化四勘四加速”智慧踏勘服务体系 *

莲湖区聚焦行政审批现场踏勘环节，通过建立一个中心、优化一支队伍、推行“四化”管理、提供“四勘”服务、实施“四加速”举措，积极构建标准规范统一、体验高效便捷、资料归档可查的智慧踏勘服务体系，不断提高踏勘质效和服务便利度。

建强“一中心一队伍”聚合力。在莲湖区市民中心建立智慧踏勘服务中心，为企业群众提供政策咨询、勘前辅导、远程踏勘、信息管理、协调处置等全方位服务。依托莲湖区行政审批技术保障中心，组建专门工作队伍 10 名，负责为行政审批工作提供技术保障服务，组织实施行政审批事项的现场踏勘、专家评审、验收工作，会同行业主管部门开展联合踏勘工作，实行独立化、规范化运行。

推行“四化”管理强内力。服务运行标准化。编制《莲湖区相对集中行政许可事项踏勘标准手册》，逐项明确 21 项踏勘事项标准，做到有法可依、有章可循。服务供给规范化。全过程同步上传云服务器或由执法记录仪拍摄留存、统一管理，保证踏勘档案完整、有序、可查、可用。线上踏勘智慧化。升级打造集踏勘资料预审、远程视频连

* 指陕西省营商环境创新示范区典型案例。

线、精准获取定位、结果实时反馈、进度随时可查等多功能为一体的智慧踏勘服务平台。政务服务公开化。搭建数据可视化平台，集业务办理、人员管理、效能监察为一体，实现踏勘工作公开透明、业务流程全环节可控。

提供“四勘”服务增便利。远程踏勘。对于食品、药品、动物诊疗等许可事项可进行远程踏勘，日均远程踏勘 40 件以上，远程踏勘量占总业务量 70% 以上。实地踏勘。对于娱乐场所设立、经营高危险性体育项目许可等事项，需组织 2 名以上工作人员到现场开展踏勘。联合踏勘。对于医疗机构执业许可等需其他部门和相关专家参与踏勘的审批事项，由审批部门发起联合踏勘。“告知承诺”免踏勘。针对在同一地址变更经营者后申请同一许可事项，且承诺不改变经营场所主体结构、布局和原踏勘要素，实行“告知承诺”免踏勘。

实施“四加速”举措提效力。勘前辅导助加速。通过面对面了解、视频连线或实地前往等方式，提前进行勘前业务指导。多勘合一助加速。将同一家市场主体落地经营所需的所有踏勘业务“多勘合一”“打包”并联进行。提前预勘助加速。会同业务主管单位提前介入，将设立、许可、经营和监管的要点及注意事项一次性告知申请人，避免申请人产生不必要的经济损失。优化整改助加速。对于简单整改事项，通过平台上传整改图片即可，无需再次踏勘复核；对于需整改项目较多的复杂事项，利用数字化比对技术，仅踏勘整改项目，加快审批速度。莲湖区行政审批现场踏勘环节“一次性通过率”达到 40%。

案例七

西安市雁塔区坚持“四个聚焦”紧盯“四个一流”着力打造“人民满意窗口”*

近年来，西安市雁塔区聚力树牢“优无止境、营在雁塔”营商环境品牌，采取区委牵总、部门主抓、协同推动方式，着力打造“人民满意窗口”，切实增强人民群众的满意度和获得感。

聚焦“服务窗口更亮”，完善“一流机制”。成立由区委主要领导任组长的“人民满意窗口”创建活动领导小组，先后 3 次对全区 346 家窗口单位进行全覆盖的明察暗访和检查评估。制定完善《政务大厅管理办法》《首席代表管理办法》等 26 项制度规定，建立以现场服务“一次一评”和网上服务“一事一评”为主的“好差评”评价机制，引导群众积极对服务情况进行打分评价，确保服务质量、服务效果可量化、可改进、可提升。引入 ISO9001 质量管理体系，全面提升政务服务质量管理全过程。

聚焦“人员形象更佳”，建设“一流队伍”。常态化开展“营商环境大讲堂”“作风建设大家谈”等系列活动，设置“办不成事”“政策兑现”等便民服务专窗，建立“雷锋站”“党员岗”“热线帮”等 5 支帮办代办队伍。为各街道、社区培训配备专（兼）职帮代办员 2200

* 指陕西省营商环境创新示范区典型案例。

余名，常态开展特殊群体帮代办服务，提升帮办代办水平。常态化开展服务礼仪、业务知识、专业技能培训活动 20 余次，全面提升服务人员的综合能力素质和标准化服务水平，创建“便民、规范、廉洁、高效”的服务团队。

聚焦“办事环境更美”，优化“一流服务”。推出“VR 体验 + 电子制图”审批服务新模式，在 24 小时自助服务区增设驾驶员体检机、养老年检自助机，优化“雁塔政务”微阵地。常态开展“政企服务早餐会”“营商环境下午茶”等活动，助力群众办事“更暖心”。设置“咨询导引区”“服务等候区”“窗口办理区”“自助服务区”等功能区域，确保服务场所设施齐全，功能完备，办事秩序井然。建立延时服务、上门服务、绿色通道等制度，为老年人、残疾人、孕妇等特殊群体提供暖心服务。

聚焦“服务质量更优”，展现“一流成效”。通过“我陪群众走流程”“直播带政策”活动，“面对面”了解企业群众办事诉求。组织专家学者、资深媒体人、“两代表一委员”开展改革体验官体验活动，促进服务效能不断提升。多措并举上下联动开展评估活动，对首批 6 个区级大厅、2 个街道便民服务中心、9 个基层站所、34 个社区便民服务站予以通报表彰并进行授牌，形成作用发挥有力、为民服务聚力、品牌口碑给力的政务服务工作“聚能环”，把看得见、摸得着的服务带到群众身边。

案例八

西安高新区试点环评与排污许可“两证合一”探索项目生态准入审管新模式*

西安高新区聚焦优化生态准入和环评提效，积极探索环评审批与排污许可有机衔接的新机制，通过政务数据整合共享，再造审批流程，推动环评审批与排污许可两个事项“同步受理、一次办结”，服务建设项目早落地、早投产、早达效。

推行制度改革，审批模式再创新。制定出台影响评价与排污许可审批“两证合一”“两证联办”改革、项目环评打捆审批等工作实施方案，将“环评 + 排污”许可“两证合一”，分为首次核发、重新申领 2 种类别。建设单位结合项目实际选择办事类别，线上分别在“全国环境影响评价管理信息平台”和“全国排污许可证管理信息平台—企业端”进行申报，线下在高新区政务服务大厅“两证合一”窗口提交材料进行申请，审核通过后，即可同时获得环评批复及排污许可证。

简化办事流程，审批质效再提升。将原来事项分开办理时所需的两套申请材料，进一步精简整合成一套申请材料，制定公布“两证合一材料清单”，实现两个审批事项“同时申请”，有效避免同类材料重

* 指陕西省营商环境创新示范区典型案例。

复提交。依托政务数据整合共享，审批部门同步开展申请环评文件、排污许可证材料审查工作和技术评估，将审批时限由分项办理的平均13个工作日压缩至最快3个工作日办结，审批提速76%以上，有力推动建设项目加速落地。

强化审管联动，监管执法再加力。建立健全环评、排污许可审批与执法监管联动机制，加强事中事后监管，联合多部门加大对环评文本技术复核和排污许可的抽查力度，确保项目落地后污染物排放不超标，区域环境质量不降低。对不按要求落实环保措施、超标超总量排放污染物的违法行为，严格予以惩处，纳入环保信用黑名单并公开曝光，严格坚守生态环境保护底线。

案例九

咸阳高新区创新推行“园长制”培植区域营商安商竞争新优势*

咸阳高新区以企业“办事不出园区”为目标，在产业园区推行“园长制”服务管理机制，促进了资源优化配置、企业发展提质增效、管理服务精细智能，成为区域营商安商竞争新优势。

“1+7+10”，健全“园长制”工作保障。为确保“园长制”服务管理机制科学、规范运行，制定了《咸阳高新区“园长制”服务管理办法及实施细则》，成立了1个“园长制”领导小组，确定了7个与项目建设和企业发展联系密切的部门为园区包抓部门，并从部门中选定“园长”和“园区管家”；精选了10名精通项目审批、双招双引、政策申报等的专业人员组成“综合服务保障团”，配合“园长”和“园区管家”，为入园企业和项目提供精准指导和专业服务。

“三大服务”，确立“园长制”工作核心。一是落地保障服务。项目确定入园后，园长启动“综合服务保障团”，为企业办理工商注册、税务登记、备案等提供帮办、代办服务。二是运营普惠服务。项目入园后，园长和园区管家重点做好三项工作，即常态化走访问需、常态化支持发展和开展交流共享活动。通过常态化走访问需及时解决项目

* 指陕西省营商环境创新示范区典型案例。

建设和企业发展中的“急、难、愁、盼”问题；通过常态化支持发展，落实各类税收优惠、科技创新、高质量发展政策深度解读和精准申报；通过开展交流共享活动，协助企业之间构建供需链接、投融资关联、管理经验分享等关系，实现优质资源共享。三是成长跟踪服务。建设“智慧园区”线上服务管理平台，对区域内 23 个产业园区进行抽屉式精细建模，清晰展示各园区建筑结构和入驻企业，同时建立入园企业数据库，根据企业产值坪效、税收坪效、研发强度、创新能力等指标数据，对企业开展“精准画像”，划分为 A、B、C、D 四个档，通过分类划档和成长跟踪，实现对企业的精准服务管理。

“四个 1”，明晰“园长制”运行机制。“园长制”以“四个 1”（1 个包抓责任部门、1 名园长、1 名园区管家和 1 个综合服务保障团）“常走访、月调度、季推进、年总结”为工作运行机制。园长和园区管家通过定期的走访问需，了解项目最新进展，知悉企业经营状况，维护“智慧园区”数据信息；包抓部门每季度召开一次工作推进会，研讨工作进展，协调解决存在问题；“园长制”领导小组每半年召开一次园区工作汇报会，汇总各园区工作开展情况，总结经验推广；年终对各园区和园长工作开展进行一次全面综合考核评价。“园长制”自实施以来，已成功解决了 20 多个制约企业发展的突出问题，为 18 个入园项目提供帮办和协办服务 54 次，解决项目“急、难、愁、盼”问题 33 个。

案例十

铜川市王益区“四个三”模式助力行政审批提质增效*

铜川市王益区聚焦市场主体和群众需求，持续深化“三个年”活动，创新推出“四个三”模式，大力推进行政审批制度改革和政务服务提质增效，不断优化营商环境，为全区经济高质量发展提供坚强有力的要素保障。

完善三张清单，让改革主线树起来。完善行政许可事项清单。推动同一行政许可事项在不同地区和层级同要素管理、同标准办理。完善行政备案事项清单。进一步细化完善行政备案事项办事指南并及时向社会公布，避免擅自增设备案条件。完善权责清单。按照法律法规和承接、下放行政权力情况，调整权责清单，构建规范化、透明化、公开化的公共权力运行机制。

深化三项改革，让改革效能提起来。打造“证照同销”一体化办理小切口改革。在道路运输和公共场所卫生领域，推行营业执照和许可证一同注销模式。深化“一件事一次办”集成改革。推进更多特色“一件事”业务线上线下融合办理，实现更深层次“减环节、减材料、减时限、减跑动”。优化“九条举措”推动审批服务全面改革。聚焦

* 指陕西省营商环境创新示范区典型案例。

企业群众办事堵点难点等九项重点工作，推行审前介入引导、办理助理帮办等九种工作模式，更深层次推进审批服务重点领域全面改革。

优化三项服务，让改革水平升起来。市区协同推动审批服务便利化。协同市级开展“证照互打”等8项涉企便民线上线下融合服务，提升企业办事体验。数字赋能推动审批服务智能化。拓展政务服务网、秦务员APP平台应用，丰富掌上办、智能办、自助办等方式，加快实施政务运行“一网协同”、政务服务“一网通办”，提升政务服务便利化。惠民利企推动审批服务高效化。运行《12345网上群众工作部“4小时”响应机制》、《12345热线运行暂行办法》，推动群众诉求“一平台响应、多渠道服务”，不断提升接通率、解决率和满意率。

提升三种本领，让改革能力强起来。强化政治素养。充分利用先锋微讲堂、三会一课、红旗窗口评选等，积极探索党建与业务融合，打造“审批加速度·服务有温度”特色品牌。强化风险防控本领。围绕依法审批法律、廉政建设、意识形态、社会稳定等关键点，建立风险防控清单；汇编行政许可事项法律法规，开展法治培训、案卷评查等，加强内部管理和监督，提升依法依规审批水平。强化业务素养。深入开展“我要上讲台”“审批知识我来讲”“审批案例分享会”等活动，搭建干部成长课堂，提升干部业务素质。

案例十一

榆林市府谷县以“厅”会友　政企“双向奔赴”创建营商环境会客厅服务机制*

榆林市府谷县践行“用心服务新服务，府州相伴府周办”服务理念，主动拓宽政企沟通渠道，通过线上线下、城内城外，纵横结合、由点及面的方式创建“营商环境会客厅”政企服务新模式，畅通市场主体诉求渠道，“一键”直达政务服务部门，为企业提供穿透式、直达式服务，促进营商环境持续向好向稳发展。

“座谈厅”打造政策宣传新阵地。会客厅主阵地设立在县政务服务中心三楼，旨在政策宣传上持续发力，围绕政务服务需求较多的事项提供专业权威、通俗易懂的政策解读。通过“请企业看、听企业说、让群众评”打造政府部门与企业、群众之间面对面、零距离、全了解的沟通阵地，让广大企业群众办事“找到门”、发展“找到路”、解困“找到家”。

“咨询厅”丰富政务互动新内涵。开设会客厅涉企许可“快速通道”，安排专人负责审批许可咨询、办理流程介绍、疑难问题解答，并提供“一对一”指导、“帮办代办”服务，做到咨询服务“一口清”、资料发放“一手清”、受理审核“一次清”。对企业群众反映

* 指陕西省营商环境创新示范区典型案例。

较为集中的共性问题，推行“首问负责制”，并跨层级集中协商，多管齐下、多措并举，实现从解决“一个问题”向解决“一类问题”过渡。

“建议厅”聚焦服务发展新活力。企业可在办理过程中对审批服务的运行机制、服务体系、场所环境等进行意见、建议反馈；对服务态度、服务质量、审批效率等不满意的，可进行投诉建议；会客厅及时做好问题归类整理，协调内部科室或有关部门研究解决，并做好跟踪落实，及时回应企业诉求，建立“营商环境会客厅”长效机制。

“协调厅”激发企业筑梦新动力。把企业的事当作自己的事，对于本部门能够解决的问题，会客厅工作人员及时“把脉开方”；对于要素保障、能源供应、土地、税收等诉求，及时协调有关部门研究解决，为企业“雪中送炭”；对和企业产业链关联的上、下游企业提供营商服务，助力产业补链、强链，对于个性化的问题加强“一事一议”和“一企一策”服务。

“在线厅”延伸全面服务新格局。综合线下功能，设立线上营商环境会客厅。依托“府周（州）办”小程序，整合“县长信箱”“书记留言板”“12345”热线等功能模块和微信联络群，企业群众可通过不同渠道在线上提出问题咨询、办理申请、投诉举报，工作人员通过细化办理方式、岗位职责、流转程序，做到在线即来即办、即办即结，通过网络在线拓展优化政务服务。

“回访厅”搭建企业发展新桥梁。在企业生产、经营驻地和各（乡）镇便民大厅设立驻企、驻乡镇回访座谈会客厅，以“发现问题、处置问题、反馈问题”的工作闭环，从“围绕企业做服务”到“深入企业促发展”，倒逼政府部门履职尽责，为企业提供“桥梁式”服务。目前，已挂牌固定会客厅 59 处，镇、农业园区便民服务大厅 21 处；县域内工业、农业、煤矿、商贸、餐饮领域的国有、民营、招商引资等代表性企业生产驻地 29 处；代表性社区、小区 8 处及政务服务大厅 1 处。

案例十二

榆林市榆阳区“五式”帮代办优化营商环境*

今年，榆林市榆阳区围绕持续优化营商环境，积极推进政务服务创新，在区政务服务中心创建“办不成事”反映窗口服务新体系，以“小窗口”推动“大作为”，解决企业群众办事中的“疑难杂症”。一季度，涉及食品经营、企业开办等“办不成事”问题已全部协调解决，帮办代办570余件。

坚持问题导向，全方位覆盖难题。针对群众材料清单搞不明白、特殊证明在常规窗口没法办理、办业务找不到具体部门等问题，“办不成事”窗口专接“烫手山芋”、专治“疑难症结”、专疏“办事梗阻”、专办“难办事项”，主要解决三大类问题：一是特事特办，比如企业或市民遇到需要加急、加快进度办理的事项；二是政策咨询，主要针对复杂事项，企业群众把握不准，需要咨询办理的事项；三是需要窗口协调推动部门协同办理的事项。

坚持提质增效，全链条答疑解惑。一是与帮办代办服务协同联动，由专职帮办代办人员在“办不成事”窗口对服务对象反映的“办不成事”统一登记、交办分办、闭环管理。二是实行领导轮值坐班

* 指陕西省营商环境创新示范区典型案例。

制，为企业群众提供“疑事简办、难事协办、杂事导办、多方联办”的“四办服务”，进行全面协调督办。三是开辟线上反映渠道，在“榆悦办”小程序设置“我要咨询”“我要建议”“我要投诉”和“智能客服”功能，搭建线上政企民直通平台，畅通诉求反馈渠道。

坚持完善机制，全过程细化管理。以“办不成事”窗口为契机，结合工作实际，不断建立健全发现问题、协调沟通、综合研判、答复反馈、回访核查的全过程闭环管理机制，高效解决企业群众“办不成事”问题。对于不能现场解决的问题，统一上报并通过 12345 热线进行转办、督办，实现线上线下“办不成事”反映、帮办、整改闭环管理，确保企业和群众反映的问题“件件有回应、事事有着落”。

案例十三

安康市高新区探索“13384”建管服模式打造高能级科创孵化器*

安康高新区探索建立“围绕国家战略、陕西使命、这‘一条主线’，统筹推进飞地孵化园、安康科创园、企业科技园‘三园联建’，构建飞地孵化、安康转化、园区催化‘三化协同’创新机制，提供创业孵化、成果转化、产业金融、产销帮扶、项目路演、人才服务、培训服务、综合服务等‘八大服务’，破解重大成果引进难、优质项目落地难、重点产业发展慢、高端人才引聚难‘四大难题’”的“13384”建管服模式，有效推进科技成果转化、科技企业培育与两链融合发展，成为全省首个深度融入秦创原的地市级平台。

破解“重大成果引进难”，按下成果对接“快捷键”。园区结合安康市“3+5”重点产业链，目前已组建市级秦创原“科学家 + 工程师”队伍 38 支，合作省内外高校 60 余所。通过建立高校、科研院所的专家人才（科学家）和企业的工程技术人员（工程师）合作机制，以企业和高水平创新平台为依托，协同解决重大技术难题、促进高校科技成果在安的转化和产业化。以星际农业富硒微藻项目、富硒拐枣生物研发中心等为代表的 28 个科技成果转化项目成功落地安康。

* 指陕西省营商环境创新示范区典型案例。

破解“优质项目落地难”，科技招商跑出“加速度”。园区协同招商部门积极出台各类招商优惠政策，配合开展科技招商引资宣传活动，承办重点招商企业洽谈和团队考察接待，引进、吸引安康在外商界翘楚、行业精英带着资金、技术、项目回乡创业。同时，落实项目招引洽谈、签约落地、投产见效全程跟踪服务，破除制约优质项目落地难问题。国硒源富硒大米生产研发项目、中安特种设备、华晟创科、华智信创等 8 个优质项目成功落地。

破解“重点产业发展慢”，把好产业升级“方向盘”。园区协同和指导各类企业创业园区打造产业承载平台，针对重点产业集群关键共性需求，联合高校院所、应用企业、金融机构、专业服务机构共同研制场景化解决方案，打造“政产学研金用服”集成创新模式。持续推进“三园”联动、“三化协同”创新机制，提高分工协作、资源共享和整合能力，形成了园区“联动开发”、产业“长藤结瓜”、企业“遍地开花”的新格局。高新技术企业、科技企业、瞪羚企业分别增长 55%、55%、75%，占全市总量 32%、26%、50%，总量均居全市第一。

破解“高端人才引育难”，提升人才竞争“动力源”。创新用人机制，通过靠前服务，深挖岗位资源，加强统筹协调和服务指导，动员链主企业，推荐申报中省市人才项目 16 个；新增高层次人才 22 人，引进外国专业人才 7 人；培育“新双创”队伍 126 支，其中：科技创业导师 58 人、科技经纪人 44 人、科技特派员 13 人、“科学家 + 工程师”队伍 11 支；开发落实科研助理岗位 251 个，完成预期目标的 125%，人才引育成效不断显现。

案例十四

商洛市洛南县“一车踏勘”聚合力 “五项机制”提效能*

商洛市洛南县持续深化“三个年”活动，创新推出项目手续办理“一车式”联合踏勘工作模式，通过“勘前对接、集中踏勘、问题反馈、协同联办、督查督办”五项工作机制，把涉及项目开工建设前多个部门现场踏勘的事项统一集中一次进行现场勘查，联合出具踏勘意见，反馈存在问题，实行并联审批，最大限度地简化手续、优化流程、压缩时限、提升效能，促进项目早动工、早建设、早见效。

建立勘前对接机制，精准发力明确工作目标。成立工作专班，由常务副县长任组长，相关业务分管副县长为副组长，发改、自然资源、住建、环保、文旅、林业等要素保障部门主要负责同志为成员，确保专班力量政治业务素质高配、专业能力过硬。工作专班对 2024 年全县 56 个重点项目建立手续办理台账，分批次安排“一车式”联合踏勘，每次踏勘前，专班各成员单位主动对接项目实施主体，提供勘前咨询，掌握项目手续办理存在问题，为集中联合踏勘提供第一手资料，确保勘有目标、勘有成效。

建立集中踏勘机制，聚集合力开展集成服务。快办项目手续，围

* 指陕西省营商环境创新示范区典型案例。

绕解决项目手续办理、要素保障、开工条件三方面重点问题，组织各要素保障部门对各级重点项目进行全覆盖、分批次式集中现场踏勘。通过厘清项目手续办理、要素保障、存在问题、跟进措施四个清单，落实包抓项目县级领导、牵头部门、保障部门、实施主体四方责任。实行要素保障部门和项目建设主体双向承诺，建立项目建设主体和要素保障部门业务定期对接机制、“一包一”主抓机制、“一对一”指导机制，限定各项手续办理材料上报时限、要素保障部门审批时限和要素保障时限，加快推进项目各项手续办理。

建立问题反馈机制，集中火力解决项目难题。“趁热打铁”问题台账逐个销号，现场踏勘结束后，召开专题问题交办会，逐项目逐单位交办存在问题，限定时限、压实责任、落实措施，加快手续办理。通过建立问题台账，实行定期通报，销号管理。对问题解决较慢的单位，采取发送提醒函、督办函、领导约谈等形式，跟踪问效促进问题解决。2024 年 1—5 月份，县委政府主要领导召开企业发展和项目建设月度恳谈会 4 次，协调解决重点问题 23 个。召开政银企对接会 3 次，金融机构合同贷款 5.9 亿元，到位资金 2.1 亿元。3 次集中踏勘共交办问题 51 个，截至目前已全部解决到位。

建立协同联办机制，释放活力提高审批效能。由专班负责，采取召开并联审批会、业务对接会等形式，各要素保障部门提前介入，共同会商，共享信息，开展全流程“帮办代办”服务，同时，把社会稳定风险评估、可行性研究报告审批、压覆重要矿产资源审批、文物保护、防洪影响评价、环境影响评价等审批手续实行并联审批，实现多个事项的“多评合一”，提高评估评审效率，降低项目建设前期投资各项成本，最大限度减少流程、减少材料、缩减时限，申请材料同比减少 40% 以上，跑动次数减少 60% 以上，审批时间减少 80% 以上。

建立督查督办机制，加大马力狠抓推进落实。由县委（政府）督查办牵头，每 20 天对各部门交办问题解决落实情况进行督查督办，督查结果按红黄黑三色定性考核，对在项目手续办理中问题解决快、办理进度快的实行红色通报；对问题解决不彻底、办理较快的实行黄色通报；对推诿扯皮、问题解决效果不佳的实行黑色通报，黑色通报 1 次年终考核扣 3 分，黄色通报 1 次扣 1 分，红色通报 1 次加 2 分，以督查督办促进项目手续的办理。通过督查督办，56 个重点项目四项审批手续全部办理到位。

二

法治化营商环境建设

FAZHIHUA YINGSHANG HUANJING JIANSHE

案例十五

宝鸡市“三四五”公共法律服务模式助力法治化营商环境建设

近年来，宝鸡市着力整合法律服务优势资源，探索建立“三四五”公共法律服务模式，充分发挥律师在法治建设中的作用，有力有效促进法治化营商环境建设。

建立三项机制，增强服务主动性。建立律师开展义务普法宣传工作机制。通过开展党建引领活动和年度业务考核工作，动员督促广大律师积极参与“八五”普法和全民法治宣传教育活动，结合律师办案实践，带头讲好法治宝鸡故事。近三年来，全市律师组织开展普法宣传 1300 余次，向群众以案说法 2200 多件。建立律师参与矛盾纠纷调处化解机制。全市共有 120 名律师担任各级法院特邀调解员，成功调处化解各类涉企涉诉矛盾纠纷 1560 件。在市司法局、市律协的指导下，陕西秦川律师事务所与凤翔区政法委共同组建“和凤调解工作室”，快捷化解矛盾纠纷 43 件，厚植优化营商环境稳定土壤，得到省市领导和社会各界的充分肯定。建立律师公益法律服务保障激励机制。各级政府和政法部门积极协调落实公益法律服务经费保障和奖励激励政策，克服困难每年投入近百万元，落实律师到公共法律服务中心等单位的值班补助和法律援助经费，调动广大律师参与公共法律服务的热情。

优化四个平台，强化服务责任感。落实一村（社区）一法律顾问。全市实现了“一村（社区）一法律顾问”工作全覆盖，共建成村（社区）公共法律服务工作室1322个，共有325名律师作为村（社区）法律顾问。近两年，律师法律顾问通过线上线下等方式为村（社区）治理提供法律意见 700 余件、为群众提供法律咨询 25000 余人次，开展宣传活动和法治讲座 350 余次，提高了基层治理水平和群众的法治意识。优化公共法律服务热线。升级改造后的“12348”公共法律服务热线已做到本市所辖区县全覆盖，12348 热线电话并入 12345 热线平台，群众拨打法律服务热线电话将由 12345 平台转到原 12348 热线平台，具备协调指导、引导分流、分析研判和监控督查等功能，律师成为该平台热线值班的主要力量，能够为全市人民群众提供便捷专业的法律服务。办好宝鸡“12348”法网。随着“数字司法”“智慧司法”的快速推进，宝鸡无人律师、宝鸡 12348 法网正式投入使用，以律师为主体的公益法律提供者，可通过公共法律服务自助终端为群众在线提供咨询等法律服务，真正实现了“数据多跑路，群众少跑腿”。利用自媒体开展普法宣传。全市广大青年律师发挥自身优势，利用现代媒体开展网络普法宣传，60 余名青年律师拍摄创作涉企公益普法宣传视频 1300 多条、发布原创普法文章 200 余篇，以快速便捷的方式搭建了普法网络“直通车”。

拓展五种形式，实现服务精准化。开展“百名律师进百企”活动。广大律师积极投身普法讲师团队伍，深入全市 686 家企业、16 家商会，以大项目跟踪服务为切入点，积极为全市 8 个省级续建项目、27 个新建重点领域、重点项目，17 名省政协委员，47 名全国、全省人大代表提供“一对一”专业免费法律服务。开展重点农业项目“结对服务”。聚焦全市乡村振兴发展难题，指导各律师事务所为全市重点农业项目提供面对面、一对一的“法治体检”，提供法律建议、意见 3500 条，调处化解涉法事务 179 件，保证了农业项目平稳发展。开展社会治理精准服务。组织法律顾问律师针对村集体企业发展、村务管理等具体问题，进行点对点的法律支持，提供合同审查、法律咨询、支持诉讼、法治宣传、律师调解、知识产权保护等法律服务，有效保障了法治乡村建设的顺利推进。开展农民工权益保障法律服务。市司法局与市总工会共建农民工权益保障团，开辟农民工、民营企业困难员工法律援助申请“绿色通道”，在村（社区）比较集中的农民工集聚地设立法律援助工作站、联系点，对因欠薪或者工伤事故申请法律援助的做到优先受理、应援尽援。开展“法律明白人”培养服务。贯彻落实《乡村“法律明白人”培养工作规范（试行）》，聘请律师担任老师，规范选拔任用、培养使用、日常管理等工作。50 名“法律明白人”被评为全省优秀乡村（社区）“法律明白人”，受到通报表扬。

案例十六

宝鸡市渭滨区构建涉企多元解纷机制*

宝鸡市渭滨区聚焦民营企业高质量发展需求，创新推行“前端‘问诊’+中端‘会诊’+末端‘施诊’”三端应诊方法，深化涉企诉源治理，持续优化营商环境，促进民营经济高质量发展。

诉前多元调解。完善“党委领导、法院主导、部门联动、社会参与”的诉前多元调解机制，创新设立渭滨区民营企业商事矛盾纠纷调解中心，试点设置“法官工作室”，探索成立涉企纠纷调解团队，健全法官走访联络企业法律援助机制，构建“诉前+律师调解+人民调解+商事矛盾调解+法院立案调解”工作体系，强化前端“问诊”，分类制定解决方案，推行“诉讼调解在前、法院立案在后”解纷模式，满足企业多层次、多元化司法需求。

实施调裁分流。涉企纠纷进入诉讼程序后，为企业指派律师或人民调解员量身定制调解方案，对事实清楚、权利义务关系明确、争议不大的案件，灵活运用“移动微法院”中端“会诊”，积极引导当事双方调解协调，对调解成功的案件及时进行司法确认，确保调解定纷止争。加强“一站式”诉讼服务体系建设，完善商事案件繁简分流、

* 指陕西省营商环境创新示范区典型案例。

轻重分离、快慢分道模式强化末端“施诊”，专设速裁审判庭，对进入诉讼阶段的小额案件，以及权利义务明确、争议不大类案件，当日立案、一次开庭，涉企案件平均审理时间缩短至 33 天，对于异地纠纷，探索建立“云上共享法庭”，极大节约了当事人时间和经济成本。

拓宽服务渠道。推动多元解纷向社会延伸，畅通涉企矛盾纠纷反映渠道，在区政务服务大厅设置“办不成事”反映窗口，在陕西省姜谭经济技术开发区建立营商环境监测点，完善“多点收集、一站归类、全面响应”的矛盾纠纷信息处置体系。健全区级领导包抓亿元以上重点企业、百名服务专员精准服务中小企业机制，深入企业宣讲惠企政策，了解经营状况，收集企业诉求。聚焦企业关注的劳动合同、工伤事故、涉企债务等重点内容，提供普法宣传、法治体检、司法确认、合规指导等法律服务，全面落实困难企业缓、减、免交诉讼费举措，着力降低企业诉讼成本，让企业打官司“轻装上阵”。

案例十七

商洛市商州区“听查调促”四字工作法助力法治化营商环境建设*

商洛市商州区坚持在司法实践中践行“案结事了、政通人和”理念，把依法实质性化解纠纷作为目标，在诉前耐心倾听，诉中细心查实，诉后用心引导，始终以“如我在诉”的真心办好涉企案件，总结出“听、查、调、促”四字工作法，切实做到实质解纷终争，助力法治营商环境持续优化。

“听”：找准症结助和解。整合线上线下实现一站式多元解纷，进一步打通诉与非诉衔接，实现一窗受理、统一分流、一网通办，畅通全平台诉调对接渠道。在诉讼服务中心建立“涉企绿色通道”“人民调解员工作室”“老法官工作室”，对涉企案件做到及时对接、耐心倾听、细心引导、找准症结，做好释法明理工作，打好案件调解基础。抓住涉诉讼保全、司法鉴定“关键诉求”，及时进行诉前保全、前置开展鉴定程序，厘清权责，保障企业合法权益。

“查”：精准解纷减诉累。与相关政府职能部门、价格认证中心、各行业协会建立座谈机制，及时为涉企涉商案件当事人厘清调解“经济账”与判决“成本账”，使涉企类案纠纷得到一次性解决。做好繁

* 指陕西省营商环境创新示范区典型案例。

简分流、调判对接，立足矛盾纠纷实际对涉企案件做好研判，对确需审理的案件在查明案件基本事实后，各专业审判团队直面纠纷焦点，以保障当事人合法利益为核心，在法律规范内依职权调查核实相关案件事实，实施精准审理，确保案件审理提质增效。

“调”：如我在诉护权益。实现人民法院调解平台与商州区价格认证中心、商洛保险纠纷人民调解委员会、金融消费纠纷、银行业纠纷等行业人民调解委员会线上互通，对可调案件在诉前阶段进行分流，以“人民调解＋司法确认”模式保障数十起涉企纠纷高效、“零”诉讼费用解决。对进入诉讼的案件，建立微信“个案线上调解室”，畅通法官与当事人、当事人之间沟通渠道，搭建联络交流“连心桥”。根据案件审理进度，了解当事人诉讼心理预期，及时将相关情况反馈诉讼参与人，引导当事人正确认识诉讼活动，增强诉前调解意愿、积极达成调解结果，使涉企纠纷妥善调处。

“促”：细致周全再无讼。针对审结的涉企案件，根据结案方式、履行义务内容再次细化区分。对于金额不大，可即时履行的案件，安排审判团队当天调解结案，通过调解程序厘清各方权利义务，引导当事人即时履行支付义务，使纠纷一次性解决。对存在分期履行情形案件，审判团队建立敦促履行责任台账，细致记录给付金额与给付节点，通过微信“个案线上调解室”定期给予当事人给付提示，避免延迟、中断履行导致案件进入执行程序，出现“程序空转”“案件衍生”问题。今年以来多起涉及分期付款情形的案件，在付款义务人在相互督促与共同努力中，先后按时足额履行完毕付款义务，实现合法权益“落地有声”，涉企纠纷“调解终争”。

三

监管执法规范化

JIANGUAN ZHIFA GUIFANHUA

案例十八

汉中市深化信用体系建设
助力经济高质量发展

去年以来，汉中市以开展个体工商户信用监管数据质量提升全国试点工作为契机，深化信用体系建设，用心用力打造公平竞争的市场环境和法治化、便利化的营商环境，持续助力全市经济健康发展。

依托信用归集公示共享，持续筑牢信用监管基础。按照“谁产生、谁提供、谁负责”原则，积极引导各级各部门及各类经营主体及时将行政许可信息、企业年报、行政处罚、抽查检查、经营异常、严重违法失信、信用承诺等涉企信息，通过“国家企业信用信息公示系统”和“信用中国”网站有效归集公示。建立市、县（区）、镇（办）三级年报服务体系，有效指导年报，将经营主体自主产生的经营信息进行及时、充分、高效归集，多年来，全市各类经营主体年报率均居全省前列；对全市个体工商户登记事项和公示信息开展多轮次“信用+双随机”抽查检查，对其进行全面“体检”，摸清了底数；根据梳理出的43条个体工商户信用监管数据质量标准规范，开发了个体工商户信用监管数据质量监测系统，对问题数据进行实时监测，有针对性地进行修改。通过一系列行之有效的举措，进一步完善了所有经营主体全息信用“精准画像”，夯实了信用监管基础。

全力推进“信用+双随机”监管，提升监管效能。坚持政府主导、建立健全工作机制，坚持培训先行、夯实工作基础，坚持目标导向、以实践促提升，坚持协同配合、推动抽查规范化、科学化、常态化，坚持日常督导与年度考核相结合，持续推进“双随机、一公开”监管工作“全覆盖、常态化”。全市279个市、县（区）级单位已入驻陕西省“双随机、一公开”监管工作平台，“一单两库”已全面建成，各级各部门通过政府网站公布2023年度双随机抽查计划1527个（其中，跨部门联合抽查计划433个），已全部启动实施，共抽取经营主体18396个，公示检查结果15244条。同时，为深入推进信用风险分类结果与“双随机、一公开”监管有效结合，汉中市在开展食品生产领域实施差异化监管全国试点取得成效基础上，在各领域全面推行“信用＋双随机”监管新模式。在省局统一部署下，已分别通过72个、27个指标项合理确定指标权重和分值，将全市6万余户企业、30多万户个体工商户按照风险分值由低到高分为ABCD四类，已初步完成了“专业＋通用”的企业风险分类评价指标体系搭建，实现了企业信用风险分类结果与“双随机、一公开”监管平台的有效衔接。针对不同风险类别抽查，问题发现率及监管效能明显提高。汉中市略阳县被陕西省人民政府表彰为深化商事制度改革——“双随机、一公开”监管成效明显的地方。

持续完善失信约束制度，构建诚信建设长效机制。坚持“失信惩戒”、“信用修复”和“信用承诺”相结合，积极构建“反向惩戒＋正向激励＋专项修复＋综合治理”长效工作机制。一是充分发挥经营异常名录和严重违法失信名单作用，依法依规实施信用约束和联合惩戒，使失信企业在市场准入、工程招投标、政府采购、国有土地出让、授予荣誉称号等方面受到限制和禁止；二是积极支持引导失信主体重塑信用，推行“两书同达”制度，在向行政处罚相对送达《行政处罚决定书》时，同步送达《行政处罚信息信用修复主动告知书》，主动告知行政处罚相对人该行政处罚信息即将被公示的网站、最短公示期、修复流程等内容；三是积极引导经营主体开展自我承诺活动，全市累计公示审批替代型、信用修复型、主动公示型、行业自律型、政务诚信型信用承诺信息34万余条。汉中市大力推行低风险食品生产承诺制许可被列为全省典型经验作法。

案例十九

商洛市深化“三个三”举措优化人社营商环境

近年来，商洛市人社系统以“人社工作进园区”为抓手，聚焦企业群众需求，强化主动精准服务理念，深入实施“三个三”举措，推动人社工作主动嵌入产业园区，实现工作力量向园区集中、工作资源向企业汇聚、工作平台向基层延伸，以高质量人社工作服务保障高质量发展。

建立“三专机制”，打造园区企业发展“承载地”。建立专班推进机制，市、县区人社部门成立“人社工作进园区”工作专班，建立工作台账，落实领导、部门、干部包抓责任，定期召开研判会、推进会、调度会，形成了市县同步、同向发力的工作格局。建立专题调研机制，处级、科级领导干部每人牵头 1 个调研课题，深入企业开展问发展送服务、问需求送政策、问困难送帮扶“三问三送”活动，摸清产业园区（重点企业）基本情况，宣传政策、听取意见，了解需求、解决困难。走访调研企业 246 家，收集园区（企业）需求 463 条，已解决 415 条。建立专员服务机制，针对全市 22 个园区、216 家重点企业，配备人社专员 260 名，每季度至少深入企业走访调研 1 次，召开一次县区及相关部门参加的联席座谈会，及时为企业纾困解难。梳理人社政策 182 条，开展宣讲 336 场次，发放惠企政策汇编 2000 余册。对符合稳岗返还条件的648户企业返还资金1038.62万元，惠及3.61万名参保职工。发放创业担保贷款3.9亿元，扶持创业726人、带动就业3711人；发放一次性创业补贴605.5万元，扶持创业1211人。

实施“三大行动”，打造企业技能人才“汇聚地”。实施援企稳岗护航行动，动态建立企业用工需求和求职者需求两张清单，依托“秦云就业”服务信息系统，搭建企业用工和人力资源求职两个平台，促进人力资源供需匹配对接；建立用工动态监测机制、缺工快速响应机制、人社专员包联机制“三项机制”，及时帮助企业解决用工难题；压实市级重点企业用工调度员、县域企业用工保障员、镇办人社服务员、村级劳务站联络员四级网络责任，实现信息通畅与资源共享。2023年以来，累计帮助163家重点企业解决用工1万余人。实施职业技能提升行动，积极推行企业技能等级自主认定和“新八级工”制度，兑付职业技能鉴定补贴150.38万元。畅通高技能人才与专业技术人才职业相互评审渠道，促进两类人才融合发展。持续推进国家级（康养）高技能人才培训基地建设，认定19家职业培训机构和康养企业纳入“1+10+N”高技能人才培训体系，开展康养技能培训1.37万人次。依托商洛学院、商洛职业技术学院优化专业设置，深化产教融合、校企合作，开展企业职工技能培训3780人次。实施和谐同行提升行动，加强劳动保障政策法规宣传和对企业指导服务，督促落实企业工资指导线和最低工资标准，积极推进“流动仲裁庭”“农民工工资争议速裁庭”建设，大力培育劳动关系和谐园区和企业。受理劳动保障监察举报投诉案件938件，为5313名劳动者追讨工资6945.03万元。受理劳动人事争议案件755件，调解成功率71.2%，仲裁结案率 100%。选树“全省金牌劳动关系协调员”9 人、“金牌劳动协调组织”1 家，柞水县劳动人事争议调解中心荣获“全国 2023 年度工作突出基层劳动人事争议调解组织”称号。

强化“三项举措”，打造人社干部作风“主阵地”。强化业务学习，常态化开展人社系统“技能练兵比武”活动，积极营造学政策、钻业务、强技能、优服务的良好氛围，练就人社干部政策“知识通”、业务“一口清”，全力打造一支本领过硬的人社队伍。强化作风建设，以细化实化项目化的措施在人社干部进园区、人社政策进园区、信息平台进园区、精准服务进园区上下功夫，积极打造人社“快办帮办”服务品牌，方便企业群众享受更快更好的人社服务。强化考核奖惩，将干部服务企业情况作为选拔任用、管理监督、追责问责的重要依据，倒逼干部责任“再落实”，推动人社服务“再升级”，让服务企业更有力度、更有温度。

案例二十

渭南市富平县城管执法“四步工作法”“小说事”书写为企服务“大文章”*

渭南市富平县持续深化营商环境突破年活动，建立“城管说事室”，通过“盯前哨、优中枢、重联动、强末端”四步工作法，高效解决市场主体急难愁盼问题，共筑良好的营商环境。

盯前哨，用好城市治理“小网格”。主动延伸服务“触角”，推进城市精细化管理关口前移。健全和完善网格化管理制度，将县城科学划分为1个总网格、3个一级网格、13个二级网格、96个三级网格，明确网格责任、制定任务清单。以文明工地、文明商户创建为抓手，对在建项目和经营门店分别实行ABCD分类管理，实现统筹“一张网”，管理“全覆盖”。打造“互联网＋网格”管理模式，依托数字化信息指挥平台，建立“零距离说事”工作群16个，涵盖服务对象2000余户，有效解决问题5063件，将智慧城管延伸到基层，让“小网格”释放“大能量”。夯实网格化监管作用，将96名执法队员镶嵌入网格，及时发现研商解决工作中存在的问题难点，针对存在突出问题的工地，安排网格员驻守帮扶，现场监督施工企业整改，做到整改不达标、人员不撤离。

* 指陕西省营商环境创新示范区典型案例。

优中枢，强化执法为民“主阵地”。强化阵地建设，聚焦智慧赋能，做到“线下线上”齐发力。建立“城管说事室”，以“721”工作法为抓手，建立“1+2+3”工作机制，对各类问题实行登记受理，高效解决群众急难愁盼问题1838件（其中12345市民热线和县长信箱834件，夜间来电883件，群众来访121件），办结率100%，满意度100%，真正实现了为民服务“零距离”，服务群众“零障碍”。建强数字化信息平台，持续丰富平台应用场景，延伸覆盖区域，汇聚数据资源，以“非接触式监管”助推城市管理提档升级，实行在线监测、远程监控，及时掌握扬尘排放超标、渣土车抛洒滴漏、油烟排放超标等情况，第一时间处置，实现“人防+技防”全覆盖监管，有效提升工作质效。坚持柔性执法，开设“城管小课堂”，组织执法人员学习三张清单等相关内容，探索包容审慎监管，落实“首违不罚”及三张清单制度，对8家首次违法且情节轻微的企业首违不罚，违法违规建设企业罚款与同比减少25%以上。

重联动，奏响多元解纷“新乐章”。变“单兵作战”为“团队协作”，凝聚多方合力，构建多元解纷大格局。建立联动机制，制定印发《创建“城管说事室”工作实施方案》，与城管委46个成员单位建立“城市共建、资源共享、社会共治”的协调联动机制，联合化解复杂矛盾问题，为城市管理执法工作高质量发展凝聚强大合力。组建联动团队，邀请法、检、公、司、信访、律师等专业人员组建说事团队，采取轮驻或约驻等形式入驻“城管说事室”，为群众提供行政调解、政策解答、法律咨询等服务12次，联动解决问题4件，力促复杂问题及时高效处置。深化联动对接，每季度召开联席会，共同研究解决域内“大事”，并通过发放转办单、提醒函等方式进行问题横向交办，确保群众“一扇门进出”、问题“一揽子解决”。截至目前，召开联席会 5 次，发放转办单 4 份，解决问题 40 余件。

强末端，连通服务企业“终端站”。聚焦新时代城市管理工作要求，优化服务方式，“一条龙”保障企业合法权益。主动竭诚服务，压缩渣土运输、夜间施工等业务办理时间，实行一次办好，让企业少跑腿，当好企业的“店小二”；公示主要负责同志信息，畅通投诉举报通道，严肃查处破坏营商环境行为，全力为企业创造良好的营商环境。强化普法宣传。坚持“有事说事，无事送法”原则，深入工地现场普法，开展法律法规宣传 30 余次，有效提升企业学法、知法、懂法、守法、用法”意识。及时跟踪问效，建立问题清单，确定专人及时与企业沟通联系，跟进问题办理进度、收集汇总办理结果、定期电话回访群众、收集反馈意见等，确保问题解决到位、责任落实到位。

四

产权保护法治化

CHANQUAN BAOHU FAZHIHUA

案例二十一

汉中市汉台区“三个着力”助推知识产权综合司法保护*

汉中市汉台区人民检察院不断更新司法理念，持续深化知识产权综合履职，推动构建知识产权全链条保护大格局，服务保障汉台经济创新驱动高质量发展。

着力推动知识产权检察专门化建设。成立知识产权检察办公室和知识产权办案组，发挥整体效能，提高专业化水平。坚持宽严相济，充分履行批捕、起诉、立案监督、侦查监督等各项职能，依法打击制售假酒等常见多发以及重点领域侵犯知识产权犯罪。对知识产权案件实行“一案三查”，强化线索移送、部门联动，一体解决刑事责任追究和民事、行政责任承担问题，实现知识产权保护质效的整体提升。在办理涉知识产权刑事案件中，对于涉及危害食品药品安全、侵害社会公共利益的案件线索，及时移送公益诉讼部门，依法提起刑事附带民事公益诉讼。办案中加强不起诉与行政处罚的衔接，强化知识产权综合履职力度，针对办理的涉知识产权不起诉案件，及时向行政主管部门制发检察意见书，建议给予行政处罚，全方位加强知识产权保护。

着力构建知识产权“大保护”格局。积极加强与知识产权行政部

* 指陕西省营商环境创新示范区典型案例。

门的协作，建立协作配合机制。2023 年 4 月，先后在某机械有限公司、陕西某药业集团股份有限公司等重点企业设立秦创原知识产权检察保护联系点，与 2 家重点企业建立联系。2023 年 8 月与市场监管局会签《关于强化知识产权协同保护的工作办法》，先后与科技局、市场监管局等行政部门在知识产权保护等领域建立协作机制，依托知识产权检察保护工作站、联系点等实现对企业的综合性保护。结合“进知解”活动，联合税务、司法局等部门深入某辉医药公司开展“检察 + 司法 + 税务”助企纾困调研走访活动，联合科技局、市场监管局等部门深入某机械有限公司、陕西某药业集团股份有限公司座谈调研，为企业提供知识产权法律宣讲服务。通过各项制度的运行，最大限度地发挥了司法、行政等部门职能作用，完善行政执法和刑事司法衔接机制，发挥协同保护作用，构建创造、运用、保护、管理、服务的全链条保护体系，全面增强知识产权保护合力。

聚焦“惩、治、防”着力推进诉源治理。将严厉打击侵犯知识产权犯罪同延伸检察监督职能有机结合，积极开展诉源治理，深入落实涉案企业合规改革，坚持治罪与治理相结合，实现打击、治理、预防全链条保护。对于办案中发现的问题，通过制发检察建议督促有关职能部门堵塞漏洞，助推企业完善知识产权保护制度，提升自主创新能力，强化“办理一案，治理一片”司法效果。如办理的某假冒注册商标、销售假冒注册商标商品案，在对涉案加油站是否具备合规整改条件进行严格审查的基础上，对涉案小微企业启动合规整改，并对加油站安全责任未落实、油品购销渠道混乱、侵犯知识产权等问题制发检察建议，会同市场监管、应急管理、生态环境保护等职能部门共同对加油站进行定期考察评估，全力助推企业依法合规经营。

五

政策兑现便利化

ZHENGCE DUIXIAN BIANLIHUA

案例二十二

铜川市多措并举破解企业融资难题

近年来，铜川市紧抓国家级普惠金融改革试验区建设机遇，全市金融系统聚焦实施“六大战略”、打造“三大产业集群”目标，建立产融合作常态化机制，畅通信贷融资主渠道，运用多元化金融工具，积极破解企业融资难题，支持保障全市高质量全面转型发展。

积极对接做好金融要素服务保障工作。印发《铜川市 2024 年金融助力民营经济高质量发展行动方案》，选聘 2024 年度“民营企业金融服务员”72 人，各部门、各区县积极组织全市金融机构深入开展“金融服务进园区进企业”等政金企对接活动，聚焦省市重点项目建设及重点产业发展积极发力。截至 2024 年 4 月末，开展政金企对接活动 35 场次，服务项目（企业）224 余户次，新增贷款 11.93 亿元。

精准施策保障重点领域信贷资金需求。银行机构有效发挥信贷主力军作用，聚焦城市转型、乡村振兴等重点领域和薄弱环节，充分释放信贷投放空间，持续加大政策及资金支持力度，积极探索解决招商引资项目落地、村集体经济发展等领域融资瓶颈问题，保障重点领域金融需求方面取得新突破。截至 2024 年 5 月末，铜川市制造业中长期贷款、普惠型小微企业贷款、涉农贷款同比分别增长 37.08%、28.06%、19.22%，均高于各项贷款增速。

优化环境持续压降企业获得信贷难度和成本。全市金融机构不断优化服务、创新工作方法，有效降低企业融资难度和成本。2024 年 1—5 月份，全市新发生贷款加权平均利率较年初下降 50 个基点。截至 2024 年 5 月末，铜川市普惠型小微企业贷款余额 78.68 亿元（单户授信总额 1000 万元以下不含票据融资），较年初增速 10.23%，高于各项贷款增速 5.83 个百分点；普惠型小微企业贷款户数 15618 户，较年初增加 1185 户；当年累放普惠型小微企业贷款（不含票据融资）年化利率 4.51%，较年初下降 0.49 个百分点。

积极探索创新提升金融服务质效。以建设国家级普惠金融改革试验区为契机，金融机构积极创新金融服务模式及产品。西安银行通过订单融资等方式，实现电商供应链融资“陕西首单”。长安银行、耀州联社为耀州区石柱镇克坊村集体经济量身定制“乡村振兴光伏贷”“三秦光伏贷”产品，贷款期限达到 20 年，综合融资成本降至 4.5% 以下。耀州联社开发“樱桃贷”，支持新区陈坪村樱桃产业发展、推进樱桃设施化改造。农业银行推出“科技 e 贷”为专精特新、高新技术、科技型小微客群精准“输血”。以香菇产业链为试点，打造“金融服务全链条 + 产品覆盖全周期 + 减费让利全流程 + 金融机构全参与”服务模式。

加强培育积极引导企业对接资本市场。对标高质量发展要求，邀请北交所及陕西资本市场服务中心专家来铜指导企业上市培育工作，现场走访调研重点企业 16 家，帮助企业积极对接资本市场。评选 2024 年市级上市后备企业 36 家、省级上市后备推荐企业 18 家，确定重点培育对象 7 家，为服务优质上市后备企业奠定基础。积极协调外部优质资源解决企业融资问题，通过股权投资等方式支持企业做大做强。同时完善支持企业对接资本市场政策措施，引导全市企业积极走向现代化发展道路。

案例二十三

杨凌税务打好精准推送“组合拳”为优化营商环境“赋能添彩”

杨凌示范区税务局多措并举，用“四化”扎实推进各项税费优惠政策落实落细，将税费政策红利精准直达各类经营主体，以政策红利助力经营主体健康发展，为优化营商环境“赋能添彩”。

政策解读表单化。制作《税费优惠政策一览表》，建立政策落实情况动态监督台账。分类型、分行业、分主体梳理政策，明晰各类纳税人对应的各税费种优惠政策、享受条件、享受期限，便于受惠群体对号查找；以税费优惠政策项目为基准，梳理统计政策落实尽享户次（人数）标准，定期统计受众数量、比例和减免金额，掌握应享尽享进度，实现政策落实有目标，工作推进有标准，优惠享受动态监控。截止目前，编制政策汇编 5 期，分行业编制政策依据 26 项，反馈落实进度数据 5 批次，为推动政策精准推送，政策应享尽享奠定基础。

跟踪辅导平台化。充分利用 12366 平台、征纳互动平台、税企交流平台、短视频服务平台等，通过“线上 + 线下”“广泛宣传 + 精准滴灌”相结合的方式，第一时间解读政策、回答问题，扩大政策宣传覆盖面，提升政策辅导精准度，引导帮助广大纳税人办理退税，享受政策。制作税费优惠政策宣传短视频《洋洋说税》7 期，宣传覆盖近万人；12366、征纳互动等平台累计开展政策精准推送 2 万户次，辅导100余名纳税人办理水利基金、印花税退税业务，帮助8户企业享受先进制造业增值税加计抵减2205.1余万元，办理小型微利企业所得税减免优惠、研发费用加计扣除、科技型中小企业研发费用加计扣除优惠等政策累计减免企业所得税1500万元，13户供热企业享受优惠144.2万元，利用更多资金改造老旧管线，8户企业享受招用自主就业退役士兵扣减税费优惠12.58万元。

“管家”服务专业化。成立了重点项目“税务管家”服务工作领导小组，明确以税收专管员为主的税务管家15名，以各业务条线骨干加公职律师、法律顾问的管家顾问8名的管家团队，积极开展管家服务，共入户重点项目开展各类咨询辅导服务22次，为全区制造业、建筑业、现代服务业、生活服务业等8个行业的56个重点项目企业送达税收优惠政策服务套餐，实现政策精准对接、服务无缝衔接。

数据兜底智能化。依托大数据云平台，聚焦应享未享和违规享受政策疑点信息，采取“三个第一”加强风险防控，为政策落实保驾护航。第一时间梳理风险任务，分类整理纳税人类别，明确应对部门；第一时间推送到主责部门，为充分应对节约时间成本；第一时间夯实责任，明确责任人，全程跟进提醒，参与调查核实和动态监督。截止目前，完成风险数据核实217条，筛选调减报表违规享受小微企业减半优惠、错误认定残疾人保障金按季度征收、二级单位不认定残疾人保障金、未按规定申报（职工人数和工资总额明显逻辑错误）、未申报已提醒佐证资料等五类问题296条，梳理制发风险事项提醒单5期，跟踪指导风险应对任务进度74户，归纳典型风险应对案例2户，指导10户应享未享企业、4户异常享受企业整改纠错，协助1969户企业享受了失业保险延续降率政策，降费1892.29万元。

案例二十四

西咸新区泾河新城创新推行“泾税助贷”服务企业高质量发展 *

西咸新区泾河新城税务局全面落实省、市“营商环境突破年”重要部署和要求，围绕企业发展需求，创新推行“泾税助贷”，通过“一二三四”服务举措，着力破解企业“贷款难、融资慢、放贷险、额度低”等发展难题，实现“企业需求”和“金融信贷”精准对接，打通了金融活水流向企业的“最后一公里”，目前已助力泾河新城辖区 10 户企业实现融资 1.4 亿元，缓解了企业创新发展资金紧张难题，为企业科技研发、成果转化、融通创新等提供了有力的融资支持。

聚焦“企业高质量发展”一条主线。着力打通束缚企业高质量发展的堵点卡点。一是开展数据摸底。通过大数据云平台、金三系统进行数据梳理，按照创新、质优、绿色发展等指标筛选相关企业，建立泾河新城企业清册，实现精准服务、高效赋能。二是制定政策清单。梳理编制《支持科技创新主要税费优惠政策指引》《涉税政策汇编》《涉税风险清单》等，强化税收政策支持。三是广泛征集意见。组织管委会相关部门、专家学者、税务部门、辖区重点企业四方交流座谈，了解企业发展经营堵点难点和融资需求，为企业发展明政策、指

* 指陕西省营商环境创新示范区典型案例。

方向、强支撑、优服务。

畅通“日常融资需求获取”和“专项融资需求获取”两类渠道。多措并举，精准掌握企业资金需求，加快构建企业融资促进良好生态。一是做细日常融资需求获取。依托“税务管家”个性化涉税服务、网络课堂、融资沙龙、送课上门等方式，组织业务骨干与银行工作人员共同深入企业，开展“泾税助贷”服务宣传活动，详细讲解如何查询纳税信用等级、申请办理流程、可申请金额等，通过12366平台累计发送宣传短信19187条，帮助守信纳税企业获得融资。二是做精“专项融资需求获取”。在办税服务厅、产业园区、企业集群所在地、秦创原产业中心等地，联合多家金融机构设立“泾税助贷”金融服务驿站，设立咨询服务台，精准获取企业个性化融资需求，丰富金融服务策略，提供专项定制金融服务。

构建“税企银”三方协作模式。按照“税务搭桥、企业提需、银行授贷”的原则，与辖区金融机构共同搭建专业金融服务平台，形成“税企银”三方合作良好机制。一是签订合作框架协议。与辖区内金融机构共同签署《“泾税助贷”框架合作协议书》，围绕企业融资、放贷授信和金融风险防范等方面，明确权利、义务、履责等内容。二是深化产融信息对接。利用税收监管数据精确度高的优势，在政策法规允许和企业授权范围内，对可以公开的企业相关涉税信息和信用信息予以确认，为金融机构依规筛选贷款客户提供参考，解决信贷双方信息不对称的问题。三是强化纳税信用担保。加大税收信用贷款支持力度，建立“泾税助贷”三级推荐名单准入指标，促进纳税信用与信贷资源配置机制深入融合，同时协助金融机构提高对信贷风险的防范能力。

配套信贷资金精准落实“四项机制”。探索形成“调、谈、访、评”四项工作机制，有力推动信贷资金精准落实。一是建立“分类调研机制”。根据企业行业、规模、纳税信用等级等形成企业分类库，运用“四下基层”机制，针对重点产业链，深入园区、集群、企业，开展大调研、大走访活动，分析企业效益，核实融资需求。二是建立“税务—企业—金融机构”常态化对接协作机制。搭建银企决策层商谈平台，通畅信贷双方沟通渠道，邀请各类金融机构参与企业融资行动。在企业自愿、合规安全的前提下，帮助金融机构找准关键环节重点企业合理融资需求，进一步提供灵活度高、响应迅速的个性化金融服务。三是建立“定期回访反馈机制”。在信贷合作成功后，对贷款企业、放款机构进行定期回访，按照放款半年、一年、三年三个节点，对资金使用效果、扩大再生产效益、利税情况、信贷履约情况等进行收集分析，优化完善“泾税助贷”项目。四是建立“成果评价运用机制”。对成功信贷的企业融资案例，按照信贷达成时效、资金使用效率、促进高质量发展成效等进行评价，进一步完善细化助贷范围和措施，形成可持续可推广的优化营商环境项目样本。

案例二十五

延安市宝塔区创新打造互联网 + 营商环境新模式 *

延安市宝塔区创新打造中小企业综合信用体系服务中心，采取“政府引导，企业自主、市场化运作、公司化管理”的模式，为企业提供信用评价、信用核查、信用监测、信用培训、信用融资、信用调解、信用修复等一站式服务，做好企业信用贴心服务的“店小二”，助力优化提升营商环境和“宝塔服务员”品牌。

做好企业信用融资的“店小二”。整合信用数据资源，搭建“宝塔区企业信用监测服务平台”，通过信用产品增信的方式，与宝塔区政银企融资信息服务中心、宝塔区中小企业发展服务中心联动，为全区企业提供线下融资推荐服务；与“延安市信用综合融资服务平台”联动，为全区企业提供线上融资以及信用产品推荐服务，为企业更好享有金融支持提供信用保障。

做好企业矛盾纠纷化解的“店小二”。将信用元素植入调解实务，充分发挥信用承诺、信用警示、信用惩戒的作用，稳步推进“信用建设 + 人民调解”，健全“承诺—践诺”履约保障机制，服务辖内 13 个人民调解组织，为辖内行业商协会会员提供信用调解服务，将“信

* 指陕西省营商环境创新示范区典型案例。

治”作为提升社会治理效能的有效抓手，帮助企业纾困解难。

做好企业信用管理的“店小二”。充分发挥“宝塔区企业信用监测服务平台”风险研判预警功能，为区域内企业提供信用风险监测和预警服务。通过对宝塔区企业的注册信息、资质认证、经营状况、财务状况、信用记录等方面的情况监测，实时监测和分析研判企业存在的信用问题，及时发现和预警企业可能面临的风险，帮助企业及时采取措施防范风险，实现信用风险预警。定期为企业提供信用报告，报告内容包括企业的信用状况、经营情况、财务状况、法律纠纷等方面的情况，帮助企业了解自身的信用状况。

做好企业信用监管的“店小二”。按照《宝塔区企业信用积分（宝塔分）管理办法》，为全区企业开展基础信用评价，将企业评定为守信（A）、基本守信（B）、失信（C）、严重失信（D）四种类型，行业监管部门根据监管对象的信用状况，将“双随机、一公开”监管与重点监管、信用监管等相融合，实施差异化监管，实现“进一次门、查多项事”，促进监管能力有效有力，营造市场运行新环境。

做好信用场景拓展的“店小二”。坚持信用便民利企，以信用服务实体经济发展和优化提升营商环境为导向，积极拓展“信易 +”应用场景。设立咨询服务窗口，为中小企业提供信用评价和等级结果应用、信用核查、信用监测、信用培训、信用融资、信用调解、信用修复等一站式信用查询和咨询服务。定向推荐企业信用白名单，让诚信企业享有守信激励，在评优评先、资金奖补、园区准入、项目审批、确定或推进享受政府优惠政策及各类试点示范等工作中给予激励。

案例二十六

省发展改革委推进电力市场化交易降低全社会用电成本

按照国家发展改革委 2024 年电力交易工作部署，省发展改革委坚持“依法合规、规范有序、市场化运作”原则，有序推进电力市场化交易组织工作，督促市场主体履行交易合同，会同相关单位完善交易规则，稳妥做好我省 2024 年电力市场化交易各项工作。

扎实推进交易组织工作。2023 年 12 月，印发《关于印发〈陕西省 2024 年电力中长期市场化交易实施方案〉的通知》（陕发改运行〔2023〕2167 号），引导各类市场主体积极参与并合理报价，要求相关单位稳妥有序做好 2024 年电力市场化交易工作。2024 年截至 4 月，我省电力直接交易总成交电量 1311.48 亿千瓦时，批发侧参与交易市场主体 380 家（发电企业 291 家、售电公司 89 家）、零售侧参与交易电力用户 7134 家；零售用户结算均价 388.5 元 / 兆瓦时，较去年同期（418.1 元 / 兆瓦时）降低 29.6 元 / 兆瓦时，零售侧降价效果显著，落实了陕西省 2024 年政府工作报告中“逐步降低全社会用电成本”部署要求。

督促合同签约比例落实。2024 年 5 月，印发《关于开展 2024 年电力中长期市场化交易回头看工作的通知》（陕发改运行〔2024〕749 号），要求陕西电力交易中心有限公司重点梳理已签订中长期合同变更、解约等情况并提供 2024 年电力中长期市场化交易合同签订情况，确保“发、用两侧 2024 年年度中长期合同签约电量不低于上一年度的 80%，全年中长期合同签约电量不低于上一年度的 90%”落实到位。

及时完善市场交易规则。会同国家能源局西北监管局印发《关于印发〈陕西省新型储能参与电力市场交易实施方案〉的通知》（陕发改运行〔2024〕377 号），鼓励新型储能自主选择参与电力市场，推动陕西新型储能健康发展。印发通知，原则同意陕西电力交易中心有限公司发布《陕西电力市场中长期交易结算细则》等 4 个细则、原则同意陕西省电力市场管理委员会发布《陕西省电力市场管理委员会议事规则》等 3 个规则。

四是保障用户知情权，提高价格透明度。通过召开 2024 年电力直接交易情况通报视频会议、印发《关于 2024 年年度电力交易零售市场成交价格确认工作有关情况的通报》等方式，要求各市区发展改革部门对属地 2024 年签约价格高于 425.4 元 / 兆瓦时的工商业用户进行信息告知，确保 791 家用户均掌握各自用电价格情况和全省电价实际，促进电力零售市场健康发展。

案例二十七

省自然资源厅聚焦土地要素保障提质增效 打造优质自然资源营商环境

省自然资源厅坚决贯彻落实省委、省政府营商环境突破年活动部署，主动抗压担责，坚持问题导向，以高质量要素保障助推全省高质量发展，在重大项目土地要素保障方面展现了应有担当，重点要素保障创历史新高。

持续加强政策供给，做实土地要素保障“硬支撑”。出台支持产业发展用地保障性文件共六大类 21 件。对列入年度省级重点项目计划的建设项目，在符合“三区三线”划定成果的前提下，直接配足新增建设用地计划指标。原来要求单宗土地单一用途，现在鼓励基层探索多种用途混合供给，土地利用效益显著提高。出台建设项目压覆重要矿产资源审批服务办法，通过建立健全压覆查询、不作压覆处理审查、区域评估、白名单、分级管理等机制优化压覆审批管理，压覆重要矿产资源评审、备案和审批时限合计减少 28 个工作日。争取自然资源部同意榆林市通过优化调整国土空间规划，将 5.86 万亩重大能源化工项目用地纳入城镇开发边界，圆满解决榆林能化基地项目用地问题。针对房地产企业用地资金压力问题，明确用地竞买保证金可按不低于出让起始价的 20% 缴纳，允许分期缴纳土地出让金，在完成出让合同约定的首次缴纳比例基础上，剩余价款可在一年内缴清，极大地缓解了房地产企业资金压力。

突出数字赋能，开拓资源要素保障“新路径”。建成国土空间基础信息平台，将规划“一张图”实施监督系统、用地审批系统、地质灾害大数据资源池等10个应用系统纳入平台实现统一管理，为全省自然资源信息化管理建立了扎实的数据底座。与发改、农业、交通、水利等部门共享自然资源信息数据，主动为基础设施建设项目的选址选线提供合规性分析等支撑性、基础性服务，帮助用地单位科学合理选址。完成国土空间用途管制监管系统建设，全省用地报批在线办理水平持续提升。截至目前，市县通过该系统申报的建设项目用地审批预审报件107个、“农转用”报件数量962个，极大缩短了用地手续办理周期。

推进用地审批提速，锻造自然资源政务服务“高品质”。主动对接发展改革、交通运输、能源、水利、电力等用地大户，围绕高铁、高速公路、新能源等重点项目召开15次协调推进会，分区域召开项目用地保障推进会，按行业分类提供用地保障政策汇编，建立省级重点项目用地台账，实施重大项目用地报批“双周报告制”“调度制”“销号制”，开通“绿色通道”，坚持“三周清零”机制。2023年，没有一个合法立项后的调控项目因用地影响落地开工，全省供应土地36.66万亩，同比增长28.8%，643个省级重点项目保障除暂不具备用地组件报批条件外，全部实现用地保障，保障率94.4%，西延、西十、西康3条高铁完成90%以上征迁任务，建设用地供应面积、重点项目保障程度创历史新高。

创新“标准地”改革，打造产业用地供给“新模型”。全面梳理相关政策，确定了县级政府和各开发区管委会是“标准地”改革的工作主体，承担组织实施区域评价、设定控制性指标、建设通平条件及“标准地”全流程监督管理等任务，市级政府负责做好本行政区域内改革工作的组织推动、政策支持、业务指导、督导检查等相关工作，明确环境、水利、文物、地震等相关部门工作职责，形成了横向协同、纵向合力的工作格局。联合十部门印发《陕西省“标准地”改革工作指引》，聚焦完成区域评价、设定控制性指标等十个环节规范了工作流程，明确区域评价“6+N”模式，控制性指标“5+X”模式。2023 年全省供应工业用地“标准地”316 宗 3.62 万亩，较上年增加 142 宗 1.9 万亩。2024 年，全省将实现省级以上开发区 80% 以上新增工业用地实现“标准地”供应。

提升财产登记便利度水平，培优自然资源营商环境“软实力”。依托不动产登记信息管理基础平台，与税务、电力、银行等相关省级部门业务系统实现互联互通、数据共享，深化登记、交易、税务等部门“一窗办事”模式，推动登记业务“跨省通办”，加强“互联网 + 不动产登记”“网上（掌上）登记中心”建设。历史遗留“登记难”问题化解实现再突破，2023 年再度化解 398 个历史遗留问题、完成了 18.76 万套房屋首次登记，有力维护了人民群众的合法权益，我省建立历史遗留问题长效化解机制的做法被自然资源部在全国推广学习。全省一般登记时间压缩在 2.55 个工作日办结，抵押登记压缩在 1.52 个工作日办结，查封登记、异议登记即时办结。

案例二十八

省商务厅聚焦通关便利化集成创新
加快构筑内陆地区国际贸易大通道

近年来，陕西自贸试验区西安国际港务区功能区紧扣加快形成面向中亚南亚西亚国家的重要对外开放通道的战略定位，充分发挥自身优势，通过完善口岸设施、创新监管机制、精简作业流程、优化保障体系等通关便利化集成改革创新，着力构筑内陆地区效率高、成本低、服务优的国际贸易通道，更加主动融入和服务构建新发展格局，更加深度融入共建“一带一路”大格局。

完善口岸设施，畅通跨境贸易通道。建成全国首个拥有三束六线的铁路集装箱中心站，国际集装箱作业到发线达 18 条，集装箱堆场 69 万平方米，日装卸作业能力 3700 标箱，年铁路处理货运量达 6600 万吨，可满足中欧班列“长安号”每年一万列开行需求。先后获批铁路一类口岸，以及粮食、肉类、整车进口指定口岸，引进中国五矿、中远海运、中国林业交易中心等项目，打造集冷链物流、期货交割、大宗商品、整车运输等于一体的全功能国际港口。依托西安港智慧通关等信息化系统，建成全国首个内陆自动化无人码头，实现各类通关单证自动生成、货物 7×24 小时无间断验放，较以往减少人工操作量 95% 以上。

创新监管机制，提升货物通关效率。首创“区港一体化”监管模式，将铁路安检前置于综保区口岸作业区，一站式完成铁路安检和海关查验后，出口货物可直接运抵铁路中心站上列，做到“区港联动、抵港直装”，通关时间由 1.6 小时压缩至 0.5 小时，压缩幅度达 68%。创新推出“先查验、后装运”模式，对到达货物立即进行理货确认、运抵申报及预录单申报，待海关查验后进行装箱操作，从根本上解决了原来由“先装运、后查验”带来的散货集拼中“1 票耽误 1 柜”的痛点，集货时间缩短了 2—3 天，显著提升了业务时效。在全国率先落地“铁路快速通关”模式，企业在西安车站海关办结所有通关手续，货物在阿拉山口、霍尔果斯等边境口岸直接进出境，无须再向当地海关申报并办理转关手续，节约通关时间 20 小时，整体运输时间缩短 3 天左右。

精简作业流程，降低企业综合成本。简化报关流程，改变以往“一单一报”模式，推出“铁路运输方式舱单归并”新模式，将同一品名、同一规格、同一合同、同一公司、同一批次的大宗进口货物，同类别归并成一个舱单，企业仅需填写一份报关单即可实现报关，节约报关成本 90% 以上。创新出站流程，针对货物到达铁路集装箱中心站后，需先出站、再进站，造成物流成本高、货物中转效率低的问题，实行虚拟进出站，货物到站后，仅需在车站管理系统内完成出站手续，货物不需要再重复进、出站，企业进出站物流成本较以往降低了 50%。优化退税流程，在全国率先开展陆路启运港退税试点政策，从西安国际港站启运的符合条件的货物，在中欧班列“长安号”发出后即可享受即发即退的退税政策，退税时间由以往的 1 个月缩短到 2 天，资金周转效率提升 90% 以上，企业资金占用成本大幅降低。

优化保障体系，全面提升服务效能。搭建综合服务平台，以数字化和位置应用服务为支撑，建成支持中、英、俄等多语种，集订舱、租箱、报关、发运、结算、融资、监管等功能为一体的全链条数字化服务平台，为企业提供高效便捷保障服务。开行定制化班列，紧密结合企业实际需求，推出以笼车、公铁联运、海铁联运等多种运输方式为特色的定制化班列，先后为比亚迪、隆基、陕汽、爱菊等提供全程物流解决方案，年均发运定制化班列上百列，实现“陕货陕集、陕造陕运”。创新金融服务模式，借鉴海运提单及相关法律法规，创设国际铁路联运提单和相应的金融产品，出台《铁路融资提单管理办法》，赋予铁路提单物权属性，实现进口商仅凭一张铁路提单即可获取信用贷款，融资成本较正常信贷融资降低 1 个百分点左右。

六

热线办理集成化

REXIAN BANLI JICHENGHUA

案例二十九

安康市 12345 热线让“连声线”变成“连心线”

安康 12345 热线坚持以人民为中心，倾力打造“一号响应总客服”和“24 小时不下班政府”政务服务新平台，构建了市级平台统一接听、市县镇村四级联动的工作机制和“受理—转办—办理—回复—回访”的工作闭环。自 2018 年 8 月开通以来，受理企业群众来电来信近 180 万件，按期回复率 99.85%，群众满意率 94.08%。

领导接话“现场办”。每月 1 日、11 日、21 日邀请市委常委、市政府党组成员、县区政府和市直部门主要负责人走进 12345 热线中心，现场接听群众来电，当面解决诉求问题。截至目前共开展接话活动 196 期，先后有 23 位市级领导、13 位县区长、47 位部门一把手走进 12345 热线中心，接听群众来电 2354 通，解答 692 件，形成事项工单 1665 件，办结 1665 件，按期办结率 100%，回访满意率 95.13%。

线上服务“远程办”。创新开通“打电话能办事”功能，依托“互联网 + 行政审批 + 政务服务”模式，推行老年公益卡办卡、补卡、年审、移车服务、交通违章查询、企业信息查询、客运汽车购票、办事指南查询、麻醉药品和第一类精神药品购用许可、不动产信息查询等 10 件事可打电话办理，让群众足不出户即可享受便捷高效政务服务。

集成模式“联动办”。创新“12345+ 审批服务 + 政务服务 + 交易服务 + 帮办代办”集成服务模式，梳理从企业开办、基建、生产、销售、注销、惠企政策兑现等涉及的行政审批及政务服务事项，线上通过 12345 热线电话、政务服务网、陕企通、市长信箱、人民网留言板、安心办 APP 等渠道受理转办，线下先由 12345 热线主动问需于企，收集企业需求后，交市（县区）政务服务中心“项目管家”服务队伍帮办代办，联动全市政务服务系统一体化运行，不断提升为企服务质效。

政协委员“协力办”。在安康 12345 热线中心组建优化营商环境政协委员工作室，22 名市政协委员在 12345 话务中心轮岗，了解参与热线运行情况，跟踪解决具体问题，编发“社情民意”向各级反映呼吁，以务实有效的工作机制和工作作风，推动“三个年”活动深入开展，协力推动经济社会发展的突出矛盾和民生问题有效解决，切实发挥 12345 热线“听民声、汇民意、解民忧”作用。

涉旅事项“马上办”。制定《安康市 12345 热线受理全市旅游事项“接诉即办、办就办成”工作机制》，按照“快速响应处置、快速跟踪问效、快速正面报道、快速改善旅游环境”的“四个快速”工作要求处理游客诉求。加强涉旅工单 30 分钟响应、12 小时办结的督办力度，确保游客诉求“不过夜”，反映的问题都能及时受理、按时办理、结果理想。

研判问效“重点办”。与市纪委监委、市检察院、两办督查室、市作风办等单位建立常态化联动机制，对逾期未办、应办好而未办好、履职不到位等工单移交市作风办和督查室督办；对多次办理群众不满意、影响公共利益的工单移交线索至市检察院侦办；对屡次办理效果不佳、群众强烈不满意且情节严重的工单移交线索至市纪委监委依纪依规处理。截止目前，共开展“现场办”活动400余次，其中两办督查室参与13次；向市作风办转交“干部能力作风提升”类事项261条；向市纪委监委移交问题线索2件次。

台账管理“跟踪办”。建立营商环境、司法救助、“黑天鹅”和“灰犀牛”事件、创建全国文明城市、群众不满意工单、“三个年”活动六本台账，确保重点问题及时得到关注、难点问题解决在萌芽阶段，为全市和谐安全提供有力保障。2023年以来，共梳理营商环境台账共梳理事项1153件，司法咨询救助台账梳理5399件，“黑天鹅”和“灰犀牛”事件台账梳理68件，创建全国文明城市台账梳理1173件，群众不满意工单台账梳理3839件，“三个年”活动台账受理872件。

吹哨报道“下沉办”。积极探索为基层放权赋能，针对城市管理服务中的热点难点问题，试行“社区吹哨、部门报到、两办督查”机制。编制《12345热线吹哨报到机制事项清单》，在接到群众有关诉求后，由以往派发工单到承办单位的模式，改为直接派单到社区，由社区第一时间现场核实情况，根据职能职责“吹哨”发布集结令，相关部门响应“报到”具体化解，“两办”跟踪督查，进一步提升了效率，切实解决了一批占道经营、下水道堵塞、商业噪音扰民等民生实事。

案例三十

汉中市城固县推行热线办理集成化助力纾困解难*

汉中市城固县持续深化“三个年”活动，推行热线办理集成化服务，扎实落实“化解民忧、回应诉求、解读政策、提升质效”要求，多措并举、联动发力，切实为企业和群众解难题、促发展，持续提升经营主体满意度。

完善机制，加强热线办理全流程管理。认真贯彻落实省市进一步做好“12345”政务服务便民热线工单办理工作要求，出台《关于进一步提升城固“12345”政务服务便民热线回复率解决率满意率的通知》等系列措施，进一步强化相关行业部门间协作联动，深入推进“一号响应、统一受理、一单办处”，实行“接、派、办、催、回、督”闭环管理，优化热线接转、限时办理、协同推进、回复回访等重点环节服务流程，全力推进热线工单快速接、精准转、限时办、高效响应，确保各类问题和诉求“事事有回音、件件有落实”。

聚焦目标，提升热线办理全过程质效。按照“谁主管、谁负责”“谁监管、谁负责”原则，落实“属地管理”“首问负责”责任，强化“点、线、面”有机结合，根据热线工单事项的行业领域相关诉

* 指陕西省营商环境创新示范区典型案例。

求，确定回复问题诉求的主办和协办部门，确保热线工单“派得准”。推行热线办理每件跟踪办、天汇总分析、周研判送阅、月进度小结、季全县通报、年绩效考核“六项措施”，严防逾期办理或逾期回复等现象发生，确保热线工单“催得紧”。畅通热线工单办理动态信息反馈渠道，注重企业和群众对热线工单回复情况的评价，举一反三、“点面”结合，抓好办结事项的回访工作，同时加强政策宣传和解读，提升诉求对象的获得感；对涉及多行业的综合性热线工单，在落实主办和协办责任的基础上，采取部门会商、向上级请示等方式，在政策允许条件下，合力推进问题解决和工单办结，确保热线工单“办得好”。2024 年累计受理热线工单约 5000 个，其中：求助类 1900 余个、投诉和举报类 2900 余个、咨询类 100 余个、建议类 30 余个、表扬类 1 个，限时办结率 100%，无逾期办理工单。

分析研判，优化热线办理回复后服务。严格执行“凡求助必联系、凡投诉必核实、凡办结必告知、不满意再沟通”工作规范，由热线工单承办单位联系衔接诉求对象，主动告知其受理情况、办理进度、办理结果，以及征求相关建议，有效杜绝“只答复、不联系”“只答复、不处理”等现象发生，认真做好新时代网上群众工作。同时，针对“12345”政务服务便民热线工单事项的内容、类型、回访和评价等情况，定期开展问题梳理和分析研究，编印《12345 热线工单办理情况简报》送县级领导查阅，为进一步优化服务提供参考。